高等学校"十四五"规划酒店管理
与数字化运营专业新形态教材

总主编 ◎ 周春林

酒店财务管理

主 编 黄 昕 梁 汝 何夏蓓

副主编 王 亮 张晓华 马 江 罗 峰

JIUDIAN
CAIWU GUAN

华中科技大学出版社
http://press.hust.edu.cn
中国·武汉

内 容 提 要

本书主要服务于非财务岗位的酒店管理者。全书分为八个学习项目，包括酒店财务管理基础、酒店投资与筹资、酒店营运资金管理与风险控制、酒店成本费用管理、酒店收入和利润管理、酒店税务管理、酒店经营预算编制与管理，以及酒店经营数据解读与分析实训任务。项目一至项目七采用了大量的真实案例和行业数据，内容通俗易懂，以便学生能够直观地理解酒店财务管理的实际应用。项目八专注于提供实训任务，目的是通过实际操作增强学生的实践技能和数字素养能力，支持理论与实践相结合的学习方式。

图书在版编目(CIP)数据

酒店财务管理 / 黄昕，梁汝，何夏蓓主编 .—武汉：华中科技大学出版社，2024.5
ISBN 978-7-5772-0906-7

Ⅰ.①酒…　Ⅱ.①黄…　②梁…　③何…　Ⅲ.①饭店 – 财务管理 – 教材　Ⅳ.①F719.2

中国国家版本馆 CIP 数据核字(2024)第 098325 号

酒店财务管理
Jiudian Caiwu Guanli

黄昕　梁汝　何夏蓓　主编

策划编辑：李家乐
责任编辑：洪美员
封面设计：原色设计
责任校对：刘　竣
责任监印：周治超
出版发行：华中科技大学出版社(中国•武汉)　　　电话：(027)81321913
　　　　　武汉市东湖新技术开发区华工科技园　　邮编：430223
录　　排：孙雅丽
印　　刷：武汉市籍缘印刷厂
开　　本：787mm×1092mm　1/16
印　　张：16.75
字　　数：377千字
版　　次：2024年5月第1版第1次印刷
定　　价：59.80元

总序

ZONGXU

2021年，习近平总书记对全国职业教育工作作出重要指示，强调要加快构建现代职业教育体系，培养更多高素质技术技能人才、能工巧匠、大国工匠。同年，教育部对职业教育专业目录进行全面修订，并启动《职业教育专业目录（2021年）》专业简介和专业教学标准的研制工作。

新版专业目录中，高职"酒店管理"专业更名为"酒店管理与数字化运营"专业，更名意味着重大转型。我们必须围绕"数字化运营"的新要求，贯彻党中央、国务院关于加强和改进新形势下大中小学教材建设的意见，落实教育部《职业院校教材管理办法》，联合校社、校企、校校多方力量，依据行业需求和科技发展趋势，根据专业简介和教学标准，梳理酒店管理与数字化运营专业课程，更新课程内容和学习任务，加快立体化、新形态教材开发，服务于数字化、技能型社会建设。

教材体现国家意志和社会主义核心价值观，是解决培养什么样的人、如何培养人以及为谁培养人这一根本问题的重要载体，是教学的基本依据，是培养高质量优秀人才的基本保证。伴随我国高等旅游职业教育的蓬勃发展，教材建设取得了明显成果，教材种类大幅增加，教材质量不断提高，对促进高等旅游职业教育发展起到了积极作用。在2021年首届全国教材建设奖评审中，有400种职业教育与继续教育类教材获奖。其中，旅游大类获评一等奖优秀教材3种、二等奖优秀教材11种，高职酒店类获奖教材有3种。当前，酒店职业教育教材同质化、散沙化和内容老化、低水平重复建设现象依然存在，难以适应现代技术、行业发展和教学改革的要求。

在信息化、数字化、智能化叠加的新时代，新形态高职酒店类教材的编写既是一项研究课题，也是一项迫切的现实任务。应根据酒店管理与数字化运营专业人才培养目标准确进行教材定位，按照应用导向、能力导向要求，优化设计教材内容结构，将工学结合、产教融合、科教融合和课程思政等理念融入教材，带入课堂。应面向多元化生源，研究酒店数字化运营的职业特点及人才培养的业务规格，突破传统教材框架，探索高职学生易于接受的学习模式和内容体系,编写体现新时代高职特色的专业教材。

我们清楚,行业中多数酒店数字化运营的应用范围仅限于前台和营销渠道,部分酒店应用了订单管理系统,但大量散落在各个部门的有关顾客和内部营运的信息数据没有得到有效分析,数字化应用呈现碎片化。高校中懂专业的数字化教师队伍和酒店里懂营运的高级技术人才是行业在数字化管理进程中的最大缺位,是推动酒店职业教育数字化转型面临的最大困难,这方面人才的培养是我们努力的方向。

高职酒店管理与数字化运营专业教材的编写是一项系统工程,涉及"三教"改革的多个层面,需要多领域高水平协同研发。华中科技大学出版社与南京旅游职业学院、广州市问途信息技术有限公司合作,在全国范围内精心组织编审、编写团队,线下召开酒店管理与数字化运营专业新形态系列教材编写研讨会,线上反复商讨每部教材的框架体例和项目内容,充分听取主编、参编老师和业界专家的意见,在此特向这些参与研讨、提供资料、推荐主编和承担编写任务的各位同仁表示衷心的感谢。

该系列教材力求体现现代酒店职业教育特点和"三教"改革的成果,突出酒店职业特色与数字化运营特点,遵循技术技能人才成长规律,坚持知识传授与技术技能培养并重,强化学生职业素养养成和专业技术积累,将专业精神、职业精神和工匠精神融入教材内容。

期待这套凝聚全国高职旅游院校多位优秀教师和行业精英智慧的教材,能够在培养我国酒店高素质、复合型技术技能人才方面发挥应有的作用,能够为高职酒店管理与数字化运营专业新形态系列教材协同建设和推广应用探出新路子。

全国旅游职业教育教学指导委员会副主任委员
周春林

前言
QIANYAN

　　2022年9月，教育部发布的《职业教育专业简介》中将"酒店财务管理"列为高等职业教育酒店管理与数字化运营专业的核心课程之一，标志着该课程的重要性从国家教学标准方面得到了认可。作为一名长期从事企业经营管理并研究数字化的实践者，我深深感受到掌握财务管理知识对于管理者的重要性，因为有效的财务管理是企业运营和决策的基础。通过将财务管理纳入专业核心课程，不仅仅提升了酒店管理职业教育的质量，还可为学生打了坚实的职业基础。

　　在华中科技大学出版社相继完成《酒店数字化营销》《酒店数字化运营概论》《酒店督导管理实务》等专业教材编写和出版之后，我深感有必要从一个更广泛的数字化视角来探讨酒店管理专业教学内容的数字化升级，于是便萌生了编写一本既适合非财务专业人士，又具有实用价值的《酒店财务管理》教材的想法。为此，我邀请了香港理工大学酒店及旅游业管理学院的多位校友加入教材编写团队。团队成员包括梁汝女士、马江女士，以及王亮博士和张晓华博士。马江女士具有在国际一流的高星级酒店担任财务总监的丰富经验，梁汝、王亮和张晓华也有在高星级酒店担任总经理数十年的经验。他们不仅是实践者，也是研究者，在世界一流学府学习的经历以及丰富的行业经验不仅仅能够为这本教材提供理论知识的贡献，更为重要的是能够基于自身的工作总结出宝贵的实践知识。此外，我还特别邀请了顺德职业技术学院承担财务管理课程教学的何夏蓓副教授和浙江旅游职业学院千岛湖国际酒店管理学院院长罗峰教授加入编写团队。他们在财务管理和酒店管理课程方面具有丰富的教学经验。这个由行业专家和资深教育工作者组成的多元化编写团队，确保了《酒店财务管理》这本教材不仅能够站在非财务管理岗位的视角，而且可以融入专业财务管理的实践知识和教学设计。

　　编写这本《酒店财务管理》教材的过程是一段充满挑战但颇有收获的

旅程。编写团队花费了整整一年的时间来精心策划和分工编写这本书。在这个过程中，经历了多次修改和调整，每一次都是为了更好地达成我们的目标——编写出一本面向非酒店财务管理岗位学习者的学习用书。我们面临的主要挑战包括三个方面：首先，需要将行业视角与教学视角结合起来，确保教材既符合最新行业实际，又适合最新国家教学标准的要求；其次，要将复杂且深奥的财务管理知识转化为易于理解的内容，使非财务专业背景的学生能够学习掌握；最后，也是最重要的一点，确保即便是非财务管理专业的教师，也能够有效地使用本教材进行教学。为了应对这些挑战，我们不断优化教材的结构和内容。得益于编写团队良好的专业和工作背景组合，在全体团队成员的共同努力下，这本教材终于成稿。我们相信，这本《酒店财务管理》不仅是一本适合酒店管理专业教学的教材，也能够帮助酒店业的从业人员学习酒店财务管理的知识。

在《酒店财务管理》的编写过程中，我们有幸得到了广州市问途信息技术有限公司团队的大力支持，他们的专业贡献对本书的完成起到了不可或缺的作用。特别感谢问途课程研发团队的赵静女士和吴耿瑜女士，她们负责了全书的校对工作，并在教学资源的完善上做出了重要贡献。我们同样感激来自问途教学运营团队的唐艳茹女士，她在项目管理方面的专业工作确保了编写团队的高效运作。此外，我们要特别感谢问途财务经理吴畏女士、广州增城恒大酒店财务总监乔男先生和精品酒店资深的投资人傅玉明先生，他们从行业财务管理的视角提供了宝贵的修改建议。最后，还要感谢顺德职业技术学院酒店与旅游管理学院甘慕仪院长、陈宝珠副院长的支持，邀请问途组建顺德职业技术学院的产业导师团队。这一合作为本教材的教学应用和人才培养提供了极大的助力。

这本教材不仅仅适合高等职业教育专科酒店管理与数字化运营专业使用，还适合作为酒店管理高等职业教育本科和应用型本科专业的教学用书。本书配套相关的数字化教学资源，欢迎各大院校承担酒店财务管理课程教学的教师通过电子邮件（support@wintour.cn）联系我们。

在编写本教材的过程中，我们尽力确保内容的专业性和实用性。然而，作为编写团队负责人，我深知自己的水平和经验有限，书中难免存在不足之处。我们诚挚地欢迎各位专家和老师提供宝贵的意见与建议，以助我们不断改进和提升。任何建议都非常宝贵，欢迎通过电子邮件（truman.huang@wintour.cn）与我们分享。

黄 昕

2024 年 4 月

目录
MULU

项目一
酒店财务管理基础

 项目描述

    本项目通过四个学习任务综合探讨了酒店财务管理多方面的基础知识。在第一个学习任务中,重点介绍了酒店财务管理的重要性、目标和内容。第二个学习任务分析了财务管理中的三大核心报表:资产负债表、利润表和现金流量表。第三个任务解释了酒店财务部的岗位设置和基本流程。第四个任务着重于酒店非财务岗位员工应掌握的八大财务理念。通过这四个互补的学习任务,旨在通过多元化的视角,使非财务管理专业的学习者不仅能够理解酒店财务管理目标及其内容,还能够初步看懂财务报表,并学会将财务管理的理念融入企业运营的多个方面。

 **项目目标**

知识目标

1.理解酒店财务管理的基本概念和目标。
2.了解酒店财务管理的主要内容。
3.理解财务管理和会计工作的区别。
4.掌握资产负债表、利润表和现金流量表的基本概念、结构和功能。
5.了解酒店财务管理的岗位设置。
6.了解酒店财务管理的基本流程。

能力目标

1.能够初步看懂中小型企业的简要资产负债表,以理解其对酒店运营的影响。
2.能够初步看懂中小型企业的简要利润表和现金流量表,以理解其对酒店运营的影响。
3.能够说出三大财务报表中的财务数据和它们之间的相互关系。

素养目标

1.深刻认知酒店财务管理是非财务岗位酒店员工必备的知识和技能。
2.培养酒店非财务岗位员工应掌握的八大财务理念,从诚信经营到资金流稳定性,再到环境保护和社会责任。

知识框架

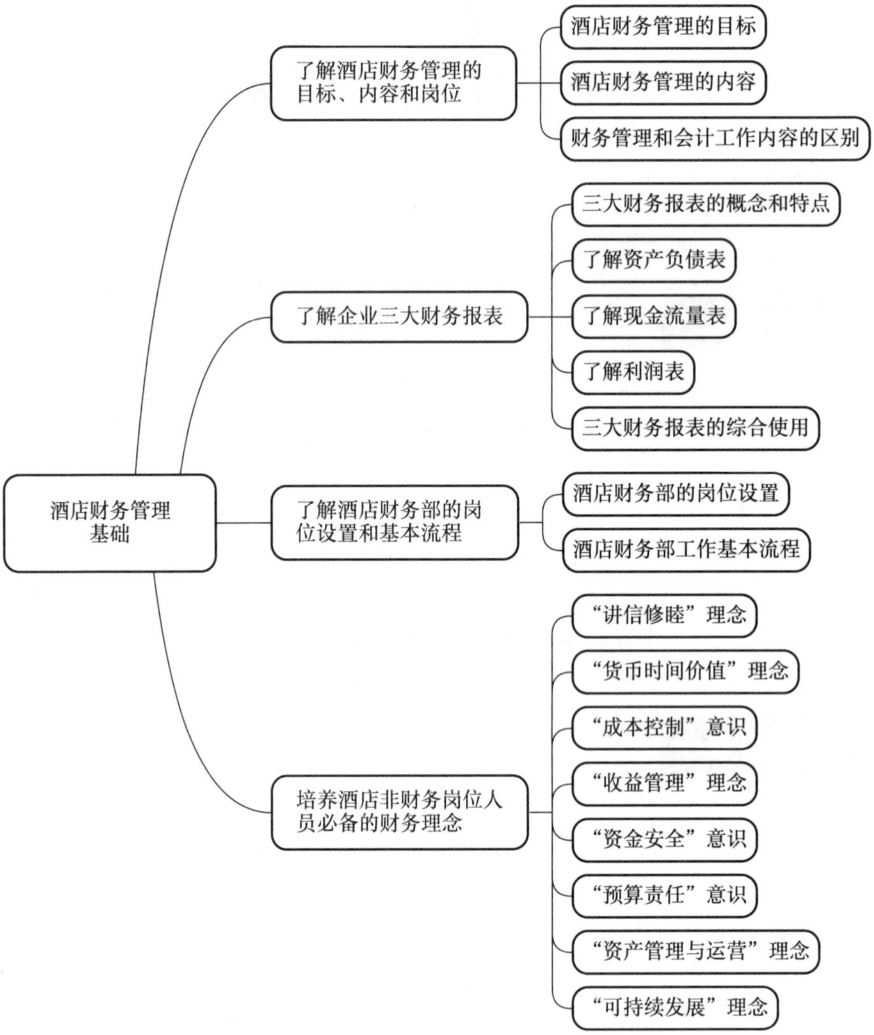

```
                                   ┌─ 酒店财务管理的目标
                   了解酒店财务管理的 ─┼─ 酒店财务管理的内容
                   目标、内容和岗位     └─ 财务管理和会计工作内容的区别

                                   ┌─ 三大财务报表的概念和特点
                                   ├─ 了解资产负债表
                   了解企业三大财务报表 ─┼─ 了解现金流量表
                                   ├─ 了解利润表
     酒店财务管理                    └─ 三大财务报表的综合使用
     基础
                   了解酒店财务部的岗  ┌─ 酒店财务部的岗位设置
                   位设置和基本流程    └─ 酒店财务部工作基本流程

                                   ┌─ "讲信修睦"理念
                                   ├─ "货币时间价值"理念
                                   ├─ "成本控制"意识
                   培养酒店非财务岗位人 ─┼─ "收益管理"理念
                   员必备的财务理念    ├─ "资金安全"意识
                                   ├─ "预算责任"意识
                                   ├─ "资产管理与运营"理念
                                   └─ "可持续发展"理念
```

 教学重点

1. 酒店财务管理的三大目标。
2. 酒店财务管理工作的主要内容。
3. 资产负债表、利润表和现金流量表。
4. 时点数和时期数。
5. 权责发生制和收付实现制。
6. 非财务岗位人员必备的财务理念。

Note

教学难点

◇1.财务管理和会计工作内容的区别。
◇2.解读学习任务中的资产负债表、利润表和现金流量表,并指出其关系。
◇3.资产管理和ESG(环境、社会、公司治理)的理念。

思政学习

◇1.诚信和责任:财务报表的准确性和透明度直接关系到企业的信誉与稳定性。这种诚信和负责任的态度不仅适用于财务领域,也是所有职业活动和社会互动的基石。
◇2.合规意识:财务管理的基本知识反映了合规意识的重要性。在日常工作中,要遵循法律法规和行业标准,确保合法合规运营。
◇3.社会责任与可持续发展:通过学习财务管理的基本知识,理解企业如何在追求经济效益的同时承担社会责任,促进环境保护和社会福祉,实现可持续发展。
◇4.全面视角和综合思考能力:通过对财务管理目标、不同类型财务报表的分析以及不同角度的财务理念的学习,培养全面考虑问题、综合各方面信息的能力。这对于提高个人的思辨能力和解决问题的能力具有重要意义。

项目导入

任务一　了解酒店财务管理的目标、内容和岗位

　　财务管理是企业或组织中用于确保财务资源有效运用、实现经济目标和资产增值的一系列活动和过程。它不仅涉及资金的筹集(筹资)、投资、日常运营和利润分配等方面,还包括财务状态的分析与监督,以及与各利益相关者的财务关系处理。

　　很多管理人员和业务人员误以为财务管理就是财务部的工作,认为财务部就是做账和报税的部门。还有业务人员认为财务部的管理工作对业务开展造成了负面影响,因为很多业务工作都受到财务部的制约。然而,这种观念忽视了财务管理在企业整体运营中的核心地位和广泛影响。在酒店实际日常经营中,酒店管理的每个环节都与财务管理紧密相关,而财务决策又会影响酒店的各个运营层面,包括市场营销、前台与客房服务、餐饮管理、人力资源和成本管理等。财务管理不仅涉及收入和支出的记录,还包括资金的筹集和运用、预算控制、投资分析以及财务规划等多个方面。这些财务活动对于确保酒店的盈利性、流动性和长期财务健康至关重要。因此,理解和有效运用财务管理原则和技巧对于酒店业的所有管理层,无论是财务部门还是其他业务部门,都是必要的。站在酒店整体运营角度来看,若酒店的所有部门都能够配合财务部门有效实施内部控制,精确制定和执行预算,同时妥善管理税收风险和资金,这将直接提升

Note

酒店的盈利能力。

在现代酒店的管理中,决策必须基于数据而非凭借直觉。因此,利用财务报表来做出决策至关重要。如果管理人员看不懂财务部门提供的报表和数据,不能够从财务数据中发现问题,就无法有效发现业务问题。财务报表提供了关于收入、成本、现金流和盈利能力的详细信息,这些数据对于管理人员指导酒店日常运营决策、制定相应策略、优化资源分配、判断业务趋势都至关重要。因此,非财务背景的酒店管理人员也需要具备基本的财务知识和技能,以便能够正确解读财务报表,理解其背后的经济含义,并将这些信息应用于商业决策过程中。

对于梦想走向酒店高层管理岗位的酒店从业人员来说,如果不知道如何筹集和管理资金,不清楚如何制定预算和进行成本控制,不懂得如何规划税收和控制风险等这些财务管理的工作,就无法有效管理酒店。高级管理人员如果缺乏财务管理知识和技能,可能导致错误的投资决策、资源配置不当、盈利机会的错失,以及对财务风险的忽视。在高层管理层面,对财务管理的理解和应用不仅关乎日常运营的效率,也直接影响酒店的战略规划、市场定位和长期发展。此外,有效的财务管理也涉及利用财务数据来引导组织变革,提高员工绩效和客户满意度。因此,具备财务管理能力和财务思维对于管理人员而言,是一项必不可少的职业技能。

一、酒店财务管理的目标

酒店财务管理的目标聚焦于稳健的现金流管理、可控的投资和融资决策风险以及最大化的资产价值,这些目标实质上也是企业经营管理的目标。

(一)稳健的现金流管理

酒店只要正常经营,每天都会产生各种经营费用,如员工工资、水电气等能源耗费、食品和饮料的采购成本等。如果没有稳定的现金流,酒店就无法及时支付这些费用,酒店就无法稳定经营。酒店运营还可能会遇到一些不可预料的突发情况或意外事件,如市场环境变化、法律与安全事件甚至自然灾害等,这些情况可能需要资金进行应对,健康的现金流能够为这些不可预见的突发事件提供必要的财务支持。稳健的现金流让酒店有能力持续投资于市场营销、服务质量提升、新技术应用和装修改造,使酒店能够抓住投资和扩展业务的机会,增强市场竞争力。此外,酒店的现金流状况说明了企业的财务状况和偿债能力,因此它也是银行和投资者评估其信贷与投资风险的重要指标。健康的现金流数据有助于企业获得更优惠的筹资条件。

(二)可控的投资和融资决策风险

酒店是一个资本密集型的行业,筹建阶段就需要大量的投资,包括土地购买、建筑施工、装修和维护。错误的投资决策可能导致巨大的损失。此外,酒店受季节性、经济周期和市场竞争等因素影响较大,这些都可能影响收益和盈利能力。因此,酒店财务管理要对投资和融资决策进行周密的考量与风险评估,以确保投资或融资带来的回报与所承担的风险相匹配。

例如,酒店A经过管理层几年的稳健经营有了良好的收益,账面上除了日常经营

所需要的资金外,还有300万现金。该酒店有甲、乙、丙三个股东,他们拥有该酒店总计30万股普通股中的10万股。三个股东希望将300万元现金中的十分之一,即30万元作为股息支付给三位股东,每人分得10万元。但酒店管理层还有一个为期一年的投资计划,需要投入300万元资金到项目X上,并预计在一年内稳定获得60万元的现金投资回报。一年后,可以拿出项目的总收益(即投资回报加本金)360万元中的十分之一,即36万元作为股息支付(甲、乙、丙三方各得12万元)。甲认为,酒店A应该立即支付股息,因为当她想花钱时,有现金可用会很方便;乙认为,可以等到明年再分,因为明年有12万元,而不是现在的10万元。丙由于6个月后需要用这笔现金,虽然她认可这个投资计划,但因为需要用钱而不得不也要求立即分红。

这种情况下,管理层考虑到了一个结合投资与融资的解决方案。管理层从银行贷款10万作为股息支付给股东甲,在半年后再为股东丙贷款10万。这样管理层可以将300万现金投资于项目X。一年后,由于获得了360万的现金总收益,管理层可以将36万作为股息支付,对于股东甲,在扣除已经贷款的10万和按6%利率计算的一年利息后,还可以向其支付14,000元股息。对于股东丙,扣除已经贷款的10万和按6%利率计算的半年利息后,还可以向其支付17,000元股息。这种投资和融资结合的方案满足了股东甲和丙短期内的现金需求,同时允许酒店投资项目X以实现更高的回报。

(三)最大化的资产价值

酒店资产价值最大化是酒店财务管理的最终目标,这要求在增加收入和降低成本的同时,进行有效的资产和资本管理。

例如,某咖啡馆有一台咖啡机,一年前购买新机时售价为5,000元,去年的折旧为1,000元。现在,企业发现咖啡机已经无法正常使用。经过询问了解到按照目前的状态,这台咖啡机可以以2,000元的价格出售。如果花500元修好,就可以以3,000元的价格出售。假设企业的目标是尽可能多赚钱,那么应该选择"不修就卖"还是选择"修好再卖"?

从财务管理的角度看,决策过程中涉及的财务报表主要包括资产负债表(Balance Sheet)和损益表(Income Statement)。上述案例中两种方案涉及的资产负债表和损益表具体计算过程如下。

1.不修就卖

1)资产负债表

固定资产:咖啡机原价5,000元,已折旧1,000元,账面价值4,000元。出售后,这项资产从资产负债表中移除。

现金:增加2,000元(出售收入)。

2)损益表

其他收入:增加2,000元(出售收入)。

亏损:2,000元(账面价值4,000元减去出售价格2,000元)。

2.修好再卖

1)资产负债表

固定资产:咖啡机的账面价值从4,000元减少500元(修理费用),变为3,500元。

出售后,这项资产从资产负债表中移除。

现金:增加2,500元(3,000元的出售收入减去500元的修理费用)。

2)损益表

其他收入:增加3,000元(出售收入)。

费用:增加500元(修理费用)。

盈利:500元(账面价值3,500元减去出售价格3,000元)。

综合上述计算结果,选择"修好再卖"更符合财务管理的最终目标,即资产价值最大化。虽然这需要一定的前期投资(修理费用),但最终通过更高的销售价格带来更大的收入,从而实现了在增加收入和有效管理资产方面的平衡。这个选择不仅考虑了短期的成本和收益,还考虑到了资产的长期价值和现金流的管理,这是实现财务管理目标的关键。

上述三个财务管理目标的实现,有赖于企业决策层的战略规划和管理层的执行能力。酒店管理者必须具备财务思维,才能在实施经营战略时考虑到财务的影响,并基于财务数据做出合适的经营决策。

二、酒店财务管理的内容

根据中华人民共和国财政部2006年新修订的《企业财务通则》(财政部令41号)第一章总则第三条的规定,企业财务管理应当按照制定的财务战略,合理筹集资金,有效营运资产,控制成本费用,规范收益分配及重组清算财务行为,加强财务监督和财务信息管理。酒店的财务管理工作的内容也不例外,要围绕酒店财务战略进行资金筹集、资产营运、成本控制、收益分配、信息管理、财务监督和重组清算。

(一)酒店财务战略

酒店财务战略的核心是制定一系列财务目标和计划,以支持酒店的长期稳健发展,并与其整体战略目标保持一致。酒店的运营模式多样,包括自营管理、委托管理,以及特许经营、合作管理、租赁和承包等模式,这些不同的模式直接影响酒店的股权结构和组织架构,进而决定了酒店不同的财务管理方式和财务组织结构。

酒店的财务战略需要针对其特定的经营目标进行定制。例如,以追求经营结果为目标的酒店可能会重点关注成本控制和收入最大化;而以资产增值为目标的酒店则可能更加关注长期投资和资产管理;对于计划上市或出售的酒店,则可能更关注于短期财务表现和市场吸引力的提升。每一种经营目标都要求酒店在财务战略上有针对性地规划和执行,以确保财务活动能够有效地支持酒店的整体业务目标和长期发展。

酒店的财务战略可以从以下几个方面进行阐述。

1.筹资战略

在合理筹集资金时要选择最佳的融资方式,既要考虑降低资金成本,也要保证资金使用的高效性和效益性。酒店可以通过多元化的融资渠道,包括但不限于银行借贷、租赁融资、债券融资、股票融资、产权融资、商业信用融资、私募资本融资、信托融资等,来平衡其负债和权益资本的结构,同时优化流动负债与长期负债的比率,确保财务杠杆的合理应用。

2.投资战略

应基于详细的资本预算分析,精心规划资金的分配,投向那些市场潜力大、回报率高的项目;同时发挥资金效益,合理运用流动资金对现有资产进行有效管理和改扩建,确保其价值最大化。

3.利润分配战略

需要根据市场状况和酒店财务表现制定利润分配政策,平衡不同利益相关者的关系,平衡长期利益和短期利益的关系,以增强和维持投资者与股东的信心。

4.资本结构战略

选择符合酒店长期发展目标的资本结构。在风险和收益之间寻找平衡,同时考虑安全性、灵活性和成本效益,以适应经营环境变化和市场动态发展。

此外,酒店的财务战略还应该包括风险管理规划,以保护酒店免受市场波动的不利影响,以及确保财务活动符合法律法规和行业标准。同时,应建立绩效监控系统,定期评估财务战略的执行效果,并根据评估结果及时调整。最后,财务战略应考虑可持续性因素,以确保酒店社会责任和可持续发展。

(二)资金筹集

在酒店财务管理中,资金筹集是一个核心工作内容,涵盖了从外部和内部获取所需资金的多种方法与策略。资金在酒店经营中的作用就像人体中"血液"一样,至关重要,而资金管理体系是维持酒店正常运转的"心脏"。

在筹集资金之前,酒店必须对投资方向进行深入的调研。这意味着投资决策和资金筹集是相互依赖、相辅相成的。在投资方案的选择上,酒店需要仔细考虑项目的可行性、长期发展潜力和技术先进性。只有在确定了投资方案的合理性后,酒店才能选择合适的筹资方式。

连锁酒店与单体酒店在资金筹集方面有所不同。连锁酒店通常拥有更广泛的融资渠道和更多样的融资手段,能够为市场进入、后期投资、投资组合、转移与退出提供良好的金融环境和必要的财务资源。而单体酒店在融资渠道和手段上可能不那么多样化,主要依赖本地银行和金融机构贷款、政府资助和补贴、私人投资者、内部融资、众筹平台等渠道筹集资金,并在筹资时面临较高的贷款利率、筹资方式的限制以及融资能力的局限性等问题。

酒店资金筹集要从两个方面来确保筹资成本的效率和风险的可控。一方面,筹资项目的选择应着重考虑风险性。高风险的筹资项目可能会导致酒店负债累累,增加偿还银行贷款的压力。另一方面,要对比不同的筹资方案,选择成本较低的筹资方式。

酒店资金筹集除了筹集货币资金外,还可以考虑实物、无形资产、股权、特定债权等形式的出资。根据《企业财务通则》第十四条规定,企业可以接受投资者以货币资金、实物、无形资产、股权、特定债权等形式的出资。其中,特定债权是指企业依法发行的可转换债券、符合有关规定转作股权的债权等。企业接受投资者非货币资产出资时,法律、行政法规对出资形式、程序和评估作价等有规定的,依照其规定执行。企业接受投资者商标权、著作权、专利权及其他专有技术等无形资产出资的,应当符合法律、行政法规规定的比例。

（三）资产营运

资产是指企业或个人拥有或控制的资源,这些资源预期能在未来带来经济利益。在财务管理中,资产是决定企业财务状况的关键要素之一。资产可以分为流动资产和非流动资产、有形资产和无形资产等。酒店业是一个重资产行业,因为它涉及高昂的初始投资和运营成本。这包括用于购置或租赁土地和建筑物的大额投资,特别是在较好的地理位置。此外,酒店还需要投入巨额资金进行建筑建造和室内装修,以及购置必要的设施和设备,如家私、电器、健身设施和餐饮设备等。酒店业的投资回收周期通常较长,从建设、装修到开始运营并实现盈利,需要多年的时间。日常运营同样涉及诸多成本,包括员工工资、能源费用、维修和保养等,这都使得酒店资本和运营负担相对较重。因此,有效的资产营运策略对于酒店的经营至关重要。

资产营运是酒店财务管理中一项综合性的活动,它要求酒店管理者在保持日常运营效率的同时,也要考虑如何通过资产的最佳配置和利用来实现价值最大化的目标。因为酒店经营的最终目标是增加酒店资产的整体价值,这不仅要追求短期利润最大化,还要考虑长期资产增值。

酒店资产运营包括资金调度管理、应收款项管理、存货管理、固定资产管理、对外投资管理、无形资产管理、资产损失或减值准备管理、资产损失与资产处理管理以及关联交易管理等内容。

1.资金调度管理

资金调度管理是指优化资金流动,确保酒店有足够的流动资金来支持日常运营和应对紧急情况。

2.应收款项管理

应收款项管理涉及追踪和收取客户欠款,包括提高账款收取效率和减少坏账。

3.存货管理

存货管理是指有效管理酒店的存货,如食品、饮料、清洁用品等,以减少浪费并优化成本。

4.固定资产管理

固定资产管理涉及对酒店的长期资产,如建筑物、设施设备等的维护、更新和优化使用。

5.对外投资管理

对外投资管理是指对酒店投资于其他企业或项目的管理,以确保投资回报和降低投资风险。

6.无形资产管理

无形资产管理涉及对品牌、专利、商标等无形资产的管理和价值增长。

7.资产损失或减值准备管理

资产损失或减值准备管理是指为可能的资产损失或价值下降做好准备,包括风险评估和财务规划。

8.资产损失与资产处理管理

资产损失与资产处理管理涉及处理不再使用或过时的资产,以及管理因各种原因导致的资产损失。

9.关联交易管理

关联交易管理是指管理与其他关联公司之间的交易,确保这些交易的透明性和公正性。

近年来,酒店业日益重视"资产管理"这个概念。酒店资产管理是一种以最大化投资回报和提升整体价值为目标的综合性管理活动。它是对酒店资产的有效管理与优化利用,以及对酒店经营表现的全面监控。通过制定和实施关于设施规划、市场定位和经营管理的具体策略,实现投资回报的最大化,并促进酒店整体价值的增长。因此,酒店资产营运和资产管理在目标上都是一致的,但手段上还是有所不同。酒店资产营运主要关注的是酒店的日常运营活动,通常涉及短期的业绩目标,重点是优化当前资产的运营效率,提高收入,降低运营成本,确保酒店日常活动的顺利进行,从而实现资产价值最大化的目标。酒店资产管理则是从更长远的战略规划和视角出发,关注酒店资产的整体价值和投资者的长期回报。

(四)成本控制

酒店成本控制是指通过科学方法保障必需支出的同时,控制不合理支出的一项关键财务管理活动。对于酒店管理者而言,有效的成本控制不仅直接关系到投资人的收益,而且对酒店的整体经营效率和盈利能力有着显著影响。成本控制的对象主要包括固定成本和变动成本。固定成本是无论酒店的经营状况如何,都不会改变的费用,如租金、设备折旧和员工薪酬等。而变动成本则是随着酒店的客流量或业务量的变化而变化的费用,如食材、水电等。

酒店成本控制的关键是在不影响服务品质和运营效率的前提下,有效控制成本,以提高利润率。这需要全面、全员、全过程的成本控制策略。具体来说,全面成本控制意味着对所有费用项目进行监管,无论是固定费用还是变动费用。全员成本控制强调每一位员工都要培养成本意识,积极参与成本控制。全过程成本控制则要求从产品的设计、制造到销售的每个环节都进行成本控制,并将成果反映在相关报表中,以便于发现和解决问题。

然而,成本控制是一把双刃剑。过度的成本削减可能会降低酒店的服务质量和客户满意度,从而产生负面影响,损害酒店的长期发展。例如,高星级酒店的餐厅常见真人钢琴演奏,但这需要一定的成本。有些酒店为了降低这一成本,选择替换为播放背景音乐。但真人演奏与背景音乐播放在营造餐厅氛围和环境上有着明显的差异。这种为了节约成本而做出的改变可能会降低餐厅的整体服务氛围,甚至可能导致那些对就餐环境有更高期望的客户的流失。

因此,酒店成本控制要求管理者不仅要考虑成本的直接影响,还要考虑其对酒店整体服务品质和顾客体验的间接影响。成本控制应与收入增加和利润提升形成良性互动,为酒店的经营发展奠定基础。

（五）收益分配

酒店收益分配是一项涉及多方利益的重要财务活动，不仅涵盖对已实现利润或亏损的分配处理，还体现了酒店与国家、投资者及职工之间的经济关系。在分配利润时，酒店需要平衡其长远和近期利益，以及整体与局部利益。酒店收益分配包括履行对国家的税收责任、向投资者分配股利以回报其投资、将部分利润留存或再投资以促进酒店的发展、提供员工福利和激励以增强其工作动力，以及用于债务偿还和为未来的不确定性设立储备金或做风险准备。正确的利润分配策略对于酒店的长期稳健发展和在竞争激烈的市场中维持竞争力至关重要。

（六）信息管理

在酒店经营中，对财务信息的管理至关重要。为确保财务信息的真实性和合规性，从而使财务报告和分析准确反映酒店的业绩和存在的问题，酒店需要依赖于高效的财务管理系统。酒店的存货系统、固定资产管理系统等系统都需要与财务系统和前台管理系统（Property Management System，PMS）实现无缝对接。在当今信息化时代，系统之间的数据互联互通是必要的。缺乏这种系统和数据的打通，经营业绩的统计要花费大量的人力和物力，而且信息很可能是不及时的，甚至有可能是错误的。如果没有正确的财务信息，管理者就无法做出正确的决策。

根据《企业财务通则》第八章"信息管理"的相关规定，企业可以结合经营特点，优化业务流程，建立财务和业务一体化的信息处理系统，逐步实现财务、业务相关信息一次性处理和实时共享。企业应当逐步创造条件，实行统筹企业资源计划，全面整合和规范财务、业务流程，对企业物流、资金流、信息流进行一体化管理和集成运作。此外，建立财务预警机制也是至关重要的，这涉及确定财务危机的警戒标准，应重点监测经营性净现金流量与到期债务、企业资产与负债的适配性，并及时沟通相关财务危机预警信息，提出相应的解决措施和方案。

（七）财务监督

酒店财务监督是确保企业财务健康和稳健运营的关键环节。通过有效利用财务信息，酒店管理层能够及时掌握各部门和业务线的经营状况，从而能及时发现问题，做出针对性的决策，使得经营业务能够顺利进行。财务监督涉及对资金的筹集、使用、回收和再分配等各个环节的严格管理。这种监督不仅有助于确保资金流的正常循环，防止资金的挪用和滥用，还可以对酒店的各个经营环节实施有效控制。财务监督能确保各类财务活动遵守相关法律和规章制度，从而减少财务风险和合规风险。例如，一些酒店存在客房或餐饮"飞单"这类不正当行为，这可能是个别钻空子的员工利用管理漏斗未将房费记录在PMS系统中，或修改房价以谋取私利，或未将餐饮收入入账等。这些违法行为直接损害了酒店的合法权益和收益。因此，实施严格的财务监督机制至关重要。这包括加强员工培训、建立和维护高效的内控系统、定期进行财务审计，以及制定严格的处罚措施。

（八）重组清算

酒店资产管理是一个全面且动态的过程，涉及使用各种金融管理工具来帮助业主

以合理的价格获取酒店资产,并确保在资产持有期间产生稳定的现金流,最终目标是在适当的时机,以符合投资者期望的价格和方式,对酒店资产进行有效处置。酒店资产管理的周期通常分为五个主要阶段:确定投资目标、收购及吸纳资产、释放和增强物业价值以及监控物业的运营效益、最终资产的处置。这些阶段在酒店业界通常被概括为"投资、融资、建设、管理、退出"的流程(简称"投融建管退")。对于业主而言,有效的酒店投资不仅仅是初始购买,而是要预先规划未来的合理退出,确保投资的最大化回报。重组清算作为酒店资产退出的重要环节,是确保资产最终价值实现的关键步骤。

资产管理的核心目标在于最大化资产价值并实现优质的投资回报。这个过程往往涉及将高净值资产变现、资金的有效回流以及资产的策略性重新配置,这也是业主出售酒店的实际动机。成熟的资产管理通常会在资产价值达到顶峰时主动寻求退出,国内比较熟知的退出方式主要有资产出售、股权融资、资产证券化这三种路径。资产退出方式上,可以分为完全退出和部分退出。交易的形式往往取决于资产的投资目的、现金流、标的估值以及政策和交易市场环境等因素。酒店资产管理遵循"投融建管退"的循环模式,在这个循环中,重组清算和退出等行为并不代表资产价值的结束,而是标志着新一轮资产生命周期的开始。

三、财务管理和会计工作内容的区别

不少非财务岗位的人员会误认为财务管理和会计是一个概念。上述财务管理的内容说明了两者之间是完全不同的概念。财务(Finance)和会计(Accounting)虽然紧密相关,但它们是两个不同的概念,主要区别在于它们的关注点、功能和未来方向。

(一)工作要求的不同

1.会计

会计的主要工作聚焦于记录和报告企业的财务状况,包括过去和当前情况。这包括系统性地记录各类财务交易(如销售、采购、投资等),并准备财务报表(如资产负债表、损益表等)。关键在于工作的精确性,确保所有数据的准确无误,符合会计准则和标准。

2.财务

财务则专注于组织的资金管理和未来的财务规划。这涉及资金的筹集、使用、风险管理以及投资决策。财务的关键在于工作的正确性和战略性,确保资金的有效配置和使用,以及制定合理的财务策略,以提高企业价值和盈利能力。

(二)应用方向不同

1.会计

会计主要关注已完成的业务,充当记录和总结企业过去财务活动的功能。例如,仅当销售交易实现后,会计人员才根据获取的单据进行记账。会计工作涉及收集和整合结果性数据,如会计凭证和报表的编制。因此,在应用方向上属于"过去完成时"。

2.财务

财务集中于过程的风险管理和合规性控制。例如,在会计获取单据之前,财务部

门就需要了解业务流程,并制定相关规章制度,以规范这一流程。财务通过分析会计提供的数据,帮助制定企业的长期财务战略和决策。因此,在应用方向上属于"现在将来时"。

(三)面向对象不同

1.会计

会计工作主要针对的是企业外部的利益相关者。它包括为工商行政管理机关、税务局、统计部门、政府机构以及贷款机构等编制和提交财务报表。会计的这一职责强调的是向外部提供准确、合规的财务信息,以满足这些外部机构的监管和信息需求。

2.财务

财务管理则更多地专注于企业内部的需求。它涵盖内部流程的管理、内部控制的执行,以及预算的制定和执行结果分析等方面。财务通过深入理解和优化业务流程,提高企业的财务效率和支持能力,从而更好地为业务部门提供支持和增值服务。

简而言之,会计专注于记录和报告企业过去的财务活动,为企业提供了历史数据的准确反映。而财务则涉及规划和管理未来的资金与资源,指导企业朝着战略目标前进。会计决定了企业运营的"底线",即为企业的稳健运营提供最低的基础保障;财务决定了企业运营的"上限",即开拓企业发展和业务增长的空间。这两个领域工作内容虽有不同,但在确保企业财务的健康和可持续发展中,它们是相互补充且同等重要的。

任务小结

本任务的学习重点是理解酒店财务管理的重要性、目标和内容,以及其与会计工作的区别。首先,强调了管理人员对财务部门角色的常见误解,指出了信息不对称导致的业务冲突,以及财务决策对酒店各运营层面的影响。其次,介绍了酒店财务管理的目标,包括稳健的现金流管理、投资和融资决策风险控制以及资产价值最大化。接着,讨论了酒店财务战略的制定以及资金筹集、资产营运、成本控制、收益分配、信息管理、财务监督和重组清算等财务管理内容。最后,概述了财务管理与会计工作在工作要求、应用方向和面向对象上的主要区别。

训练题

一、问答题

1.酒店财务管理的目标是什么?

2.酒店财务管理包括哪些内容?

二、讨论题

1.如果你是酒店的财务经理,你会如何解决信息不对称问题,以减少财务与业务部门之间的冲突?

2.讨论在酒店业务中,财务管理和会计工作的具体职责有何不同,以及这些差异对酒店运营的影响。

任务二 了解企业三大财务报表

财务管理的核心是以会计核算为基础,而会计核算的六大要素为:资产、负债、所有者权益、收入、费用和利润。这些要素主要体现在两个关键的财务报表——资产负债表和利润表(亦称损益表)中。现金流量表是企业财务健康的另一个关键指标。

一、三大财务报表的概念和特点

(一)三大财务报表的概念

任何企业经营,包括酒店业在内,在财务管理上有三大基础报表,分别是资产负债表、利润表和现金流量表。

1.资产负债表

对于企业而言,资金是开展业务的基础。资产负债表是整个会计和报表系统的基础与支柱,是反映企业特定时间点资金来源和资金运用的重要报表,它说明了企业的资金是如何筹集以及将被如何使用。资产负债表显示了截至某一特定日期,企业所拥有的资产、所承担的负债以及股东的权益。资产负债表提供了企业财务状态的"快照"。

2.利润表

利润表则关注企业在一定会计期间的经营成果,展示了企业的盈利能力。它通过记录企业的收入和成本来计算盈利情况。在利润表中,不仅体现了实际支付的现金成本(如购买办公用品的直接支出),也包括了非现金成本。例如,企业初期购买的办公家具和电脑。根据会计规则,这些并非一次性消耗,而是需要按照预期使用年限逐年分摊成本。因此,这类非现金成本也是利润表中的一个重要组成部分。利润表为企业的经营活动提供了量化的经济评估。

3.现金流量表

现金流量表提供了在特定时期内影响现金的经营、投资和融资活动的信息。现金流量表专注于记录企业在一定时期内现金的流入和流出情况,更直观地展示资金的流动情况,如展示了企业收到和支付的现金数以及最终的现金余额。这里所指的"现金",是一个广义概念。广义的现金不仅限于实物的现钞,还涵盖了企业在银行的存款等高流动性资产。但是,并不是所有银行存款都属于现金。例如,若企业在银行存有一笔短期内不可动用的保证金,这部分资金就不会被计入现金。通常,能在三个月内变现的资产被视为现金。此外,一个企业即使在利润表上显示盈利,也可能会面临现金流紧张的问题。所以,现金流的实际情况与利润并不总是同步的。例如,企业可能已经赚取了利润,但实际上尚未收到相应的现金。

（二）三大财务报表的特点

1.时点数和时期数

在三大财务报表——资产负债表、利润表和现金流量表中,财务数据根据其记录的时间特性可以被分为时点数和时期数。

资产负债表提供的是企业在特定时刻的财务状况快照,展现了企业的资产、负债以及所有者权益等信息。其数据性质类似于记录某一时刻水桶内水量的瞬间状态,因而被称为"时点数"。相对地,利润表和现金流量表则记录了在一定会计时期内的财务变动和现金流。这就像观察从开启水龙头水开始流出,直至整个时期结束水桶被填满的连续过程。这些表格中的数据,因展示了财务和现金流动的时间跨度,被归类为"时期数"。

简而言之,资产负债表的"时点数"描绘了企业在某一特定时点的财务状态,而利润表和现金流量表的"时期数"则绘制了覆盖特定时间范围的财务和现金流动的动态图景。资产负债表被视为存量指标,它关注的是特定时点的财务状况。而利润表和现金流量表则被视为流量指标,关注的是一段时间内的财务表现和现金流动。流量指标反映了企业活动的连续性和动态变化,而存量指标提供了静态的财务快照。

2.权责发生制和收付实现制

基于会计分期的基本假设,在会计核算中,产生权责发生制和收付实现制两种会计要素计量。两者的核心区别是收入和费用的确认时点。

权责发生制的基本原则是:无论现金是否已经收付,凡是当期已实现的收入和已发生或应负担的费用,都应计入当期的收入或费用,它们反映在利润表中。根据权责发生制,即使款项已经支付或收取,但只有当相关的收入或费用属于当前会计期间时,它们才会被计入当期的收入或费用。例如,如果一家企业在前一年度支付了10万元购买设备,虽然款项已支付,但该费用将在使用期限内分摊,因此每年会有一部分费用计入利润表。假设企业提前支付了5万元,用于两年后的采购,尽管款项已经支付,但这笔支出不会在支付的当年计入费用,因为它属于未来期间的费用。这样的处理避免了当前期间的利润表被非当期费用所影响。资产负债表和利润表都遵循权责发生制的原则。在会计基本准则中,会计基础里明确规定企业会计确认、计量和报告应当以权责发生制为基础。

收付实现制则更直接反映了现金的流入和流出。在收付实现制下,收入和费用的确认与现金的实际收付同步进行。例如,在收付实现制下,一笔10万元的设备购置费用会在支付时立即全额确认,而不是分摊到多个会计期间。再比如,对于租金支付,若遵循权责发生制,即使一年的租金(如120万元)在1月份一次性支付,该费用也会被分摊到每个月(即每个月10万元)。而在收付实现制下,这笔租金会在支付的当月(1月份)被完整地确认为费用。

现金流量表主要遵循收付实现制的原则。这意味着,只要现金支付或收到,无论这笔现金是对应多长时间的经济活动,都会被记录在现金流量表的相应期间。这种方法确保了报表中现金流动的记录与实际现金交易的时点一致。

二、了解资产负债表

资产负债表体现了财务管理六要素的前三个要素——资产、负债和所有者权益。这个报表遵循一个基本的会计等式：

$$资产 = 负债 + 所有者权益$$

其中,资产代表企业拥有的资产;负债则指企业对外的债务;所有者权益表示企业所有者对企业资产的剩余权益。

资产负债表就是按照上述的基本会计等式编制的用来反映企业在某一时点的资金来源和使用情况。资金的来源包括股东投资(股权)和从银行或其他企业借入的资金(债权)以及当年未分配的利润或亏损。资金的运用则反映在企业的各类资产和日常经营支出上。

资产负债表的结构通常分为两部分:左边显示的是资产,即资金使用的结果;右边显示的是负债和所有者权益,即资金的来源。在编制资产负债表时,无论资产和负债,均按照流动性从高到低进行排列。流动性指的是资产变现的速度和容易程度,因此现金由于其立即可用的特性,通常排在表格的最顶部。负债在资产负债表上分为长期负债和短期负债。长期负债指的是一年以上的债务,而短期负债则指一年内需要偿还的债务。

在资产负债表的左侧,则体现了企业的所有资产。这些资产分为流动资产和长期资产。流动资产指的是在一年内可以转换为现金或使用的资产,如现金、短期押金和原材料等。长期资产则是指公司长期会用到的物品,例如办公设备及家具。这些资产不是可以在短期内用完或转换为现金的,因此被归类为长期资产。在资产负债表的右侧,则体现了资金的来源。这些来源可能包括股东投入的资本、企业借入的贷款以及通过商业信用等方式筹集的资金以及当年未分配的利润或亏损。在报表上,这些资金来源被称作所有者权益,包括资本金、短期借款和长期借款等项目。

资产负债表的一个基本原则是左右两边的合计数必须相等,左边的资产总额必须与右边的负债加股东权益的总额相等。

如表1-1所示,某酒店管理公司是某年1月份成立,这是一个简化了的该初创公司第一个月的资产负债表。

表1-1　某酒店管理公司1月份资产负债表　　　　　　单位:元

资产	金额	负债及所有者权益	金额
流动资产:		负债:	
银行存款	1,400,000.00	应付账款	
应收账款		应交税费	
存货		长短期借款	
其他应收款—房租押金	50,000.00		
长期资产:		股东权益:	
固定资产—办公设备及家具	50,000.00	实收资本	1,500,000.00
		未分配利润	
合计	1,500,000.00	合计	1,500,000.00

对于一家初创的酒店管理公司,主要的资金来源可能有如下几种。

一是股东投资。这是企业获取资金的一种常见方式。股东根据企业的需求和发展前景进行资金投入,以获取未来的收益回报。

二是自有资金投入。自有资金指的是企业通过其运营活动产生的净收入。具体来说,这包括企业从销售商品或提供服务中获得的收入减去运营成本后的余额。这部分资金可以被再次投入到企业中,用于扩大经营规模、改善设备或开发新产品等。

三是银行长短期贷款。企业也可能通过银行贷款来筹集资金,这包括长期贷款和短期贷款。长期贷款通常用于资本性支出,如购买新设备或建设新厂房,而短期贷款则更多用于日常运营资金的补充。

四是商业信用。商业信用通常体现为应付账款的形式。例如,企业在采购原材料或服务时,可能与供应商协商在未来某个日期支付款项。这种延迟支付的安排使企业能够先获得维持运营必需的原材料或服务,同时保留现金的流动性。

五是其他来源。此外,企业还可能有其他多样化的资金来源,如政府补贴、投资收益等。

企业创办后,就开始要使用企业的资金了。以下是企业资金使用的几个主要方面。

(1)银行存款和备用金:新成立的公司通常会在银行存入一定的资金,这既作为运营的起始资本,也用于应对突发情况。除此之外,企业还会保留一部分现金作为备用金用于急用。

(2)存货采购:存货是企业运营中不可或缺的物资资源,主要包括供销售的原材料和其他物品,为提供服务或日常经营管理所需的物耗品也属于存货范畴。

(3)市场和销售费用:对于零售行业,资金主要用于直接购买待销售的商品。对于酒店管理公司,需要将资金用在市场推广、销售、差旅、招待等费用上。

(4)员工薪酬和日常费用:企业还需要用资金支付员工薪酬以及其他日常运营费用,如办公室租金、水电费等。

(5)长期资产投资:资金雄厚的酒店管理公司可能会进行更大规模的投资,如购买土地、建设酒店、采购设备、购买车辆以及办公家具等。这些投资通常会在资产负债表上体现为长期资产。

如表1-1所示,这家公司处于筹办阶段,尚未正式营业或产生收入。在这个阶段,资产负债表主要包括股东投入的资金、负债(包括长期和短期负债)及资产(包括流动资产和长期资产)。在筹办期间,该公司股东投入了150万元的资金。这笔资金在资产负债表的右侧体现,作为实收资本,属于股东权益的一部分。该公司在1月份签署了办公室租赁合同,支付了5万元的房租押金,同时筹备办公室购买了5万元的办公设备及家具等。因此在1月31日的银行账面余额为140万元,由于无须变现过程,直接计入流动资产。接着是其他流动性较高的资产,如房租押金,其数额为5万元。由于押金通常有回收的可能,因此被视为流动资产。至于使用寿命较长的资产,如办公设备及家具,则归类为长期资产。这些资产为企业提供了持久的价值,在短期内不可转换为现金。

三、了解现金流量表

现金流量表详细记录了企业在一定会计期间内现金和现金等价物的流入与流出。在现金流量表中，要计算现金流量的净额，即现金流入总额减去现金流出总额。这个净额反映了企业在特定会计期间内实际获得或失去的现金金额。

整个现金流量表大致分为三大部分：经营活动现金流、投资活动现金流以及筹资活动现金流。如表1-2所示，这是在上述资产负债表中提及的初创公司1月份简化了的现金流量表。

表1-2　某酒店管理公司1月份现金流量表　　　　单位:元

项目	金额
一、经营活动产生的现金流量	
销售产品、商品、提供劳务收到的现金	
收到的其他与经营活动有关的现金	
购买原材料、商品与接受劳务支付的现金	
支付其他与经营活动有关的现金	50,000.00
经营活动产生的现金流量净额	−50,000.00
二、投资活动产生的现金	
收回投资收到的现金	
购建资产支付的现金	50,000.00
投资活动产生的现金流量净额	−50,000.00
三、筹资活动产生的现金	
吸引投资所收到的现金	1,500,000.00
借款所收到的现金	
偿还债务支付的现金	
分配股利、利润或利息支付的现金	
筹资活动产生的现金流量净额	1,500,000.00
四、现金流量净增加额	1,400,000.00

现金流量表的现金来源有三个方面，分别如下。

（一）经营活动产生的现金流

经营活动现金流反映了企业日常运营所产生的现金流动。它包括管理所收到的现金、支付给供应商的现金，以及支付给员工的薪酬等日常费用。这些现金流动是企业持续运营的基础，因此被放置在现金流量表的首位。

在本案例中，酒店管理公司支付了50,000元的房租押金，这与日常业务活动相关，因此，这笔费用在"经营活动产生的现金流量"中被记为−50,000元，表示现金的流出。

（二）投资活动产生的现金流

投资活动现金流涉及企业的资本支出，例如购买或出售长期资产，包括土地、设备或收购其他公司。此外，对股票、基金和理财产品的投资也包含在内。这些活动既可

能导致现金的流出，也可能带来现金的流入。投资活动的净现金流量，即收入减去支出，表明了投资对现金流的总影响。

在本案例中，酒店管理公司购买了办公设备及家具，支付了50,000元。这些支出在现金流量表的"投资活动产生的现金流量"项下记录，呈现为负数，因为这是流出企业的现金。

（三）筹资活动产生的现金流

筹资活动现金流则展示了企业资金的来源。例如，股东投资额度填写在"吸收投资所收到的现金"项下。如果企业向银行贷款，该数额会记录在"借款所收到的现金"项下。偿还贷款的现金流出填写在"偿还债务支付的现金"项下，而向股东分配的股利则记录在"分配股利、利润或利息支付的现金"项下。筹资活动的现金净流量是这些现金流入减去流出后的结果。

如表中所示，该酒店管理公司收到了股东的投资，共计1,500,000元。这笔钱完全收到，因此在现金流量表上显示为正数，反映在"筹资活动产生的现金流量"部分。

现金流量表的最终数值显示了经过一系列活动后现金的净增加额。在这个例子中，经过筹资活动的正流量与经营和投资活动的负流量相抵消后，企业的现金流量净增加额为1,400,000元。

这个现金流量表与资产负债表相结合，可以提供企业财务状况的全面视图。通过分析现金流量表和资产负债表的数据，可以观察到两者之间的直接关系。资产负债表展示了企业资产的分布和使用情况，而现金流量表则揭示了现金的具体流动方向。管理人员可以通过审视这些报表来发现潜在的财务问题，从而更好地理解和控制企业的财务状况。通过对这些关键财务报表的分析，可以更全面地了解企业的财务健康和流动性状况。

四、了解利润表

利润表体现了财务管理六大要素中剩余的三个会计要素——收入、费用和利润。利润表遵循的基本公式是：

$$利润＝收入－成本－费用$$

这里的收入是企业在正常经营活动中产生的经济利益的总流入；费用是为了产生收入而产生的成本；利润则是收入与费用的差额，反映了企业的盈利能力。

按照企业准则对于划分会计期间，即会计年度（财政年度）的要求，《中华人民共和国会计法》规定：会计年度自公历1月1日起至12月31日止。因此，利润表的编制是按月按年累计进行编制。通常是两栏，一栏是当期数，一栏是年累计数。在实际经营过程中，企业都有预算制定的要求来对企业经营提出目标。因此，通常来说，利润表还会有预算栏和上一年同期栏进行比较。

为了更好地了解利润表，本节继续以资产负债表和现金流量表中提及的初创企业为例进行说明。随着酒店管理公司进入正常的经营阶段，公司发生了多项财务事件。2月份发生的业务如下。

（1）发生收入240,000元，含收到现金120,000元，应收账款120,000元。

（2）支付现金购买专家咨询服务费30,000元。

（3）支付现金购买云服务器和相关SAAS软件的年度服务费120,000元。

（4）现金支付销售费用20,000元。

（5）现金支付管理费用150,000元。

（6）分5年计提办公设备及家具折旧1,000元/月。

在会计上，要对上述活动进行如下处理。

一是收入确认。企业在本月收到了某地产公司支付的项目前期开业筹备管理费，总收入240,000元，这其中包括直接收到的现金120,000元和形成的应收账款120,000元。应收账款反映了客户尚未支付的部分，这部分未来将转化为现金流入。

二是服务购买。酒店管理公司采购了云服务器和相关SAAS软件，使用现金支付年度服务费总计120,000元。这一支出超过了本月的收入，导致现金流出。此外，酒店管理公司还外聘项目咨询专家对项目进行评估，支付专家咨询服务费30,000元。

三是销售费用支付。在销售过程中产生了销售费用，如员工差旅费、招待费等，企业以现金形式支付了20,000元。

四是折旧。企业对固定资产，如办公设备及家具按照5年进行了折旧，每月折旧金额为1,000元，以反映资产使用过程中的价值减少。折旧费虽然不涉及现金流出，但会减少利润总额。这些会计处理体现了权责发生制的原则，即收入和费用应当在其发生的时期被确认，无论现金是否实际收付。

五是管理费用。管理人员、行政人员工资、交通、办公、租金、通信费、福利费等费用，企业以现金形式支付了150,000元。

该初创企业2月份利润表如表1-3所示。

表1-3　某公司2月份利润表　　　　单位：元

项目	金额	计算过程
收入	240,000.00	管理费收入24万元
成本	40,000.00	云服务器和相关SAAS软件费（12万元/12个月）和专家咨询服务费3万元
销售费用	20,000.00	本月现金支付销售费用
管理费用	151,000.00	折旧1000元和管理费用15万元
利润	29,000.00	

根据该企业经营活动，在利润表上处理如下。

一是收入的确认。在此期间，企业获得管理费用收入240,000元，实收120,000元，还有120,000元为应收账款，但利润表上记录的是销售总额，而不是实际收到的现金或生成的应收账款。

二是成本的核算。酒店管理公司采购了云服务器和相关SAAS软件，现金支付年度服务费总计120,000元。虽是支付了120,000元，但按权责发生制原则，本月费用花了10,000元作为成本。

三是销售费用与管理费用。销售费用包括与销售直接相关的支出，如业务部门的工资、社保和客户招待费等，本案例中企业支付了销售费用20,000元；管理费用则涉及企业的支持部门，如财务部、人事部、总经理办公室等，本案例中企业支付管理费用

150,000元;固定资产的折旧也会计入管理费用,本案例中折旧为1,000元。在实际的财务管理中,费用的分类需要根据费用发生的实际情况来判断。例如,如果业务部门使用了某部分固定资产,则相应的折旧费用应摊到销售费用中去。

　　四是利润的计算。从收入中扣除成本和各类费用后即为利润。企业在2月份实现了29,000元的利润。这表明在该会计期间,企业运营实现了盈利。

　　企业利润的计算开始于总收入,扣除直接成本和经营过程中产生的费用。所得结果为企业在会计期间内的税前利润,即在计提税款前的盈利。企业盈利后需缴纳企业所得税,这是根据税法规定,企业必须向国家交纳的一部分利润。在支付了企业所得税后,所剩余的利润称为净利润或税后利润。这是企业实际可用于分配或再投资的盈余金额。根据公司法的规定,企业需要从税后利润中提取一定比例(通常为10%)作为法定盈余公积金。该公积金用于企业的资本积累或弥补未来的损失。在满足法定盈余公积金提取后,企业可以根据自身情况,决定是否继续提取任意盈余公积金。这部分公积金的提取不是强制性的,是由企业自行决定。在交税并提取足够的盈余公积后,企业如果仍有剩余利润,可以决定向股东分配股利,也就是股东分红。

　　总体来说,利润表不仅展示了企业的盈利情况,也为利润的分配提供了基础。企业的利润分配需要遵守相关法律法规,并考虑到企业的持续发展和股东的回报需求。通过合理的利润分配,企业可以确保自身的稳定增长,并维持与投资者的良好关系。

五、三大财务报表的综合使用

　　资产负债表、利润表和现金流量表这三个财务报表相互依存、相互制约,为了解企业的财务状况提供了全面的视角。为了更好地理解三大财务报表之间的关系,以下继续用上述初创企业的案例进行说明。

(一)资产负债表和利润表之间的关系

　　资产负债表展示的是时点数,因此在编制时需要考虑前期的数据累积。比如,2月底的资产负债表不仅包括2月份发生的变动,还包括1月份的结余。如示例中所提到的,1月份现金结余为1,400,000元,这一数字需要纳入2月份资产负债表的编制中。在处理2月份资产负债表时,要考虑如下几点。

　　一是现金与现金等价物的变动:经过2月份的经营活动,现金余额减少到120,000元。这一变化是由于销售收入的增加、成本的支付和员工报销等现金流出项引起的。

　　二是应收账款:应收账款在期初为零,但是由于2月份的经营活动,客户产生了120,000元的应收款项。

　　三是固定资产的折旧:购置的办公设备及家具支出需要考虑折旧,这些非现金支出会降低固定资产的账面价值。

　　四是所有者权益:在负债和所有者权益的部分,考虑到企业没有外部借款和应交税费的情况,仅股东投入的1,500,000元作为所有者权益体现在报表中。

　　某酒店管理公司2月底资产负债表如表1-4所示。

表1-4　某酒店管理公司2月底资产负债表　　　　单位:元

资产	金额	负债及所有者权益	金额
流动资产:		负债:	
银行存款	1,200,000.00	应付账款	
应收账款	120,000.00	应交税费	
预付账款	110,000.00	长短期借款	
存货			
房租押金	50,000.00		
长期资产:		股东权益:	
家具	50,000.00	实收资本	1,500,000.00
		未分配利润	29,000.00
减:折旧费用	1,000.00		
合计	1,529,000.00	合计	1,529,000.00

计算过程:

银行存款＝1,400,000+120,000－30,000－12,0000－20,000－150,000

　　　　＝1,200,000元

所以应收账款为120,000元。

在财务报告中,资产负债表是反映企业某一特定时点财务状况的重要工具,其中资产的总额应与负债加所有者权益的总额相等,即保持平衡。分析示例表格时,可以看到资产总计为1,529,000元,而所有者权益则为1,500,000元,出现了29,000元的差异。原因是利润表和资产负债表之间没有直接关联。在利润表中记录的29,000元净利润,实际上是股东权益的一部分,因为这是企业在一定期间内赚取的净收入。这笔利润虽然尚未分配,但是仍然需要在所有者权益中体现,因此应当将其计入资产负债表的未分配利润中。这样,资产负债表的所有者权益部分将增加29,000元,使得资产和负债及所有者权益之和达到平衡。

由此可见,资产负债表中的现金与现金流量表相关联,而未分配利润与利润表相互影响。三个报表相互关联,共同描绘了企业的财务状况全景。如果在报表之间出现不平衡的情况,那么就需要仔细检查和调整,以确保所有财务数据的准确性和一致性。

(二)现金流量表和利润表之间的关系

在编制现金流量表时,需要明确的一点是,该表格仅关注与现金相关的交易。不涉及现金的项目不在此表中体现。现金流量表严格跟踪现金的实际流入和流出,以反映企业的流动性状态。

该初创企业1—2月份管理费收入为120,000元现金,但这只是240,000元收入中的一部分。同时,企业支付了包括专家咨询服务费、系统服务费、员工报销总计支付现金总额320,000元,导致现金流出超过流入,形成了200,000元的现金流净减少。尽管2月份企业在利润表上显示赚取了29,000元,现金流量表却表明,由于前期和当期的现金支付,实际现金余额减少了200,000元,降至1,200,000元。

某酒店管理公司2月份现金流量表如表1-5所示。

表1-5　某酒店管理公司2月份现金流量表　　　　　　单位:元

项目	1月	2月
一、经营活动产生的现金流量		
销售产成品、商品、提供劳务收到的现金		120,000.00
收到的其他与经营活动有关的现金		
购买原材料、商品、接受劳务支付的现金		
支付的其他与经营活动有关的现金	50,000.00	320,000.00
经营活动产生的现金流量净额	−50,000.00	−200,000.00
二、投资活动产生的现金		
收回投资收到的现金		
购建资产支付的现金	50,000.00	
投资活动产生的现金流量净额	−50,000.00	
三、筹资活动产生的现金		
吸引投资所收到的现金	1,500,000.00	
借款所收到的现金		
偿还债务支付的现金		
分配股利、利润或利息支付的现金		
筹资活动产生的现金流量净额	1,500,000.00	
四、现金流量净增加额	1,400,000.00	−200,000.00
加:期初现金余额		1,400,000.00
五、期末现金余额		1,200,000.00

现金流量表遵循收付实现制,关注的是现金的实际收付情况。而利润表则基于权责发生制,即便收入尚未实际收到,只要确认销售已经发生,相关的收入就会计入利润。利润表上显示的29,000元利润中,有120,000元尚未收到,表现为应收账款。这意味着利润的实质并非全部反映在现金收入,还存在未实现的部分。如果客户无法支付这120,000元,未来这笔款项需要从利润中扣除,因此,虽然在表面上企业盈利了,实际上这部分利润存在不确定性。由此可见,分析企业的财务状况时不应仅仅关注利润表的数字,而应综合考虑现金流量表,以评估所报告利润的真实质量和企业的现金流状况。

任务小结

本任务深入探讨了财务管理中的三大核心报表:资产负债表、利润表和现金流量表。首先,阐释了会计报表的几个核心概念,包括时点数和时期数以及权责发生制与收付实现制的区别。通过对这些基本概念的解读,让读者了解财务报表如何反映企业的财务状况、经营成果和现金流动性。然后,以一家新成立的酒店管理公司为例,详细分析了其初始阶段的资产负债表如何记录公司的资金来源和运用情况,利润表如何展示公司的收入、成本、费用和净利润,以及现金流量表如何追踪现金的实际流动情况。此外,本学习任务

还强调了资产负债表、利润表和现金流量表三大报表之间的相互联系,展现了它们如何共同作用,为管理者提供全面的财务信息,以支持决策制定和财务规划。通过这三大报表的综合分析,可以全面把握企业的财务健康状况,评估其盈利能力和资金管理效率。

训练题

一、问答题

1. 财务管理有哪六大要素?这六大要素在哪些财务报表上有体现?

2. 在三大财务报表中,哪些报表是采用时点数?哪些报表采用时期数?为什么?

3. 在三大财务报表中,哪些报表是采用权责发生制?哪些报表采用收付实现制?为什么?

4. 资产负债表的左侧和右侧分别反映哪方面内容?

5. 现金流量表包括哪些内容?

6. 利润是如何分配的?

二、讨论题

1. 如何理解资产负债表和利润表之间的关联性?请结合具体的会计项目(如折旧、应收账款等)来说明两者之间是如何相互影响的。讨论中,可以考虑利润表上的某些项目如何影响资产负债表的变化,以及资产负债表的某些变动如何反映在利润表上。

2. 现金流量表在企业财务决策中扮演着怎样的角色?请讨论现金流量表对于评估企业的流动性、偿债能力以及长期财务健康状况的重要性。同时,探讨在哪种情况下企业管理者需要特别关注现金流量表,而非仅仅依赖利润表和资产负债表。

任务三 了解酒店财务部的岗位设置和基本流程

一、酒店财务部的岗位设置

酒店财务部是酒店内部组织机构中专司会计核算与财务监督的职能部门,它涵盖会计核算、资金管理、成本控制、风险监测、资产管理、预算管理、决策分析、财务报告及档案管理等相关职责,全面负责客观真实、准确及时地反映酒店某一时点的资产负债状况、一定期间的经营成果及现金流量动态,定期和不定期进行财务分析并对外发布财务报告。基于财务部的基本职能,酒店可以结合具体的经营规模、业态分布及管理要求等进行相应人员编制及组织架构的搭建。图1-1为某在营酒店财务部的组织架构图。

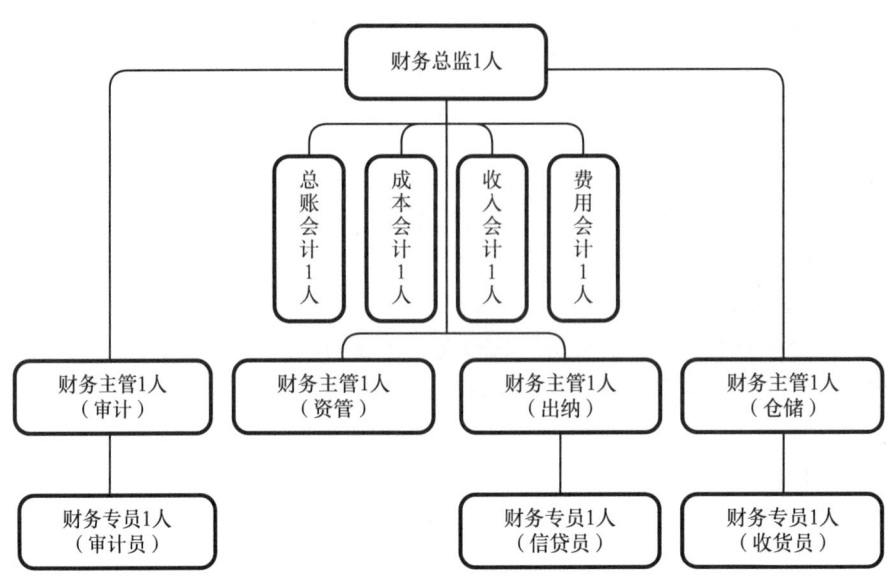

图1-1　某在营酒店财务部的组织架构图(编制:12人)

　　注:以上财务部人员编制不包含房务、餐饮、康乐等部门的收银人员。其酒店规模为拥有250间客房、年收入5,000万元左右的综合型酒店。

　　财务部对于各个岗位均设定了较为清晰的岗位职责与操作规范,具体如表1-6所示。

　　财务部的具体岗位设置和人员配置将根据酒店的规模、业务量以及数字化改革的程度来确定。考虑到现金收款业务的特殊性以及各收银点日结时间的差异性(如客房部前台日结为凌晨2点,餐饮部为晚上10点等),各经营部门通常还会专设收银岗位来处理收款事务。收银人员是否纳入财务部编制,可以根据酒店具体情况而制定,但人员的管理由财务部统一执行。收银员的主要职责包括收取款项以及在系统中录入交易数据,并负责为客人开具发票。此外,收银员还需要按照内部财务流程填写详细的收款明细,并将每笔交易记录在特定的表格中。这些记录随后需要与出纳进行严格的交接和核对,确保每一笔交易无误。具体来说,如收银员当天共处理了50笔交易,他们需要将这50笔交易的详细信息列出,与总金额相对应,并交由出纳处理。

　　出纳岗位是必不可少的,负责处理资金和账目的工作,且这些工作不应由单一人员独立负责,以确保资金的安全性。出纳员在接收款项后,负责相关单据的处理和账务登记。出纳岗位分为收款和付款两种角色,其中收款出纳仅负责收款,而付款出纳则负责处理报销等付款事务。需要强调的是,负责收款的出纳不能负责退款操作。出纳处理完毕后,会将数据交由会计进行账目处理,然后交由财务主管进行审核。还有,会计完成的账目并非流程的终点,而是需要经过审核环节。财务主管在审核完账目后,会负责编制财务报表、报税工作,并向统计局、银行等外部单位提交相关报表,但这些数据和报表需要事先由财务部负责人进行最后审核,确保财务数据的准确性和合规性。

　　财务总监担任财务部的主要负责人,直接向总经理汇报工作,并负责管理部门的各项任务,包括资金管理、预算管理、人员招聘、员工培训以及内部流程的制定和监督。此外,作为部门的负责人,财务总监还需要与企业内部各部门进行协调,并负责与外部的工商税务等机构以及企业高层管理人员的沟通。

表 1-6　某连营酒店财务部人力资源匹配表

编报单位：××酒店财务部

姓名	入职日期	学历要求	工作年限	岗位	具体文字描述（岗位职责）	工作表现			总得分
						①能力	②态度	③业绩	
×××	××××年××月××日	本科	10年	财务总监	（详见岗位职责阐述）				
×××	××××年××月××日	大专	2年	总出纳	接受会计监督，严格执行集团财经纪律及支付结算规定，主要负责货币资金和有价证券的收、付、存管理，合理筹措资金，确保酒店日常经营管理的资金需求及保证货币资金日常的安全与完整				
×××	××××年××月××日	本科	3年	成本会计	专司整个酒店相关成本、费用项目基础数据的采集、确认、计量、报告，在总监的指导下建立健全酒店内部成本控制制度及程序，定期出具成本报告，定期或不定期检查总仓、二级仓储物资存储的状况，提出建设性的整改意见				
×××	××××年××月××日	本科	5年	总账会计	在财务负责人的领导下，主要负责实施对整个酒店的会计核算与监督职能。总账科目的会计日常工作，内外会计报表的编制、协调各会计岗位的日常工作，致力构筑一个精干、高效的会计数据信息处理平台				
×××	××××年××月××日	本科	3年	应收会计	专司整个酒店营业收入及应收账款的日常核算，包括确认、计量、分析与报告，确保其准确及时、安全及完整性。加强对酒店流动资金的良性循环。保障酒店各挂账客户的信用调查、额度监控并完善挂账实施签单的催收程序，及时、完整地实施签单挂账的催收程序和回款缴审，出具账龄分析报告				

续表

姓名	入职日期	学历要求	工作年限	岗位	岗位职责 具体文字描述	工作表现			总得分
						①能力	②态度	③业绩	
×××	××××年×× 月××日	本科	3年	应付 会计	专司整个酒店应付账款(含资产、费用类)核算,包括资产、费用的确认,计量,分析与报告,确保其真实性、合规性、完整性。保障酒店日常流动负债的结算与清理。督导供应部门加强对酒店供应链各环节数据采集的真实性,合法性,合规性进行再认定,协助出纳做好供应商,客户,职员,内部往来款项的核对与清算				
×××	××××年×× 月××日	大专	3年	营运 经理	主要负责并督导审计员审核、稽查、修正、确认,计量,报告每日整个酒店各营业点的收入,并对其真实性、完整性和合规性表示意见,及时向集团,酒店决策层及财务部披露可能存在的风险和漏洞,防范错误和舞弊行为的发生。加强对审计员的培训,定期组织本模块召开专题会议,完善酒店内部控制制度,提高审计工作的质量与效率				
×××	××××年×× 月××日	大专	1年	审计员	具体执行审计日,夜班各营业点收入的真实性,完整性和规范性的符合性测试程序,对每日每班的《收银员收款报告》进行再确认,再认定,保证每日9:00前出具酒店营业收入日报表和相关附表及稽查报告				
×××	××××年×× 月××日	大专	1年	审计员	具体执行审计日,夜班各营业点收入的真实性,完整性和规范性的符合性测试程序,对每日每班的《收银员收款报告》进行再确认,再认定,保证每日9:00前出具酒店营业收入日报表和相关附表及稽查报告				

Note

续表

姓名	入职日期	学历要求	工作年限	岗位	岗位职责		工作表现		
					具体文字描述	①能力	②态度	③业绩	总得分
×××	××××年××月××日	中专	1年	收银主管	专门负责并督导酒店各营业网点(包括前台)日常营业款项的结算工作,确保收入的结算流程各收银员日常操作规范、真实、快捷、完整。加强对收银员的工作准确,服务、仪容、礼节,组织实施对收银员的业务技能,服务、礼节、仪容和职业道德教育的教化,全面提高收银队伍的综合素质				
×××	××××年××月××日	中专	1年	收银领班	具体对本班次收银员的操作动作流程及流程的安全与规范负责,实施对下属员工的具体的业务监督,指导,检查和管理,同时加强对收银员的在岗实操培训指导,主管不在岗时可授权代理其职				
×××	××××年××月××日	中专	1年	收银员	准确、规范、快捷地执行酒店各部门收银点当日当班消费的规范性并及时给予反馈,关注楼面操作的安全,完整地安全,客观地出具货币资金的安全,完整报告收款报告				

续表

姓名	入职日期	学历要求	工作年限	岗位	岗位职责 具体文字描述	工作表现 ①能力	工作表现 ②态度	工作表现 ③业绩	总得分
×××	××××年××月××日	中专	1年	收银员	准确、规范、快捷地执行酒店各部门收银点当日当班工作流程，关注楼面操作的规范性并及时给予反馈，确保当班货币资金的安全，完整地出具收款报告				
×××	××××年××月××日	大专	2年	会计文员	收发处理财务部日常往来纸质、电子文件、报表、账单及电话，传真转接记录、存档及公务接待，部门内外信息沟通工作，根据总监的指示及授意起草、打印相关文案，按时完成财务部工作计划与总结，培训工作计划与月考勤与排班，安排部门会议报备办公用品，以及其他与会计相关临时工作				

说明：（1）不含实习生。

（2）酒店财务部剥离收银员。

（3）工作表现项目评分标准：总分100分。其中，能力30%、态度20%、业绩50%。

二、酒店财务部工作基本流程

财务部工作主要围绕着会计的两大基本职能核算和监督进行。

首先,会计核算职能是会计工作的基础。它涉及对企业或组织经济活动的信息进行收集、整理、分类、记录和报告。通过会计核算,会计人员能够提供关于企业财务状况、经营成果和现金流量的详细信息,从而帮助管理者做出决策。

其次,会计的监督职能主要体现在对经济活动的合法性、合理性和效益性的监督上。这一职能通过预算控制、财务审计以及风险评估等方式实现,旨在确保企业的经济行为符合法律法规,并追求经济效益的最大化。

此外,随着现代会计理论的发展,会计的决策、预测和控制职能也日益凸显。会计人员通过对提供的数据进行分析,帮助管理层做出更为科学、合理的决策。同时,通过对未来经济形势的预测,会计人员可以为企业的战略规划提供有力支持。控制职能则体现在对企业经济活动的全程监控上,确保其按照既定的目标进行。

(一)会计核算

会计核算是酒店财务部的重要工作之一,涉及酒店各个经营部门,以及对于酒店人、财、物在酒店经营中的流转进行准确计量和记账,从而确保反映酒店的经营成果和维持酒店稳健持续的经营。会计核算包括以下核算内容。

1.收入核算

这是财务处理流程的起点。酒店财务部需要严格核实每日的客房收入、餐饮收入和其他服务收入,确保收入的准确性和及时性。收入核算主要包括如下内容。

(1)账单核对和审查。

(2)发票管理:包括确保发票的正确开具和及时交付给客人,同时跟踪发票的使用情况,避免违反国家发票管理法规及酒店内部的发票管理制度。

(3)收入记账:根据收入凭证及时录入酒店财务系统,确保数据的准确性和完整性。

2.成本及各项支出核算

支出是酒店经营的必要成本,酒店财务部负责记录、管理酒店的各项支出,主要包括如下内容。

(1)支出审核:对各项支出进行审核,确保支出的合理性和合规性,防止浪费和违规行为。

(2)付款处理和记账:根据审核后的支出凭证及时进行付款处理,确保支出的及时性和准确性。在付款完成后立即记账,确保成本费用核算及时入账。

(3)成本核算:这是酒店财务部的重要工作之一,通过对成本的核算和分析,为酒店的经营管理提供决策依据。

酒店财务部的成本核算主要包括以下几个方面。

① 直接成本核算:对酒店各部门直接发生的成本进行核算,如餐饮成本、客房用品成本等。

② 间接成本核算：对酒店各部门间接发生的成本进行分摊和核算，如管理费用、销售费用等。

3.财务报告编制和会计凭证与档案整理

财务报告编制是酒店财务部的基本职责之一。财务部根据账务处理结果，编制财务报表，反映了酒店的财务状况和经营成果。

财务报告的编制有如下内容。

（1）每日报表。

（2）每月财务报表，反映和分析酒店财务状况和经营成果。

（3）年度财务报表，分析酒店财务状况和经营成果，并完成年度报告的审计工作。

财务部按照国家关于会计档案管理规定，整理并归档各类会计凭证，如发票、收据、支票等，并进行档案整理，即整理并归档各类财务报告和审计报告。同时，确保所有会计档案按照规定的保管期限管理。

（4）税务申报与税款缴纳：按照国家税收法规，按时申报并缴纳各项税款。

（二）监督管理

1.收入审计

收入审计主要是指对于酒店各项收入定价、扣减、折扣和调整的审核，定期对酒店收入进行分析，包括来源、项目、时间等，为管理层提供决策依据。

2.成本及支出管理

成本及支出管理包括采购成本控制、人力资源成本控制、其他支出控制（对其他各项经营成本进行监控和管理，包括租金、能源费用、广告费用等）。

3.资产盘点与管理

资产盘点与管理是指定期对酒店玻瓷银钢及布草类等低值易耗品和固定资产进行盘点，确保账实相符。出具资产盘点报告，进行盘盈盘亏分析，跟进部门提交改进方案和计划，监督和落实经营部门的改进计划。

4.合同审查

财务部门在合同签订过程中起着关键作用。在管理规范的企业中，日常签订合同时通常会让财务部门参与，以便在付款和发票环节提供专业意见。

5.预算管理

财务部门还需参与预算管理。例如，如果年度业务招待费定为20万，而业务部门不小心花费达到30万，超出的部分可能会得不到报销。财务部门的主要目的是控制费用，防止超支，因此对预算的管理和控制非常严格。

因此，酒店财务部人员必须清楚地理解整个业务流程，以避免财务失误。财务工作不仅限于记账，还包括确保对业务流程的充分理解，以保证财务处理的准确性和合规性。例如，A酒店向其供应商B公司采购原材料，总价为500万元。交易过程中，A酒店首先支付了20万元定金。随后，在7月份收到货物并进行验收入库后，根据合同约定，A公司需要支付剩余的480万元款项。然而，酒店财务人员对业务流程不清楚，错

误地支付了全款500万元,而忘记已经支付过的20万元定金。在会计处理上,该酒店会计人员在处理500万元账款时不负责任,不核查预付账款,在账目上错误地记录应付款项为500万元,而不是实际的480万元。这种情况表明,如果财务人员不了解整个业务流程,可能导致支付多余款项或在不同科目下重复处理同一笔账务,从而造成财务混乱。这虽然是一个非常罕见的案例,但说明了财务工作中对业务流程理解的重要性。

任务小结

本学习任务介绍了酒店财务部的岗位设置和基本流程。酒店财务部负责会计核算、资金管理、成本控制、风险监测、资产管理、预算管理、决策分析、财务报告及档案管理等。酒店根据经营规模和管理需求设定岗位和组织架构,涉及各种专职岗位,如收银员、出纳员和财务主管。收银员处理交易和款项收取,而出纳员负责款项处理和账目登记。财务主管则负责编制财务报表、报税工作,并需经财务部负责人审核。酒店财务部工作围绕会计核算和监督两大职能进行。会计核算包括收入核算、成本及支出核算、财务报告编制和税务申报。监督管理包括收入审计、成本及支出管理、资产盘点与管理、合同审查和预算管理。这些流程确保了准确反映酒店经营的财务状况、经营成果和现金流量。

训练题

一、问答题

1.酒店财务部主要职责包括哪些方面?

2.在酒店财务部,收银员和出纳员的主要职责有哪些区别?

3.酒店财务部如何确保交易的准确性和合规性?

二、讨论题

1.如何看待酒店财务部在酒店经营管理中的作用?请讨论财务部门在提高酒店效率和盈利能力方面可以采取哪些措施。

2.考虑到现代科技的发展,尤其是数字化和自动化技术的进步,你认为这些技术将如何影响酒店财务部的工作流程和效率?请讨论有哪些具体的技术应用和潜在的变革。

任务四　培养酒店非财务岗位人员必备的财务理念

除了酒店财务部门员工外,酒店非财务岗位上的员工主要职责虽然不直接涉及复杂的财务操作和管理,但他们在日常工作中也需要建立必要的财务理念,包括"讲信修

睦"理念、"货币时间价值"理念、"成本控制"意识、"收益管理"理念、"资金安全"意识、"预算责任"意识、"资产管理与运营"理念和"可持续发展"理念。这些理念不仅仅对于酒店的财务健康和长期经营成功具有深远的影响,而且对个人职业发展也是必备的理念。例如,"讲信修睦"理念培养员工的诚信和职业道德,"货币时间价值"理念帮助他们理解投资决策的重要性,"成本控制"意识使他们能够识别和管理运营成本,而"资产管理与运营"理念则涉及有效地管理和维护酒店的资产。

一、"讲信修睦"理念

党的二十大报告中指出,中华优秀传统文化源远流长、博大精深,是中华文明的智慧结晶,其中蕴含的天下为公、民为邦本、为政以德、革故鼎新、任人唯贤、天人合一、自强不息、厚德载物、讲信修睦、亲仁善邻等,是中国人民在长期生产生活中积累的宇宙观、天下观、社会观、道德观的重要体现,同科学社会主义价值观主张具有高度契合性。其中,"讲信修睦"典出《礼记·礼运》——"大道之行也,天下为公,选贤与能,讲信修睦"。寓指讲究信用,睦邻修好。《礼记》中,将"讲信修睦"视为大同世界的理想境界。"信"意味着诚实无欺,恪守信用。

在酒店财务管理上,无论是对财务岗位的员工,还是非财务岗位的员工,"讲信修睦"理念都非常重要。"讲信修睦"涵盖诚信和和睦相处两个原则。首先,诚信不仅仅是财务管理工作的基石,而且是建立客户关系的基础。诚信行为能够确保财务数据的准确性,减少欺诈风险,同时提升客户和合作伙伴的信任。其次,"修睦",即和睦相处,在酒店业中表现为与客户、同事及其他利益相关者建立和维持良好的关系。因为通过良好沟通、相互尊重的处事方式能够维护和促进积极的人际关系,这不仅有助于营造和谐的工作环境,而且对于维护品牌声誉、增强客户忠诚度和建立长期合作伙伴关系至关重要。

二、"货币时间价值"理念

货币的时间价值是基于这样一个概念:一定数量的货币今天拥有的价值,由于通货膨胀和投资机会,通常会超过在未来某个时间点拥有相同数量的货币的价值。理解货币时间价值(Time Value of Money, TVM)不仅仅是酒店财务管理的要求,而且是酒店管理者日常经营决策所需要的必备知识,以便做出有效的投资决策和对需要投资项目的可行性评估。"货币时间价值"理念包括如下内容。

(一)确定当前所做投资的未来价值

确定当前所做投资的未来价值,即评估酒店今天所做的投资在未来会增值多少。在酒店经营中,如何进行新设施设备引进,或者项目改造与技术升级,都需要考虑未来收益,分析这些投入如何增加未来的经营收入或提升客户满意度。

(二)确定将来收到的现金的现值

确定将来收到的现金的现值是指将来的收入或现金流在今天的价值。例如,如果酒店计划今后几年推出新服务,预计将带来额外收入,那么这些未来收入在今天的价

值是多少,这有助于决定是否值得进行这项投资。

(三)分析投资回报

投资回报是指从投资中获得的收益。在酒店业,这可能涉及比较不同投资机会的盈利潜力,如重新装修酒店大堂相比于增加新的餐饮设施的收益。

(四)投资达到预期价值需要多长时间

投资达到预期价值需要多长时间,这涉及计算从一项投资中收回成本所需的时间。例如,如果酒店投资一个新的在线预订系统,需要确定该系统将在多长时间内通过提高预订率和减少管理成本来偿还其投入成本。

三、"成本控制"意识

在企业日常经营中,每节约一分钱,到年底都会多一分钱的利润。从酒店基层工作人员到管理层,"成本控制"意识直接影响酒店的利润目标,并有助于优化资源利用,确保人力和物资资源得到最有效的分配和使用,减少浪费。

对酒店非财务岗位的所有人员进行"成本控制"意识的培养是实现经营成功的重要举措。酒店业务的每个环节,从基层工作人员到管理层,都在成本控制的大框架下运作。在日常经营中,即使是节省微小的金额,累积起来也可以在年底为酒店带来显著的利润增长。例如,通过减少能源消耗、优化库存管理、控制人力成本,甚至是在日常清洁和维护中寻找节约的机会,都能对成本产生重大影响。

此外,"成本控制"意识不仅关乎节约,它还涉及资源的高效利用。这意味着确保每一分钱的投入都能产生最大的价值。在酒店业中,这包括:合理安排员工班次,避免过度或不足的人力配置;合理管理库存,减少过期和浪费;优化运营流程,提高服务效率。

酒店管理层在成本控制方面的角色尤为关键。他们需要引导团队成员理解和参与成本控制,鼓励员工提出创新的节约成本和提高效率的方法,从而在整个组织内营造一种成本控制的文化。

四、"收益管理"理念

客房是酒店主要的盈利产品,对酒店营业收入的贡献最大,利润率最高。但客房产品通常具备显著的易逝性,若某间客房当晚未被预订,则它当晚的潜在收益将不复存在,其当晚的价值将永久丧失,无法保留到未来再次销售。这种情况与常规商品销售形成鲜明对比,因为很多商品在生产后可以存储,并在未来进行销售。

收益管理(Revenue Management)是酒店与旅游企业市场营销工作中的一项重要理念和策略,它强调基于对供需平衡的深入分析和市场需求的预测,动态调整产品库存和定价,从而达到最大化收益的目的。这种策略特别适用于那些产品存在容量限制和易逝性特点的行业,例如航空、酒店、邮轮和租车业。它的核心理念是确保在最佳的时机、通过最佳的渠道,以最合适的价格将合适的产品销售给合适的目标客户。

"收益管理"理念专门用于针对产品的定价和库存的优化,以实现收益最大化。虽

然,它并不直接涉及财务报表、资金流或财务规划等财务管理核心任务,但它与企业的收益息息相关。

五、"资金安全"意识

酒店日常对客运营的很多业务环节都与现金流稳定性和财务健康相关,特别是在预订政策、收款程序和客户信用管理等关键环节。因此,酒店非财务岗位人员的"资金安全"意识显得尤为重要。从销售部门、前台接待、预订部门到财务部门,每一位员工在处理客户交易时都承担着维护资金安全的责任。预订政策的制定和执行需要考虑到资金安全,例如,通过合理的订金和取消政策来减少因客户临时取消导致的收入损失。在收款过程中,需要确保交易的准确性和及时性。这包括正确处理现金、信用卡和电子支付以及及时追踪应收账款。客户信用管理也很关键,需要对合作客户的信用状况进行适当评估,以防止潜在的坏账风险。

从一线员工到管理层,每个人都应该遵守财务管理规则,确保所有财务活动的透明度和合规性,对可能的财务欺诈、错误和不规范操作保持警觉。酒店管理层需要通过定期培训和监督确保员工了解和遵守这些规则,同时建立有效的内部控制机制来预防和检测不当行为。

在更广泛的层面上,"资金安全"意识还包括合理规划资金用途,确保投资和支出能够带来最大的收益,同时规避不必要的财务风险。管理层在这方面起着关键作用,他们需要评估不同业务策略的财务影响,做出符合酒店长期利益的决策。

六、"预算责任"意识

预算是酒店为未来一段时期的经营活动预计的财务状况和经营结果的测算与具体规划,用于指导和约束酒店的日常经营活动。预算管理在酒店运营中得到普遍应用,并和经营计划息息相关。财务预算可以使目标决策具体化和定量化,能够明确并且量化酒店各层级人员的职责和目标。如果酒店各部门运营管理人员没有"预算责任"意识,预算所设定的财务目标就无法实现。经营管理人员需要具备"预算责任"意识,以便以预算作为目标,控制不必要的支出,控制运营成本,考虑每一项投入的成本效益,确保日常决策的质量。

酒店运营和对客服务通常需要多个部门的协作,有"预算责任"意识的员工更容易与其他部门协作,共同推动预算目标的实现。

七、"资产管理与运营"理念

资产管理思维指的是一种以资产价值最大化为核心管理目标并以此为决策的思考方式。这种思维不仅关注日常的业务运营,还包括对酒店作为一个资产的长期价值和潜力的深入理解。

酒店业主方和投资者的主要目标是确保酒店的盈利性和资产价值增长,同时注重酒店的长期可持续发展。相较之下,酒店运营方则专注于日常运营的效率和效果,致力于提供卓越的客户服务,并保持稳定的财务表现。这些目标相互支持,共同促进了

酒店业主或投资者追求盈利性、资产增值和持续发展的总体愿景。

现代酒店管理的一个显著特点是所有权和运营权的分离。这种分离特点极大地降低了进入酒店业的门槛，使得地产商、专业投资人及来自其他行业的企业家，即使没有丰富的酒店运营经验和团队，也能参与酒店业。由于酒店所有权和运营权能够分离，酒店管理模式变得更加多样化，包括业主自营、委托管理、特许经营、第三方管理，以及软品牌联盟或混合模式等。不论业主选择哪种管理模式，其核心目的都是实现资产长期增值的投资目标。酒店资产管理的作用就是帮助业主实现投资目标。

资产管理思维帮助经营管理者从更宏观的角度去理解酒店运营，管理者不仅要重视短期的营业收入和利润，还要兼顾长期的资产增值。管理者在做决策时，需要考虑如何对酒店的长期价值产生正面影响。

2022年7月21日，国际知名的房地产专业服务和投资管理公司仲量联行发布了《重塑酒店资产价值生命力：2022年中国酒店资产管理白皮书》。白皮书指出，从2000—2015年建造的酒店，每间客房的均摊面积一般在130—140平方米。近年来，这一数字却呈现上升趋势。所谓每间客房的均摊面积，是指将酒店的总建筑面积除以客房数得出的数值，其中总建筑面积包括地下后场区域、机电空间和停车场等。均摊面积越大，每间房的总建造成本也就随之提高。

白皮书指出的趋势背后反映了消费者、旅行者日益增长的对商务和旅行生活平衡的重视，以及对住宿舒适度的更高要求。与此同时，不少酒店开发商追求更高端的形象和标准，导致新建酒店的规模越来越大，从而使得客房的均摊面积显著增加。在使用国际品牌管理的酒店中，这一数字约为146平方米，比国内品牌管理的酒店高出10平方米左右，这一现象说明国际品牌酒店的业主所付出的开发费用较高。

仲量联行酒店及旅游地产事业部大中华区董事总经理周涛指出，酒店业有一个行业通则，即"千分之一定律"，它反映了客房造价与日均房价之间的关系。例如，如果一家300间客房的酒店总投资为6亿元，每间客房的均摊造价为200万元。为了达到预期的投资回报，每间客房需要每天带来2,000元的收入。然而，市场上能够达到这一日收入水平的酒店是少数，而投资额达到或超过200万元的酒店更为常见。

从资产管理的角度来看，如果酒店运营方未能充分理解客房均摊面积、建造成本与客房单价之间的关系，以及这些因素如何影响业主的投资回报期望，就有可能在筹资阶段及开业后的经营过程中与业主产生理念上的冲突。因此，资产管理思维对于酒店经营管理人员来说是至关重要的。

八、"可持续发展"理念

ESG，即环境（Environmental）、社会（Social）、公司治理（Governance）。作为一种评估企业绩效的综合性指标，它起源于2004年联合国全球契约组织发布的《有心者胜》（*Who Cares Wins*）报告。这一概念主要围绕环境保护、社会责任和公司治理的实践展开，目的在于引导企业在追求经济效益的同时，注重社会和环境的可持续性。在酒店业，ESG的应用和影响尤为显著。酒店业的运营不仅关系到客人的满意度，还直接影响到环境和社会。例如，酒店对于资源的使用、废物的处理以及员工和社区的关系管

理等方面都与ESG的三大支柱密切相关。

（一）环境（Environmental）

酒店业的环境维度涉及能源消耗、水资源利用、废物管理和碳排放。酒店通过采用可再生能源、节能减排、水资源管理和废物回收等措施，可以显著降低其对环境的负面影响。在资产与财务管理方面，这些环保措施不仅有助于降低酒店长期的运营成本，还能提升酒店资产的市场价值和吸引力。

（二）社会（Social）

酒店业在社会维度上的表现主要体现在对员工的待遇、培训和发展，以及对当地社区和文化的支持上。通过维护员工权益、促进多元化和包容性，以及与当地社区合作，酒店可以构建积极的品牌形象，吸引社会责任感强的消费者和员工。这种社会责任的履行也能间接促进酒店的财务健康，因为它能提高员工的忠诚度和生产力，同时吸引对社会责任敏感的顾客。

（三）公司治理（Governance）

有效的公司治理对于酒店业来说同样至关重要。这包括确保透明度、防止腐败、合理分配股东和管理层的权力等。良好的治理不仅能提高企业运营效率，还能吸引更多负责任的投资者。在财务管理方面，良好的公司治理有助于降低运营风险，提高财务透明度和可预测性，从而吸引更多长期投资。

由此可见，酒店业的ESG实践不仅有助于提升其在社会和环境方面的表现，而且对财务管理和资产价值也有积极的影响。此外，ESG与党的二十大报告中指出的中华文明的智慧结晶之一的"天人合一"思想深度契合。天人合一是中国古代哲学的核心思想之一。其中的"天"不是指天空或天体，而是描述人类所生存的自然环境。从根本上理解，"天人合一"注重人与自然之间的紧密联系和互相依存，强调人类是自然的组成部分，与天地同生，与所有事物共存。

因此，上述财务理念的培养有助于非财务员工更好地理解其工作对酒店整体财务状况的影响，促进他们在决策过程中考虑更广泛的财务因素。此外，对财务理念的理解和应用也能够提升员工在团队中的协作能力，并有助于提高工作效率，同时为他们未来在酒店业或其他行业的职业发展奠定坚实的基础。总之，无论是对酒店的成功经营还是员工个人的职业成长，这些财务理念都是不可或缺的重要组成部分。

--- 任务小结 ---

本学习任务主要探讨了酒店非财务岗位员工应该具备的八大财务理念。"讲信修睦"理念强调在酒店业中诚信的重要性，不仅是财务管理的基石，也是建立客户关系的关键。"货币时间价值"理念要求理解货币在不同时间的价值，对于有效的投资决策和可行性评估至关重要。"成本控制"意识注重突出节约和资源优化的重要性，以增加利润并提高运营效率。"收益管理"

理念适用于在易逝性的酒店业中,通过动态调整定价和库存来最大化收益。"资金安全"意识强调资金流稳定性和财务健康,特别是在处理客户交易和信用管理时至关重要。"预算责任"意识强调预算在指导和约束酒店日常运营中的作用,以及各层级人员对实现预算目标的责任。"资产管理与运营"理念关注资产的长期价值和潜力,以及资产管理与日常运营的整合。"可持续发展"理念则围绕环境保护、社会责任和公司治理的实践,强调在追求经济效益的同时,关注社会和环境的可持续性。

训练题

一、问答题

1.如何理解货币时间价值?

2.什么是收益管理?

3.什么是千分之一定律?

4.什么是ESG?

二、讨论题

1.请搜索仲量联行发布的《重塑酒店资产价值生命力:2022年中国酒店资产管理白皮书》,讨论酒店资产管理的重要性和现状。

2.为什么说酒店业的ESG实践不仅有助于提升其在社会和环境方面的表现,而且对财务管理和资产价值也有积极的影响?

Note

项目二
酒店投资与筹资

 项目描述

  本项目包括酒店投资管理与酒店筹资管理两个学习任务。在了解酒店投资管理的学习任务中,全面介绍了酒店投资管理,涉及其概念、关键成功条件、投资者类型、投资管理流程、酒店项目投资费用构成以及不同类型酒店项目投资估算、投资回报率和回报期的计算,最后还指出了酒店投资的新趋势。在了解酒店筹资管理的任务中,提供了酒店资金筹集的全面概述,着重介绍了筹资的目的、动机、渠道、方式以及筹资的基本要求和筹资成本,并讨论了酒店资金需要量的预测。

 **项目目标**

知识目标

1. 掌握酒店投资管理的相关知识,包括理解酒店投资的概念、关键成功条件,如投资者类型、投资管理的流程、酒店项目投资费用的构成及其估算方法、投资回报率和回报期的计算,以及酒店投资的新趋势。
2. 掌握酒店筹资管理的相关知识,包括理解酒店筹资的目的、动机、渠道、方式和资金需求量的预测方法,以及筹资的基本要求和成本构成。

能力目标

1. 具备对酒店投资与筹资的基础分析能力。
2. 具备对筹资方式和渠道的基础认知能力。
3. 具有预测酒店资金需求量的基础能力。
4. 具有计算酒店投资回报期的基础能力。

素养目标

1. 职业素养:通过对酒店投资和筹资管理的学习,培养诚实守信、责任感强、严谨细致的职业素养。
2. 创新思维:鼓励在酒店投资和筹资过程中运用创新思维,探索新业态发展和技术应用。
3. 社会责任感:通过理解和应用ESG策略,培养对可持续发展和社会责任的认识与承担。

知识框架

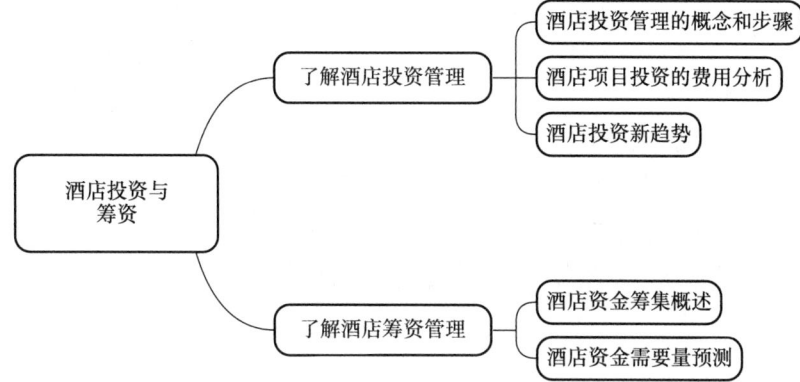

教学重点

1. 酒店投资的概念。
2. 酒店投资的费用构成。
3. 酒店投资的新趋势。
4. 酒店的筹集概念和动机。
5. 酒店的筹资方式。
6. 资金成本的概念和构成。

教学难点

1. 不同档次酒店投资的费用估算。
2. 基于 RevPAR 的酒店投资回报期和回报率的计算。
3. 酒店筹集渠道与融资方案比较。
4. 酒店资金需要量的预测方法。
5. 项目的净现值和内部收益率的概念。

思政学习

1. 责任与担当的精神:投资管理不仅仅是一个财务行为,更是一种对社会、环境和未来负责的表现。
2. 创新与适应市场变化:酒店投资管理的过程要求投资者和管理者不断创新,适应市场的变化,寻找新的业务模式和投资机会。
3. 环境保护和可持续发展:随着 ESG 的兴起,要高度重视环境保护和社会责任。

项目导入

4.全局观和战略思维：管理者应具备全局观和战略思维，能够从宏观角度考虑问题，把握市场大趋势，规划企业长远发展。

5.严谨细致的工作精神：筹资渠道的选择需要高度的严谨性和细致的考量。正确的筹资渠道选择不仅影响企业的资金成本，还关系到企业的风险承担和未来发展方向。

6.时间的价值：资金的时间价值揭示了时间对于资金价值的影响。无论在工作中还是生活中，都需要理解时间的价值，有效利用资金的时间价值进行未来的理财。

7.数据化的思维：资金需求的预测需要依托数据分析和预测技术，要求新时代的管理者具备数据化思维和分析能力，这对于企业的科学决策制定尤为关键。

任务一　了解酒店投资管理

投资活动是酒店业务的重要组成部分，它不仅是企业发展和进步的动力，更是实施战略计划和探索新盈利渠道的关键。在酒店投资的过程中，每一次投资决策不仅为酒店带来对未来盈利的希望，同时也伴随潜在的风险挑战。因此，了解酒店投资管理的概念和完整过程，对酒店管理者非常重要。

一、酒店投资管理的概念和步骤

（一）酒店投资管理的概念

1.酒店投资的概念

酒店投资指的是酒店为了在可预见的未来获得收益或实现资金增值而进行的经济活动。这包括在一定时期内向特定领域或项目投入所需数额的资金、实物或其他资源。酒店投资涉及多元化的投资用途，包括但不限于固定资产的改造、扩建、新建，以及对技术、品牌等无形资产的投资。这些投资决策都需要建立在对市场发展趋势的分析、财务预测和长期战略规划的基础上，目的是确保酒店的持续增长和市场核心竞争力的提升。

2.酒店投资的成功条件

投资决策需要与企业的长期战略规划紧密结合，确保每项投资都能为企业带来可持续的成长和盈利。由于投资都伴随风险，所以对项目严密细致的财务分析和对市场的精准预测是酒店投资成功的前提条件。这包括对投资回报率的评估、资本成本的考虑以及对市场变化的敏锐洞察。此外，由于市场环境复杂多变，酒店投资管理的另外一个关键条件是投资风险的管控。有效的风险管理策略包括风险识别、评估和应对措施的制定。酒店投资不仅是一种财务活动，更是一个涉及全面战略规划、市场分析和风险控制的过程。

3.酒店的投资者

酒店投资是一个涉及多方参与者的经济活动,投资者主要包括酒店业主、酒店经营者,以及其他潜在的自然人和法人投资者。业主和经营者在投资方面通常有着不同的关注重点。酒店业主注重的是固定资产的投资,如酒店的购买、建设和设施升级,这些投资主要着眼于提升酒店的长期资产价值和改善其基础设施。酒店经营者则更多地专注于提升运营效率、服务创新和客户体验等方面的投资,如员工培训、服务流程优化和客户关系管理系统的升级,这些投资直接影响到消费者满意度和酒店的运营效果。

(二)酒店投资管理的步骤

无论对于自然人还是法人,酒店投资的主要目标都是通过投入资金和资源来实现回报和利润增长。为了达到这一目标,投资管理的科学性和合理性显得尤为关键。有效的酒店投资管理应基于对拟投资项目进行全面的可行性分析,严格遵守既定的操作程序和酒店业的具体标准与要求,并满足相关的技术指标和性能标准以及质量和数量方面的规定,从而确保投资顺利实施并达到最大的投资回报效果。

以购买土地并投资一家单体酒店为例,酒店投资管理的步骤包括投资目的的确定、市场调研和选址、用地规划指标的商谈、市场分析与机会识别、初步投资提案、财务可行性分析、风险评估、详细方案规划与制定、获取资源和批准、实施和监督、效果评估与优化和项目投资的退出机制。每一步骤说明如下。

1.投资目的的确认

明确投资酒店的主要目的,包括是否视其为长期资产投资或传承、是否符合企业的战略发展目标,以及是否考虑通过规模扩大获得成本和市场优势。

2.选择拿地方式

根据项目需求和地区特性,选择合适的土地获取方式,包括二级市场拍卖、直接与地方国土资源管理部门勾地,或通过兼并收购现有酒店企业获取土地。

3.用地规划指标洽谈

与地方规划部门就旅馆用地或商业服务用地的土地性质进行深入交流,目的是明确不同用地规划控制指标,如容积率、绿化率、建筑密度、建筑限高等或者当地其他规范要求。此外,还需考虑是否项目位于文化保护建筑、世界遗产保护区等特殊地区。除了基本的建筑和规划指标外,还需要综合考虑消防、人防、防洪、防震、供水、供气、房屋安全结构等安全因素,以及环境影响评估(环评)、文物保护等环境因素。同时,还需沟通必要的公共建筑和附属设施,例如配电房、垃圾回收点以及非机动车和机动车的停车设施的规划指标。

4.市场调研和选址

在购买土地之前,首先进行市场调研,分析目标区域的酒店业市场现状、竞争环境、客户需求等。同时,考虑选址的地理位置、交通便利性、周边设施等因素。

5.市场分析与机会识别

深入分析目标市场的需求、竞争环境和发展趋势,识别投资机会和市场缺口,为投资决策提供依据。

6. 初步投资提案

基于市场分析,制定初步的投资提案,明确投资目的、初步的投资规模和预期。初步的投资提案包括酒店的类型、规模、位置、设计理念等关键要素。

7. 财务可行性分析

对拟投资项目进行详细的财务分析,包括成本估算、预期收益、投资回报率等,确保项目的经济合理性和盈利能力。

8. 风险评估

识别和评估投资相关的各种风险,包括市场风险、操作风险、财务风险等,并制定相应的风险应对策略。

9. 详细方案规划与制定

在财务和风险评估的基础上,进一步细化和完善酒店项目的开发计划,包括详细的设计、建设、运营等方案,以及更为详细的投资方案,如拟投资项目规模、资金计划、时间表等。

10. 获取资源和批准

确保项目所需的资金、人力、技术等资源的可用性,并获取政府及相关部门的审批和批准。

11. 实施和监督

在项目执行过程中,进行有效的管理和监控,确保项目按计划和预算进行,及时调整应对各种挑战和变化。

12. 效果评估与优化

在投资项目实施过程中及完成后,进行持续的效果评估,定期对酒店的运营效果进行评估,包括财务表现、客户满意度等,根据评估结果进行必要的调整和优化,以提升投资效果。

13. 项目投资的退出机制

规划和实施退出策略,如通过出售、合伙或重组等方式回收投资,并最大化投资回报。

需要高度重视的是,酒店项目必须获得相关部门的审批和许可,以确保其符合当地的法律和规章制度。因此,需要提前与规划部门进行有效沟通和协作,以确保酒店项目在设计和建设阶段遵守所有相关的规范要求,为项目投资的成功打下坚实的基础。

二、酒店项目投资的费用分析

酒店投资根据投资内容的不同,可以分为项目投资、技术投资、人力资源投资、品牌和市场营销投资、可持续发展投资、研发投资、证券投资以及其他形式的投资。在这些投资内容中,项目投资主要针对特定的建设项目,包括新建一个完整的酒店或对现有酒店的固定资产进行更新改造。酒店项目投资由于涉及大规模的建筑工程和设施设备购置安装,通常涉及较多的资金投入,投资项目周期往往较长,属于长期投资行为。因为市场环境变化莫测,项目投资会有一定的投资风险。此外,酒店项目投资的

主要对象是固定资产,这类资产流动性较低,变现能力不如金融投资等其他形式的投资。这要求投资者在进行酒店项目投资决策时,要对投资费用和预期收益进行严密的分析和细致估算,以便制定周全的费用与风险管理以及资金安排计划。

酒店项目投资的费用估算需要综合考虑多个因素。首先,需要依据拟投资项目的建设规模,包括酒店的大小、房间数量等,对所需资金进行初步评估。其次,根据酒店的星级设置要求,这些要求可能涉及更高级别的装修、设施和服务标准,从而影响成本。此外,基于工程技术方案的具体内容,如建筑设计、材料选择和施工方法,需要进行更精确的资金估算。总体而言,酒店项目投资的费用估算包括建设投资(如土地购置、建筑和装修成本)、建设期资金利息(即在建设期间产生的融资成本)以及流动资金(用于支持初期运营的资金需求)。不同规模和星级的酒店在投资数额上差异较大,每个酒店投资项目都有其各自的差异,但是投资涉及的主要费用项目上基本相同。下面将对酒店项目投资所涉及的费用进行说明。

(一)酒店项目投资的费用构成

酒店项目投资的费用构成如表2-1所示。

表2-1　酒店项目投资的费用构成

项目投资用途	投资费用说明
1.建安工程及园林工程费用	建筑安装工程和园林景观施工的费用
2.室内装饰工程费用	装修材料费用、装饰设计费用和施工费用,包括抹灰、门窗、吊顶、隔墙、饰面板、涂饰、裱糊与软包、细部工程、地面工程和防水工程,以及五金、卫浴洁具及管道、电气安装、室内绿化、室内照明等工程
3.机电工程基础设施费用	机电设备采购费用和安装调试费用,包括给排水管网、污水管供热系统、通风及空调系统管网、变配电及其布线系统、通信系统及其管网等
4.经营设备设施用品用具费用	
1)厨房和洗涤设备费用	厨房设备费用指安置在酒店厨房或者供烹饪用的设备、工具的采购和安装费用。费用的多少取决于酒店厨房设施的数量、面积和品牌要求。 洗涤设备费用指自动干洗机、洗衣脱水机、自动干衣机、自动烫平机、自动折叠机等各类设备的采购和安装费用。其投资费用取决于酒店规模、品牌标准、设备数量和品牌要求
2)酒店餐厅和客房用品用具费用	酒店餐厅和客房基本运营所需要的各类家具、电器、布草、清洁设备、运营车辆及其他相关的用品用具的采购费用
3)康体娱乐设施费用	室内外游泳池、桑拿、健身房等康体设施,以及卡拉OK、棋牌室等娱乐设施采购费用和安装费用。其费用多少要根据具体项目的实际需要决定

续表

项目投资用途	投资费用说明
4)艺术品费用	酒店内艺术品采购和展示费用。其费用多少取决于艺术品的档次和数量
5.其他费用	
1)土地成本费用	项目前期工作费用,即投资项目开工建设以前所发生的各项工作费用。主要包括可行性研究费、勘察设计费、土地补偿费和安置补助费等
2)设计及顾问费用	建筑设计(含建筑结构设计和外立面设计)、室内设计、机电设计、园林景观设计、厨房洗衣房设计、弱电通信网络设计、安防设计、艺术品设计等设计和顾问费用
3)建设管理费用	具体费用取决于项目规模、投资项目的档次和开发周期
4)酒店运营筹备费用	主要包括酒店筹备开业期间的各项费用。费用多少取决于投资项目的规模、筹开时间长短和项目档次
5)不可预见费用	考虑到建设期间可能会发生的风险因素而导致产生的不可预见费用
6.建设期财务费用	投资项目在建设期间内发生并计入固定资产的利息

酒店项目投资费用因地域和定位不同而具有很大的差异,例如商务型、会议型、会展型、度假型、公寓型以及主题酒店等。不同类型和档次的酒店在建设和运营各个阶段的投入成本具有显著差异。根据近年的统计数据,五星级酒店的建筑安装成本为每平方米7,000—10,000元,而四星级酒店则在每平方米5,000—8,000元;在装修装饰成本方面,五星级酒店为每平方米3,000—5,000元,而四星级酒店为每平方米2,000—3,000元。

(二)不同类型酒店的投资费用估算

下面根据国内酒店投资的实际案例,分别说明不同星级酒店的具体投资费用的估算。

1.某三星级酒店的项目投资

1)项目背景和投资情况

在某地级市一个商业综合体中,计划建设一家三星级酒店作为重要配套项目。投资方希望酒店能够有效地融入商业综合体的整体业态布局,增强商业综合体的吸引力和功能完善性。该酒店项目规划如下。

(1)占地面积约3,600平方米,总建筑面积约12,271平方米。

(2)设计规划包含约130间客房和7间套房,共137间/套房,以满足不同客人的住

Note

宿需求。

(3)酒店内设有一个含16个餐位的大堂吧,以及一个能容纳70个餐位的全日制餐厅,餐厅中还包含3间独立包房,为客人提供更为私密的用餐环境。

(4)酒店配备了2间会议室,面积分别为130平方米和90平方米,适合举办各种规模的会议和活动。

(5)对于注重健康和便利的客人,酒店还提供了一个53平方米的自助健身房和一个20平方米的洗衣房。

(6)提供共享停车场,方便客人停放车辆。

根据上述酒店的规划,投资费用估算如表2-2所示。

表2-2　某三星级酒店投资估算表

序号	项目	估算方法与说明	基础指标	单位	单价(元)/系数	估算值/万元
一、建筑及园林工程费用						
1	建筑工程	含基础、土建、外立面	12,271	m²	2,500	3,067.75
2	园林工程		2,376	m²	500	118.80
小计						3,186.55
二、室内装饰工程费用						
1	公区装饰	按中档精品酒店档次估算	1,575	m²	2,000	315.00
2	客房区装饰		8,599	m²	1,800	1,547.82
3	非客用区域装饰	简装	2,097	m²	500	104.85
小计						1,967.67
三、机电工程及基础设备设施费用						
1	暖通工程	按酒店总面积估算	12,271	m²	200	245.42
2	强电工程				200	245.42
3	弱电智能化工程				180	220.88
4	给排水工程				150	184.07
5	电梯		3	部	300,000	90.00
小计						985.78
四、经营设备设施用品用具费用						
1	大堂家具/电器/布草/用品	按面积估算	1	批	200,000	20.00
2	客房家具/电器/布草/用品	按房量和酒店档次估算,套房按开间计算(7间套房)	144	间	28,000	403.20
3	餐饮会议区家具/电器/布草/用品	按可容纳座位数的1.1倍估算	316	位	2,500	79.00

续表

序号	项目	估算方法与说明	基础指标	单位	单价(元)/系数	估算值/万元
4	健身房与自助洗衣房家具设备/电器/布草/用品	按可容纳座位数的1.2倍估算	1	批	200,000	20.00
5	后勤家具/电器/布草/用品	按员工数估算	80	位	2,000	16.00
6	厨房与酒吧设备/电器用品用具	按餐位估算	1	批	1,200.000	120.00
7	安保/维修/清洁设备/电器用品用具	按面积估算	12,271	m²	20	24.54
8	生产运营车辆	基本配置	2	辆	300,000	60.00
	小计					742.74
五、其他费用						
1	土地成本	按甲方提供数据分摊				420.00
2	酒店运营筹备费用	按3个月人均5,500元,员工满编薪金福利估算	3	月	442,536.11	132.76
3	设计/咨询/建设管理费用/不可预见费用	上述总和的比例估算	7,435.60	万元	5%	371.78
	小计					924.54
	以上合计					7,807.28
六、建设期财务费用						
1	建设期财务费用	投资资金考虑财务费用,假设建设期2年,资金按进度筹措使用,期间财务费用按贷款利率4.9%计算				573.84
	总投资合计					8,381.12

2)项目投资费用分析

根据表2-2所述,整个项目投资费用由六个部分构成。

(1)建筑及园林工程费用(小计3,186.55万元)。

建筑工程:含基础、土建、外立面等,总建筑面积12,271平方米,单价2,500元/平方米,总费用约3,067.75万元。

园林工程:涉及2,376平方米的区域,单价500元/平方米,总费用约118.80万元。

(2)室内装饰工程费用(小计1,967.67万元)。

公区装饰:按中档精品酒店档次估算,面积1,575平方米,单价2,000元/平方米,总费用约315万元。

客房区装饰:8,599平方米,单价1,800元/平方米,总费用约1,547.82万元。

非客用区域装饰:简装,面积2,097平方米,单价500元/平方米,总费用约104.85万元。

(3)机电工程及基础设备设施费用(小计985.78万元):包括暖通工程、强电工程、弱电智能化工程、给排水工程和电梯等,涵盖了整个酒店的机电系统。

(4)经营设备设施用品用具费用(小计742.74万元):涉及大堂、客房、餐饮会议区、健身房与自助洗衣房、后勤、厨房与酒吧以及安保/维修/清洁设备、生产运营车辆等的费用。

(5)其他费用(小计924.54万元):包括土地成本、酒店运营筹备费用和设计/咨询/建设管理费用等。

(6)建设期财务费用(小计573.84万元):假设建设期为2年,按照贷款利率4.9%计算的财务费用。

这家三星级酒店从开始筹建到试营业,总共需要投资约8,381.12万元。其中具体构成如下。

① 建筑及园林工程费用投资占最大比重,约为38%,这反映了酒店项目投资中,建筑结构建设的资金密集性。

② 室内装饰工程费用投资约占总投资额的23%,涵盖酒店内部的装修和装饰工作,这部分费用关乎酒店内部环境和客户体验。

③ 机电工程及基础设备设施费用投资约占总投资额的12%,涵盖暖通工程、强电工程、弱电智能化工程、给排水工程和电梯等,是确保酒店运营效率和客户舒适度的关键。

④ 经营设备设施用品用具费用投资占总投资的9%,包括大堂、客房、餐饮会议区、健身房与自助洗衣房等区域的家具、电器和用品,这些都是酒店日常运营的必需品。

⑤ 其他费用投资,包括土地成本、酒店运营筹备费用和设计/咨询/建设/管理费用/不可预见费用等,占总投资的11%。这些费用对于项目的顺利实施和后续运营至关重要。

⑥ 建设期财务费用投资主要包括贷款利息等,约占总投资的7%,反映了该投资项目在建设期间的资金成本。

总体来看,这个酒店项目的投资从基础建设到室内装饰,再到运营设备和必要的前期准备费用,每个环节都对该项目的顺利完成至关重要。如果按照酒店的客房数量(137间/套)来计算,每间客房的平均投资约为61.18万元。

2.某单体五星级酒店的项目投资

1)项目背景和投资情况

某企业看到某地级市的经济发展趋势良好,打算投资兴建一家单体五星级酒店。这个酒店项目情况如下。

(1)占地面积约17,384.75平方米,拥有一个总建筑面积约52,055平方米的豪华设施。

(2)酒店设有约265间精致的客房和套房,旨在为客人提供高端舒适的住宿体验。

(3)酒店的公共区域设施丰富,包括可容纳40位客人的大堂吧和170位客人的全

日餐厅,以及9间独立的中餐厅,可满足不同口味和场合的餐饮需求。

(4)酒店设有一个可容纳800人的宴会厅和多功能会议室,适用于举办各类大型活动和商务会议。

(5)为了满足娱乐和休闲需求,酒店配备了一个可容纳120位客人的清吧和42位客人的行政酒廊,提供优雅的休息和社交空间。

(6)酒店还拥有完善的康乐设施,包括健身房、游泳池和水疗中心,确保客人享受到完善的休闲体验。

根据上述五星级酒店的规划,投资费用估算如表2-3所示。

表2-3 某单体五星级酒店投资估算表

序号	项目	估算方法与说明	基础指标	单位	单价(元)/系数	估算值/万元
一、建筑及园林工程费用						
1	建筑工程	含基础、土建、外立面	52,055	m²	3,000	15,616.50
2	园林工程	含地面园林、中庭园林、裙楼天面园林	14,068	m²	800	1,125.44
			小计			16,741.94
二、室内装饰工程费用						
1	公区装饰	按普通五星档次估算	20,377	m²	3,000	6,113.10
2	客房区装饰		20,529	m²	2,500	5,132.25
3	非客用区域装饰	简装	11,149	m²	600	668.94
			小计			11,914.29
三、机电工程及基础设备设施费用						
1	暖通工程	按酒店总面积估算	52,055	m²	220	1,145.21
2	强电工程				220	1,145.21
3	弱电智能化工程				200	1041.10
4	给排水工程				150	780.83
5	扶梯		4	部	250,000	100.00
6	裙楼电梯		3	部	250,000	75.00
7	塔楼电梯		5	部	500,000	250.00
			小计			4,537.35
四、经营设备设施用品用具费用						
1	大堂家具/电器/布草/用品	按面积估算	1	批	1,000,00.00	100.00
2	客房家具/电器/布草/用品	按房量和酒店档次估算,套房按开间计算	288	间	35,000	1,008.00
3	餐饮会议区家具/电器/布草/用品	按可容纳座位数的1.1倍估算	3,331	位	3,000	999.30

续表

序号	项目	估算方法与说明	基础指标	单位	单价(元)/系数	估算值/万元
4	康乐设施家具/电器/布草/用品	按可容纳座位数的1.2倍估算	248	位	4,000	99.20
5	后勤家具/电器/布草/用品	按员工数估算	265	位	2,000	53.00
6	厨房与酒吧设备/电器用品用具	按餐位估算	3,331	位	3,000	999.30
7	安保/维修/清洁设备/电器用品用具	按面积估算	52,055	m²	30	156.17
8	生产运营车辆	基本配置	3	辆	300,000	90.00
小计						3504.97
五、其他费用						
1	土地成本	按甲方提供数据分摊				3,338.49
2	酒店运营筹备费用	按4个月人均6,500元,员工满编薪金福利估算	4	月	1,722,500	689.00
3	设计/咨询/建设管理费用/不可预见费用	按上述总和的比例估算	36,698.38	万元	5%	1,834.92
小计						5,862.41
以上合计						42,560.96
六、建设期财务费用						
1	建设期财务费用	投资资金考虑财务费用,假设建设期3年,资金按进度筹措使用,期间财务费用按贷款利率4.9%计算				3,962.41
总投资合计						46,523.37

2)项目投资费用分析

根据表2-3中的数据,整个项目投资费用由六个部分构成。

(1)建筑及园林工程费用(小计16,741.94万元)。

建筑工程:含基础、土建、外立面等,建筑面积52,055平方米,单价3,000元/平方米,总费用约15,616.50万元。

园林工程:含地面园林、中庭园林、裙楼天面园林等,面积14,068平方米,单价800元/平方米,总费用约为1,125.44万元。

(2)室内装饰工程费用(小计11,914.29万元):包括公区装饰、客房区装饰和非客用区域装饰等,涵盖内部装修和装饰费用。

(3)机电工程及基础设备设施费用(小计4,537.35万元):包括暖通工程、强电工程、弱电智能化工程、给排水工程,以及扶梯、裙楼电梯、塔楼电梯等的安装费用。

(4)经营设备设施用品用具费用(小计3,504.97万元):涵盖大堂、客房、餐饮会议区、康乐设施、后勤、厨房与酒吧、安保/维修/清洁的设备和用品,以及生产运营车辆等。

(5)其他费用(小计5,862.41万元):包括土地成本、酒店运营筹备费用、设计/咨询/建设管理费用/不可预见费用。

(6)建设期财务费用(小计3,962.41万元):假设建设期为3年,根据贷款利率4.9%计算的财务费用。

这家五星级酒店从开始筹建到试营业,总共需要投资约46,523.37万元。其中具体分布如下。

①建筑及园林工程费用投资占总投资额的36%。这部分投资包括建筑基础、土建、外立面以及园林工程,是酒店投资中最大的支出部分,主要用于确保酒店的基础结构和外观质量。

②室内装饰工程费用投资占总投资额的26%。涵盖公区、客房区和非客用区域的装修,强调酒店内部的舒适度和美观性,这是提高客户体验的关键部分。

③机电工程及基础设备设施费用投资占总投资额的10%。包括暖通、电气工程和给排水系统等,关乎酒店的功能性和运营效率。

④经营设备设施用品用具费用投资占总投资额的8%。包括餐饮会议区家具、康乐设施、后勤用品等,这部分投资直接影响酒店日常运营和服务质量。

⑤其他费用投资占总投资额的13%。涵盖土地成本、酒店运营筹备费用、人工和不可预见费用等,这些费用对于项目的顺利进行和风险管理至关重要。

⑥建设期财务费用投资占总投资额的9%。主要包括贷款利息等,反映了建设期间的资金成本,是项目财务规划的重要组成部分。

该酒店共有265间套客房,总投资估算为46,523.37万元,因此每间客房的平均投资约为175.56万元。

这份投资费用估算揭示了五星级酒店项目在不同方面的资金分布。最大的投资集中在建筑和装饰工程上,这是确保酒店豪华和舒适度的关键。机电工程和设备设施的投资则保障了酒店的高效运作和对客服务的质量。此外,其他费用和建设期财务费用的占比也不容忽视,这些费用涉及项目的长期可持续性和财务健康。

在对比上述三星级和五星级酒店项目投资费用数据可以看到,它们在投资比例的总体分配上相差不是很大,显著的差异主要体现在总投资额和单间客房投资成本上。五星级酒店的总投资远超三星级酒店,反映了其在建筑、装修、设施和服务上的更高标准和投入。具体来看,五星级酒店在室内装饰、经营设备、设施用品以及客房装修上的投资比例通常高于三星级酒店,因为五星级酒店对内部装饰质量、设施配备和对客服务有更高的要求。这些差异反映了两种不同星级酒店在市场定位、消费群体和服务质量上的不同需求和期望。

(三)酒店投资回报期的计算

酒店投资回报期的确定是一个复杂的过程,受多种因素的影响,包括地理位置、物业状况、酒店类型与市场定位、市场需求、竞争状况以及宏观经济形势等。酒店投资回报周期的核心计算方法是衡量从投资到收回投资成本所需的时间,即实现"收益—投

资＝0"的时长。这一过程可以通过下面的公式和计算过程表达。

1.全年营业收入

$$全年营业收入 ＝ RevPAR × 天数 × 房间数$$

这里的 RevPAR(Revenue Per Available Room-night,平均每间可供出租客房收入)是一个关键的酒店业绩指标,表示酒店平均每个可出租房间的日收入。RevPAR 计算是用客房实际总收入除以客房总数,但一般都用实际平均房价乘以出租率表示,结果都是一样的。RevPAR 用于衡量酒店从其可用客房中获取的平均收入,不论这些客房是否被出租。天数通常为一年的天数 365 天。

2.全年客房运营成本

$$全年客房运营成本 ＝ 单房运营成本 × 天数 × 房间数$$

这里的单房运营成本是指运营一个房间每天所需的成本。

3.酒店全年总成本

$$酒店全年总成本 ＝ 全年房租 ＋ 全年客房运营成本$$

这里的全年房租是指酒店一年的租金总额。

4.酒店全年利润

$$酒店全年利润 ＝ 酒店全年营业收入 － 酒店全年总成本$$

5.酒店投资回报时间(回报周期)

$$酒店投资回报时间(年) ＝ \frac{总投资额}{酒店全年利润}$$

假设某投资人投资一家中端酒店,酒店有 100 间客房,配套有早餐厅、洗衣房、健身房、停车场、一个小型会议室,酒店投资为 1,800 万元,酒店单房运营成本为 180 元/天,酒店房租为 80 万元/月。在 RevPAR 预测为 550 元的情况下,酒店投资回报期计算如下。

(1)酒店全年营业收入:550×365×100÷10,000＝2,007.5 万元。

(2)全年客房运营成本:180×365×100÷10,000＝657 万元。

(3)酒店全年房租:80×12＝960 万元。

(4)酒店全年总成本:960＋657＝1,617 万元。

(5)酒店全年利润:2,007.5－1617＝390.5 万元。

(6)酒店投资回报时间:1,800÷390.5≈4.61 年。

按照投资回报率的计算公式:

$$投资回报率 ＝ \frac{酒店全年利润}{总投资额} × 100\% ＝ \frac{390.5}{1,800} × 100\% ≈ 21.69\%$$

这意味着投资者每年从其投资中获得的收益占总投资额的 21.69%。

上述计算方式可以提供一个大概的时间框架和简单的要素,说明投资者需要多少年时间才能从其投资中收回成本。4.61 年投资回报期和 21.69% 的投资回报率的计算结果也是比较理想的数字。然而,实际的投资回报计算可能更加复杂,需要考虑其他因素,如资产折旧、融资成本、税收影响以及市场波动等。客房收入、运营成本、工程造

张建明：《打造卓越的酒店资产价值创造力》（https://mp.weixin.qq.com/s/D2B1nr78nDE02QOu_cG9nA）

价和税金等任何一个因素高估或者低估，都会影响投资回报期和投资回报率。因此，尽管这种方法提供了一个基本框架，但在实际应用中可能需要进一步的详细分析和专业意见。

三、酒店投资新趋势

在当前酒店业高度竞争的市场环境中，酒店投资者普遍认识到，创新和特色化是实现市场突破的关键。随着消费者偏好的多样化和个性化需求的增长，传统的标准化酒店模式逐渐无法满足不同消费者的需求。因此，酒店投资者正转向更具特色和创新的酒店模式，这些特色酒店通常基于独特的投资设计理念，结合先进的信息化技术、绿色环保理念，以及对当地客源市场的深入理解，包括当地的文化、风俗习惯等。如今的酒店不仅提供标准的住宿服务，还致力于创造独特的客户体验，如通过主题设计、定制服务或特色活动来吸引客户。例如，一些酒店可能专注于艺术和设计，融合当地艺术作品和文化元素；而其他酒店则可能注重生态保护和可持续性发展的需要，采用环保材料和节能技术。这种趋向特色化和个性化的投资策略，不仅能够满足现代消费者的多元化需求，同时也为酒店投资者带来更多的市场机会和竞争优势。

酒店投资的新趋势主要体现在如下几个方面。

（一）根据中国人口结构变化调整投资方向

根据国家统计局的数据，截至2023年末，中国的总人口数量为140,967万人，较2022年减少了208万人。在年龄构成方面，16—59岁的劳动年龄人口为86,481万人，占总人口的61.3％；而60岁及以上的人口达到29,697万人，占总人口的21.1％，其中65岁及以上人口为21,676万人，占比15.4％。这些数据凸显了中国人口结构的两个主要变化趋势：总人口数量的减少和老龄化的加速。

随着老年人口比例的提升，酒店业可能会见证对专门服务于老年"银发"市场的物业项目需求的增长。在老龄化社会中，消费者的偏好和消费模式的变化需要酒店投资者的特别关注，以便更有效地适应市场需求。此外，人口减少和劳动力老龄化可能导致劳动力市场的紧缩，进而影响酒店业在人力资源配置和成本方面的决策。因此，酒店投资者在考虑未来的投资策略时，需要综合考虑这些人口结构变化，以确保投资的有效性和对未来市场趋势的适应性。

（二）酒店投资向新业态发展

近年来，中国酒店业呈现出显著的多元化发展趋势。一方面，经济型和中档商务型酒店，如7天、白玉兰、锦江之星、锦江都城、维也纳等酒店品牌迅速增长，成为新一轮投资的热点。这些酒店以优质服务、设备设施的便利性及性价比方面满足了旅游消费市场的广泛需求，引领了市场细分领域的发展。另一方面，非标准化住宿概念逐渐受到市场青睐，新型住宿形式，如民宿、青年旅舍、短租公寓和房车营地等应运而生，满足了消费者对个性化住宿体验的需求。在国内一线大城市，具备对散客出租资质的服务型公寓需求旺盛，展现了住宿行业的灵活性和便利性。此外，老旧酒店的改造也成为投资热点，尤其是在地方政府支持性政策的推动下，长租公寓市场逐渐成为新的投资

目标。这些改造项目通过利用现有的老旧酒店资源，能够有效降低投资成本，并快速转型满足市场需求。

（三）消费升级带动豪华度假型酒店需求增长

随着中国经济的发展和人均收入的提高，人们对酒店住宿的要求也越来越高。国内旅游休闲市场的持续增长，特别是在长三角和粤港澳大湾区等主要大都市区域周边，豪华度假型酒店成为投资者新的关注点。这一趋势反映了市场对高端休闲度假体验日益增长的需求，同时标志着中国酒店业正朝着更加良性和健康的方向发展。中国作为世界上较大的旅游市场，旅游业快速高质量发展将直接影响到酒店业的投资状况发生改变。

（四）重视酒店功能设计创新的投入

近年来，酒店业的盈利模式和经营理念经历了显著的变革。传统酒店主要集中于住宿和餐饮服务，功能相对单一。而现代酒店业则趋向于功能多样化和服务创新，超越了传统的住宿和餐饮服务，拓展至休闲度假、商务会议、文化和科技体验以及康体养生等多元化服务。这种转变被概括为"酒店＋X"的模式，其中"X"代表了某种时尚的生活方式或市场趋势，如电子竞技、剧本杀、茶室等，使得住宿功能变成了多元服务中的一部分。在实际运营中，可以通过调整酒店的送货区、餐厅、宴会厅的规划布置来实现。例如，通过打造多功能综合餐厅概念，不仅减少了整体投资，还降低了占用面积，提高了员工效率，并减少了人员配置需求。与传统五星级酒店中每个独立餐厅拥有独立厨房的布局相比，新模式下的多功能综合餐厅通过优化流线布局和分析用餐时段，实现了功能的集成和共享，提升了餐厅的利用率。此外，多功能综合餐厅不仅包括全日餐厅、大堂吧区域和特色餐区，还根据市场需求，在周边设置若干包房，从而实现了多个餐饮服务功能的整合。这种设计旨在减少投资和空间占用，同时不牺牲客人的体验需求。在后勤区域，通过优化设计和合并机房，引入共享办公概念，进一步减少地下室后勤区面积，实现了在保证质量的同时减少资源占用。

总体来看，这些创新的投入不仅提升了酒店业的盈利能力和市场竞争力，也为顾客提供了更加丰富和个性化的服务体验。

（五）智能化技术影响酒店投资

随着数字化转型在酒店业中的日益加深，智能化和数字化服务正成为制胜市场竞争的关键。当前酒店业已经逐步进入数字化转型阶段，加强酒店的数字化建设，提升在线预订、智能化客房设施、无接触式服务等能力，提供更好的客户体验成为消费者对智能化服务的普遍需求。这一趋势正深刻地改变着酒店业的运营和管理方式。例如，全自助入住登记、人脸图像扫描的开门方式、语音识别系统以及智能房间控制（如灯光、空调和音响系统）和机器人送物服务等，都是高科技元素在酒店服务中的应用实例。这些技术的融入不仅极大地提升了客户的入住体验，也使酒店服务更加便捷和个性化。酒店投资者越来越认识到在投资过程中智能化技术的重要性，他们不仅在酒店的设计和布局上考虑智能化技术的应用，还需要对服务流程和客户体验方面进行优

Note

化。对数字化和智能化技术的投资正成为酒店投资者规划和决策的重要部分,对酒店业的未来发展将产生深远影响。预计未来酒店投资将加大对人工智能和智能化技术的投入,目的是进一步提升客户满意度和优化酒店运营效率。尽管在初始阶段这些智能产品可能会增加投资成本,但从长期角度看,它们有望显著降低酒店的运营成本,并提高资源利用效率。

总之,数字化和智能化在酒店业的应用不仅是一种趋势,更是酒店业为适应市场变化,提升竞争力和满足现代消费者需求所必须采取的战略举措。酒店投资管理关键指标的选择需要根据具体情况进行综合衡量,并结合企业的战略发展目标来确定。

(六)酒店投资重视可持续发展和ESG策略

可持续发展和环境保护将成为酒店业投资的关键因素。随着公众环保意识的不断增强和对可持续生活方式的追求,酒店投资者将需要在建筑设计、设施配置和日常运营中更加重视生态友好和可持续性发展原则。例如,通过使用节能设备、采用绿色建筑材料和利用可再生能源,酒店不仅可以降低能耗和减少碳足迹,同时也能提升经营效率。此外,推广绿色出行方式、鼓励环保实践,以及在酒店内实施垃圾分类和资源循环利用等措施,能够进一步提升酒店的品牌形象,吸引那些环境意识较强的顾客。

ESG策略对投资决策的影响日益显著。随着社会对环境保护意识的提高和对可持续发展的追求,投资者在考虑酒店项目时,需要综合评估其ESG表现。在这个背景下,投资者更加倾向于那些在ESG方面表现出色的酒店项目,因为这些项目不仅符合当下的环保和社会趋势,而且从长远来看具有更好的财务稳定性和增长潜力。因此,将ESG原则纳入酒店投资和运营的核心策略,对于确保投资的成功和可持续性发展至关重要。

任务小结

在本学习任务中,全面介绍了酒店投资管理,涉及其概念、关键成功条件、投资者类型、投资管理流程、酒店项目投资费用构成以及不同类型酒店项目投资估算、投资回报率以及回报期的计算。酒店投资被定义为为了未来盈利和资金增值在特定领域或项目中的经济活动,强调其与酒店长期战略规划的密切联系以及对市场趋势和财务分析的重要性。投资管理流程从市场分析、投资提案制定、财务可行性分析到项目实施和效果评估等环节进行了详细阐述。整个项目投资费用由建筑及园林工程费用、室内装饰工程费用、机电工程及基础设备设施费用、经营设备设施用品用具费用、建设期财务费用、其他费用六个部分构成。酒店项目投资费用因地域和定位不同而具有很大的差异。本任务最后还指出了酒店投资的新趋势,如新型住宿业态的发展、对豪华度假型酒店的需求增长、功能设计创新、智能化技术的影响以及可持续发展和ESG策略的重视。

训练题

一、问答题

1. 什么是酒店投资管理？
2. 酒店项目投资的费用构成通常有哪些？
3. 酒店投资回报期如何计算？还有其他方法吗？
4. 酒店投资的新趋势主要体现在哪些方面？

二、讨论题

1. 根据酒店项目投资回报期计算公式，讨论在投资过程中，酒店应该采取哪些措施确保有较理想的投资回报期。

2. 讨论数字化和智能化技术在酒店投资中的应用，以及它们如何改变酒店的运营和管理方式。你认为未来酒店业的哪些方面最需要投资和升级？

3. 讨论在酒店投资管理中如何有效地实施ESG策略，以及这样做的长远影响和挑战。

任务二　了解酒店筹资管理

现代企业成功经营离不开有效的筹集资金，企业无论是日常运营，还是市场扩张、技术引进、升级改造、兼并收购或进行其他战略性重大投资，都需要足够的资金。对于酒店业而言，尽管日常经营能够产生稳定的现金流，但酒店的资金需求通常较大，例如设备购置、装修、员工培训、设备更新和营销活动等方面都需要资金。因此，有效的资金筹集是财务管理的重要工作。良好的资金筹集和管理不仅可以帮助酒店应对市场波动和经济不确定性，还能支持其长期发展。此外，资金筹集还可以帮助酒店在遇到新的投资机会时迅速采取行动，例如引进新技术、拓展新市场或改善客户服务。在资金充足的情况下，酒店可以在市场中保持先发优势，及时应对竞争对手的挑战。

一、酒店资金筹集概述

酒店资金筹集是酒店根据其经营、扩张或资本结构调整的需要，在金融市场或资本市场中选择合适的筹资渠道和融资方法获得所需资金的一种财务活动。这一过程包括确定资金需求、选择合适的融资方式（如债务融资、股权融资或内部融资等），并通过金融工具或机构来实现资金的筹集。酒店筹资的目的是支持酒店的经营活动、投资项目、业务扩张或优化财务结构，以提升酒店的市场竞争力和财务稳健性。

（一）酒店筹资的目的和动机

酒店业是一个资金密集型行业，资金是酒店进行经营活动的关键因素，资金的充

足与否直接关系到酒店的生存和发展。在酒店的创建和运营过程中,不仅需要投资于设备设施的购置和经营物资的采购,而且随着经营规模的扩大和新业务的发展,经常需要更多的资金投入。如果缺乏充足的资金支持,酒店的运营和发展将无法保证。因此,酒店筹资管理的核心目的是满足酒店对资金的需求并降低运营风险。筹资管理涉及合理选择资金筹集的方式和渠道,以确保在有资金需求和面临各种资金压力时,能够获得足够的低成本资金。

根据酒店的特定需求和情况,酒店筹资的动机通常可以归纳为以下三种主要类型。

1.扩张性筹资动机

当酒店面临需要扩大经营规模或进行外部投资时,便产生了对额外资金的需求。这通常发生在具有良好发展前景且正处于成长期的酒店中。例如,酒店客房出租率较高,经常满房,显示出市场对其客房的强烈需求,投资者可能会考虑扩建现有酒店,或购买附近土地进行新建。在这种情况下,酒店自身的资金往往不足以支撑整个项目,因此需要寻求外部资金。扩张性筹资不仅能够满足项目实施的资金需求,还意味着酒店的资产总量将得到增加。

2.偿债性筹资动机

这种筹资动机是为了偿还酒店已有的债务而进行的融资活动,即借新债还旧有的债务。偿债性筹资可以分为两种情况。

1)调整性偿债筹资

在这种情况下,尽管酒店有足够的资金偿还到期债务,但为了使资本结构更加合理,酒店仍然选择借新债还旧债。例如,某酒店在2019年底实现了1,000万元的经营性利润,同时面临着500万元短期借款的偿还压力。为了不影响第二年的经营扩大计划并按时偿还股东借款,该酒店决定以其经营收益为质押,向银行申请500万元的新借款。这种筹资策略解决了酒店的短期资金需求,但也带来了对未来经营收益的依赖和财务风险。

2)恶性化偿债筹资

这是酒店财务状况恶化的一种表现。在这种情况下,酒店由于缺乏足够的支付能力,被迫通过筹集新的债务来偿还到期的旧债务。例如,一家中型酒店由于连续几个季度的收入下降和市场竞争加剧,面临着现金流状况恶化的问题。该酒店在无法通过增加收入或减少成本来应对几笔大额债务到期的压力时,选择了通过新的高利率短期贷款和紧急授信额度来偿还旧债务。这种"借新还旧"的策略虽然暂时缓解了流动性危机,但实际上加剧了酒店的财务负担,同时会导致酒店陷入恶性债务循环。

3.混合性筹资动机

混合性筹资动机出现在酒店同时面临长期资金需求和短期现金流的需求情况,这种筹资方式结合了扩张性筹资和偿债性筹资的双重目的。通过混合筹资,酒店不仅能够扩大其资产规模,如进行新的投资建设酒店客房增加客房数量,从而扩大经营规模,同时也能够利用筹集的资金偿还部分现有债务。在这种筹资方式中,酒店经营管理方需要综合考虑扩张和偿债的需求,选择合适的融资组合。混合筹资的成功关键在于

平衡不同融资渠道的成本和风险,并确保资金的有效利用。这种筹资策略适用于那些既需要进行扩张以抓住市场机会,同时又需要解决短期财务资金挑战的酒店。通过混合性筹资,酒店能够在降低当前融资成本、满足稳定运营的需求下,为未来的发展奠定基础。

(二)酒店筹资的渠道和方式

1.酒店筹资渠道

酒店筹资渠道指的是酒店为了筹集所需资金而采取的不同途径。认识筹资渠道的种类及每种渠道的特点,有利于酒店充分开拓和正确利用筹资渠道。酒店主要的筹资渠道如表2-4所示。

表2-4　酒店筹资渠道

筹资渠道		渠道说明
银行信贷资金	银行	银行信贷资金是指银行对酒店的贷款,是酒店间接融资的重要渠道。融资特点是贷款方式多样,能够适应酒店各种不同的资金需求
非银行金融机构资金	信托投资公司、基金公司、保险公司、融资租赁公司、证券公司等	各种从事金融业务的非银行机构,可以提供给酒店需要的资金。这类机构的资金实力虽然比银行小,但它们的资金供应方式会比较灵活,可以提供多种特定服务,该类渠道已成为酒店资金的重要来源
其他资金来源	国家财政资金	国家以财政拨款、贷款、国有资产入股等形式对酒店投入的资金,是国有酒店包括国有独资酒店的主要资金来源
	其他企业积累	因企业之间的相互投资和商业信用的存在,使用其他法人单位资金也是酒店资金来源的一种渠道
	民间资金	民间资金是近年来中小企业融资的重要来源,融资渠道与信用的多样化是其主要特点
	酒店内部资金	酒店内部形成的资金,即直接由酒店内部自动生成或转移的资金,也称酒店内部留存,包括从税后利润中提取的盈余公积金和未分配利润,以及通过每年从计提折旧费中提取的固定资产更新改造专项资金

酒店筹资渠道还可以分为内部筹资渠道和外部筹资渠道。

1)内部筹资渠道

内部筹资渠道指的是酒店利用自身的资源和渠道进行资金筹集,包括利润再投资、内部资金调配、资产重组或出售等方式。内部筹资的优点是不会增加外部债务负担,同时也不涉及新的股权分配。

2)外部筹资渠道

外部筹资渠道指的是酒店从外部获得资金的途径,可以分为直接融资渠道和间接融资渠道。直接融资渠道是酒店通过资本市场直接向投资者筹集资金,这通常涉及发行债券等金融工具;间接融资渠道是通过银行或其他金融中介机构(如银行、基金公司、信托公司等)获得资金。间接融资通常包括银行贷款、信用额度或其他借贷形式。此外,酒店还可以通过合资、增加合作伙伴或战略投资者等方式进行融资,这些方式可

以减轻酒店单独负担资金的压力。

在选择债务筹资渠道时，企业需要考虑多个贷款因素，包括资金成本、授信额度、贷款期限、担保要求、资金使用灵活性、还款方式等。例如，某集团为了降低存量债务的成本，减轻短期还款压力，拟向银行申请1.5亿元流动资金贷款用于置换存量融资租赁。该集团资金管理部对比了三家银行的融资方案后，建议选择A银行。A银行提供的借款利率不高于1年期LPR＋180 bp，按2023年12月LPR，当前执行利率为5.25％。

贷款市场报价利率(Loan Prime Rate，LPR)，也称贷款基础利率，意思是央行推行以LPR利率为贷款定价基准利率，各银行只能在此利率上加码，而不能下调。LPR利率是以18家银行共同报价，去掉一个最高值和一个最低值，再取平均值得出的数值。LPR利率取决于一个市场供需关系的平衡过程，并不是说利息一定会降。相反，市场化定价，这个利率有可能降低，也有可能提高。BP指基点(Basis Point)，1个基点是0.01％。各银行融资方案比较如表2-5所示。

表2-5 各银行融资方案比较

序号	授信银行	授信产品	授信金额	贷款期限	年化贷款利率	担保条件	提款要求	还款方式
1	A银行	流动资金贷款	2亿元	2年期	5.25％	无	受托支付	按季付息，到期还本
2	B银行	流动资金贷款	2亿元	2年期	5.55％	无	受托支付	按季付息，到期还本
3	C银行	流动资金贷款	2亿元	2年期	5.65％	无	受托支付	按季付息，到期还本

2.酒店筹资方式

筹资方式是酒店获取资金的具体形式，反映了资金的来源和性质。理解不同筹资方式的特点和属性对于酒店选择适合其具体需求的筹资组合至关重要。酒店主要的筹资方式可以分为股权筹资和债务筹资，分别对应长期和短期资金需求。

1)股权筹资

股权筹资通常会涉及股权资金。这种方式属于长期筹资，可能不需要立即偿还，但可能涉及股权分享或利润分红。

2)债务筹资

债务筹资通常涉及债务资金，如银行贷款或商业信用。这种方式属于短期筹资，适用于解决临时性资金不足问题，如偿还债务、重大采购等。公司债券属于利率敏感型投资品种，受国家宏观经济政策、经济总体运行状况以及国际经济环境变化的影响，债券市场利率存在波动的可能性。

负债筹资通常具有较低的财务成本。相比之下，股权筹资则需要在未来分享利润。采用什么样的资金筹集方式，取决于企业资金需要的目的。酒店在日常经营过程中，由于原材料供应、偿还债务、缴纳税款等原因，会出现临时性资金不足问题。尤其酒店经营的季节性很强，在旅游旺季，原料消耗急剧增加，临时资金的需要量会增加。酒店通常可以采用商业信用筹资、银行信用筹资等短期负债方式进行资金筹集。对扩大经营规模或大型设备更新改造的长期项目，酒店可以通过吸收直接投资、留存收益、发行债券、融资租赁等方式筹集长期权益资金。

总之,酒店在选择筹资方式时需要平衡各种因素,确保筹资策略既能满足酒店当前的财务需求,又不会过度增加未来的财务负担。理想的筹资策略应该既能有效结合长期和短期资金需求,同时也考虑到酒店整体经营发展战略和市场状况。

3.筹资方式与筹资渠道的配合

酒店业中,筹资方式与筹资渠道之间存在密切且互补的关系。筹资渠道主要解答资金来源的问题,如内部留存、银行贷款、股权投资等。筹资方式则关注如何获取资金的具体融资方法,如发行股票、债务融资或内部融资等,意味着某些筹资方式可能特别适用于特定的筹资渠道。例如,股票发行是一种直接融资方式,一般适用于公开资本市场这一筹资渠道。同时,同一筹资渠道下可能存在多种筹资方式的选择。因此,酒店在筹措资金时,必须实现两者的合理配合。筹资方式与筹资渠道的配合如表2-6所示。

表2-6　筹资方式与筹资渠道的配合

筹资渠道	筹资方式						
	吸收直接投资	发行股票	银行借款	商业信用	发行债券	利用留存收益	租赁筹资
国家财政资金	√	√					
银行信贷资金			√				
非银行金融机构资金			√		√		√
其他企业资金	√	√		√	√		√
民间资金	√	√					√
酒店自有资金						√	
境外资金	√	√			√		

随着经济发展和市场需求的变化,酒店筹资渠道和方法呈现出多元化趋势,它与国家金融业的发展密切相关。酒店业可以选择的筹资渠道和方式还包括以下几种。

1)商业票据融资

商业票据融资是一种由债务人开出的支付保证书,承诺在一定时间内支付款项,特点是成本低,且为短期可转让票据。

2)中期票据融资

中期票据融资是指具有法人资格的非金融企业在银行间债券市场分期发行的债务融资工具,特点是规定了还本付息的期限。

3)股权众筹融资

股权众筹融资是指通过互联网进行的公开小额股权融资活动,这种方式便于吸引广泛的投资者。

4)资产证券化

资产证券化是指证券公司或基金管理公司子公司作为管理人,通过设立资产支持专项计划,以酒店的应收账款或融资租赁债权为基础资产发行资产支持证券。

5)商圈融资

商圈融资包括商圈担保、供应链融资、商铺经营权质押等多种方式,主要目的是增强中小型酒店的融资能力,扩大授信规模,降低融资风险。

6)供应链融资

供应链融资是指将酒店供应链中的核心及上下游企业作为一个整体,给整个产业链提供一系列金融服务,目的是降低融资成本,提高酒店竞争力。

7)绿色信贷

绿色信贷是指银行金融机构提供的支持环保产业的信贷融资,其重点是支持节能环保、清洁产品等绿色产业。

8)能效信贷

能效信贷是指支持使用能源单位提高能源利用效率以及降低能源消耗的信贷融资,包括能效项目信贷和合同能源管理信贷两种模式。

上述筹资方式反映了国家金融政策的完善和经济的良好发展,为酒店业提供了更多样化的资金来源。

(三)酒店筹资的基本要求及策略

对酒店筹资的基本管理要求,首先要分析和评价影响筹资的基本要素及策略,追求资金筹措的综合经济效益,确保筹资活动的效率和安全性,同时要分析酒店长期财务是否健康,是否具有发展潜力,具体要求及策略如下。

1.建立良好的信用记录

维护酒店良好的信用记录对于获得更有利的融资条件至关重要。及时偿还现有债务并保持良好的财务报表和透明度,可以提高酒店在金融机构和投资者眼中的信誉。

2.认真仔细研究投资方向

在确定筹资需求前,酒店需要明确具体投资方向和预期的收益。投资有效性和盈利能力是决定筹资规模与方式的关键因素。必须确保投资项目能够带来足够的回报,并足够覆盖资本成本。

3.合理确定资金需要量

酒店在筹资时,必须准确预测资金需求,既要确保资金充足,以支持正常运营和扩展计划,又要避免过度筹资增加不必要的财务负担。这要求酒店对未来的业务发展和市场变化进行周密的预测和计划。

4.认真选择筹资渠道

筹资渠道的选择直接影响资金成本和财务风险。酒店需要评估不同融资方式的成本和条件,选择最优的筹资组合。如股权融资、债务融资或内部资金等,都应根据酒店的具体情况和市场条件选择。酒店需要通过多元化的筹资渠道降低依赖单一融资来源的风险,从而获得更灵活的融资选择。

5.筹资与投资项目风险匹配

确保筹资的规模和类型与投资项目的风险水平相匹配。高风险项目可能需要更

灵活的融资方式,如股权融资,而低风险项目则可能更适合稳定的债务融资。

6.合理安排资本结构

确保酒店有健康的资本结构,保持适当的负债比例和偿债能力。这不仅涉及控制负债水平,还包括有效利用负债来提高资本效率,从而优化资本的整体收益。

7.遵守国家法律、法规和维护各方权益

酒店筹资活动必须遵守国家法律法规,保证所有筹资行为的合法性。同时,也要能够保障投资者和债权人的权益,确保筹资活动的透明度和公正性。

二、酒店资金需要量预测

对于新建酒店项目,投资者需要准备充足的资金,以覆盖建筑成本、人力、物资、设备等费用,以及员工工资和酒店开业筹办费用。而对于运营中的酒店,为维持并扩大经营,需要定期更新固定资产、采购原材料、客房用品等,并按时支付员工工资及运营所需的固定费用,以维护酒店形象与信誉。因此,筹资数量的合理预测至关重要。筹集过多的资金可能导致资金闲置并承担过高的财务成本,而资金不足则会影响正常运转。所以,无论是新建还是运营中的酒店,筹资决策都必须基于合理的资金需求预测和妥善的财务规划,确保筹资金额既能够满足酒店建设或运营需求,又避免资金浪费。资金需求预测包括准确评估资金需求量、选择适宜的筹资方式,并计算出筹资费用及使用成本,然后经过风险分析,才能做出恰当的筹资决策。以下是几种预测资金量的常用方法。

(一)新建酒店资金需要量的预测方式

酒店投资额的决定因素主要包括酒店的规模、星级标准和客房数量,这些指标直接影响建设成本。酒店主要收入来源以及相关运营指标,例如预计客房出租率、客人平均停留天数和年平均接待客人数量,对投资额的预测会有显著影响。

有业内专家指出,酒店出租率的理想平衡点在70%左右,因为超过这一比例可能会对客户服务质量和酒店设施维护提出更高的要求。为了预测投资额,投资者通常采用一种简化方法,即将预计建造的标准客房间数×每间客房的平均建造成本。例如,对于计划建造346间客房的五星级酒店,若每间客房的平均建造成本为65万元,则整个项目的资金需求量预测为346×65,总计约2.25亿元。这种方法为投资者提供了一个简明而有效的途径,以预测和规划酒店项目的财务需求。即酒店投资额=预计建造的标准客房间数×每一标准间的平均建造成本。

(二)酒店运营阶段资金需要量的预测方法

1.现金收支法

现金收支法是酒店管理者预测运营资金需求的方法之一。这种方法基于对酒店在特定经营年度内的平均资金需求量的分析,重点关注酒店的现金流入和流出。具体而言,管理者首先根据年度经营预算预计酒店的营业收入,并结合每月的经营情况调整分析,考虑应收账款的回收情况及非营业性现金收入,以合理估算一定时间内的现

金流量。其次,对酒店各项费用进行详细计算,包括固定成本(如水电煤费)和变动成本(如供应商货款、低值易耗品等)。通过这些步骤,管理者能够准确计算出酒店的现金流出。最终,通过比较现金流入和流出,管理者可以明确判断在一定周期内酒店的资金是否能够满足运营需求,或者需要筹集多少资金以保证酒店的正常运营。这种方法不仅帮助管理者做出资金筹集的决策,还能优化资金使用效率,确保酒店运营的稳定和持续发展。可参考以下某酒店的实际案例。

某五星级酒店2019年11月份酒店经营的盈亏损益临界点(平衡点)预测如下。

1)预测参考指标

预测参考指标是根据2019年1—10月份酒店收入结构及客房、餐饮指标(以该酒店月平均房价为387元/间、餐饮月度综合成本率36%)作为参考;测算按照客房营业收入占该酒店11月份总经营收入的45%,餐饮收入占该酒店11月份经营收入的54%,其他收入占11月份总经营收入的1%的收入结构。

2)盈亏临界点(平衡点)计算公式

盈亏临界点是酒店收入和成本相等的经营状态,即边际贡献等于固定成本时酒店所处的既不盈利也不亏损的状态。通常用一定的业务量来表示这种状态。

主要业务支出＝固定支出＋可变支出

主要业务收入＝客房收入＋餐饮收入＋其他收入

3)酒店月度固定支出明细

酒店月度固定支出明细如表2-7所示。

表2-7　酒店月度固定支出明细表　　　　　　　单位:元

项目	金额
工资费用(含加班费、补贴)	1,150,000.00
社保费用(养老78,000元＋医疗35,000元＋其他4,000元)	117,000.00
膳食费	80,000.00
年终奖金分摊	42,600.00
公务费用(办公10,000元＋差旅及交通13,000元)	23,000.00
能耗(水、电、气)	280,000.00
物料用品(不含客房)	100,000.00
宣传推广(含会员储值卡充值赠送)	30,000.00
绿化装饰/清洁(含消杀、垃圾清运、绿植租赁、园林绿化维护)	40,000.00
维修及保养合同(工程、保安)	120,000.00
电视收视费用	13,000.00
电话宽带	14,000.00
其他行政费用(泔水、排污)	2,000.00
交际应酬费	20,000.00
保险费用(公众＋雇主)	3,000.00
固定支出合计	2,034,600.00

4)可变支出(可变成本)明细

可变支出(可变成本)明细如表2-8所示。

表2-8　可变支出(可变成本)项目及预测参考值

项目	预测参考值
基本管理费	营业收入×2%
客房宾客消耗品	客房收入÷平均房价×客房标配费用(11.5元/间)
餐饮成本	餐饮收入×餐饮综合成本率(36%)
洗涤费	营业收入×0.16%(参考1—10月份占总收入比重计算)
财务费用(信用卡佣金、手续费)	营业收入×0.18%
其他费用(网络订房返佣)	客房收入×2.34%
LED屏租赁费用	餐饮收入×3.6%
增值税附加	营业收入×6%×12%

可变支出计算方式如下：

$$Y=X×2\%+X×45\%÷387×11.5+X×54\%×36\%+X×0.16\%+X×0.18\%+X×45\%×2.34\%+X×54\%×3.6\%+X×6\%×12\%$$

可变支出(可变成本)预测如表2-9所示。

表2-9　可变支出(可变成本)预测

项目	计算比率	预测费用/元	备注
基本管理费	2%	57,618.62	合同约定比率
客房宾客消耗品	11.5元/间	39,756.85	客房费用11.5元/间
餐饮成本	36%	560,053.02	前期1—10月份平均值
洗涤费	0.16%	4,609.49	前期1—10月份平均值
财务费用(信用卡佣金、手续费)	0.18%	5,185.68	前期1—10月份平均值
其他费用(网络订房返佣)	2.34%	30,336.21	前期1—10月份平均值
LED屏租赁费用	3.6%	56,005.30	前期1—10月份平均值
增值税附加	营业收入×6%×12%	20,742.70	营业收入×6%×12%
不可预见费用	2.5%	72,023.28	
变动成本小计		846,331.15	

通过计算,酒店11月份的变动支出总计为846,331.15元。假设客房、餐饮和其他收入的比例分别为45%、54%和1%。此外,还要考虑到其他不可预见费用占营业收入的2.5%,最终调整后的盈亏平衡点为预测酒店11月份的盈亏平衡点总收入为2,880,931.18元(不含税),含税为3,053,787.05元。

在这一预测下,11月份的日均盈亏平衡收入为96,031.04元。具体分解为：

（1）客房部分的营业收入为43,213.97元,对应的平均出租率为32.6％,即每日出租112间房。

（2）餐饮部分的营业收入为51,856.76元。

（3）其他收入为960.31元。

以上数据为不含税收入的预测。

根据2019年11月份1—14日的收入数据,酒店在这14天内的总收入为89.16万元。为了在本月达到盈亏平衡点(即盈亏临界点),在剩余的16天(即15—30日)内,酒店需要完成198.93万元的营业收入,这意味着日均收入需达到12.43万元。

具体分解为:

（1）客房部分需完成的总营业收入为90.1万元,相当于日均收入为5.63万元。

（2）餐饮部分需完成的总营业收入为107.13万元,相当于日均收入为6.7万元。

（3）其他收入方面需完成的总额为1.7万元,相当于日均收入为0.1万元。

2.回归分析法

回归分析法通过分析历史数据来预测未来的资金需求量。在这个过程中,酒店资金被分为不变资金、变动资金和半变动资金三类。

1）不变资金

这部分资金相对固定,与酒店的某一时间阶段特定的经营销售水平(如客房、餐饮等收入)相关。它涉及维持这部分收入所需的成本和资金使用量,可以视为固定值。

2）变动资金

变动资金是指随着酒店销售业绩的增长而按比例变动的资金。例如,销售额增加时,需要购买更多的食品材料、消耗更多的能源,并承担相应的经营和维护费用。

3）半变动资金

半变动资金是指受销售额变化影响,但不与销售额成同比例变动的资金。例如,员工加班工作餐的费用不会随着营业额的增长而同比例增加。

（三）酒店资金筹集的成本

1.资金成本的概念

在酒店业,无论是建设阶段还是运营阶段,资金的筹集和使用都涉及一定的成本,这些成本通常被称为资本成本或资金成本。资金成本反映了资金提供者(例如银行或投资者)对其投入资金的预期回报。换句话说,酒店从不同筹资渠道获得的资金并非无成本。这些成本可能包括利息、股利支付、筹资手续费等。

酒店必须谨慎管理这些成本,因为它们直接影响了酒店的盈利能力。从财务角度来看,酒店通过使用这些筹措资金所产生的收益必须高于其资本成本。这意味着酒店的投资回报率应高于其筹资成本,方可确保盈利和可持续发展。例如,如果酒店的贷款利率是5％,那么酒店的投资项目或运营活动通过使用这笔贷款所产生的投资回报率应该超过5％,才能视为对资本的有效利用,从而创造一定的价值。这种成本与收益的比较是评估酒店投资和运营决策的关键因素,确保酒店在支付必要成本的同时仍然能够实现盈利。

2.资金成本的构成

资金成本主要包括筹资费用和资金占用费用两大部分。

1)筹资费用

筹资费用是酒店在筹集资金过程中产生的各类开支。这些开支通常在获得资金时发生,并且一般需要一次性支付。筹资费用的主要组成部分包括以下几种。

(1)股票发行或债券发行的印刷费用。

(2)各种交易手续费。

(3)律师费和公证费,这些费用用于确保筹资过程的合法性和合规性。

(4)资产评估和信用评估费用,用于确定酒店的财务状况和信用等级,以便更好地吸引投资者或获得贷款。

2)资金占用费用

资金占用费用是酒店在使用资金过程中,由于占用了资金资源而必须支付的成本。这些费用构成了资金成本的主要部分,包括向金融机构或非金融机构等债权人支付的利息。这通常是酒店借贷资金的直接成本;向股东支付的股利,作为股东投资资金回报的一种形式。

3.资金成本和资金的时间价值

在酒店业中,理解和掌握如何管理资金成本是确保财务稳健和长期成功的关键。资金成本的计算取决于选定的筹资渠道、筹资规模及方式。进行筹资时,选择成本较低的资金来源可以有效地降低整体财务压力,并提升投资回报率。

在资金筹集过程中,除了考虑资金成本外,还需要考虑资金的时间价值。资金的时间价值并不直接属于资金成本,但它与资金成本紧密相关。资金成本通常指筹资过程中所需支付的利息或其他费用,它是资金使用者为获得资金而必须承担的直接经济负担。资金的时间价值则是基于这样一个理念:一定数量的货币在今天拥有的价值,通常会超过未来相同数量货币的价值。这是因为当前持有的资金可以投资产生收益,或者用于还债减轻财务负担等。从这个角度来看,资金的时间价值体现了资金在不同时间点的价值差异,它对于投资决策和资金管理都有重要影响。

例如,项目A在两年内能实现1,000万元的利润,而项目B在三年内能实现1,200万元的利润。单从利润角度看,项目B似乎更优。然而,这种视角忽略了一个关键因素:时间价值。即资金的时间价值意味着较早获得的收益具有更高的价值,因为这些收益可以被重新投资,从而产生额外的收益。因此,在考虑利润时,还需要评估收益实现的时间框架。

所以,上述例子中,如果考虑到资金的时间价值,两年内实现的1,000万元利润可能比三年内的1,200万元更有价值,因为这些资金可以更早被再次投资使用,从而创造额外的价值。

在实际的财务决策中,考虑资金的时间价值有助于更准确地评估项目的成本和收益,从而做出更为合理的财务规划和决策。例如,在计算项目的净现值(Net Present Value, NPV)或内部收益率(Internal Rate of Return, IRR)时,资金的时间价值是一个关键的考虑因素。

NPV是把未来收入按照今天的价值来计算的总和,再减去最初的投资成本。这个计算过程考虑到了资金随时间变化的价值,也就是说,未来的资金因为有等待时间,所以不如现在的资金值钱。假设你明年会得到1,100元,如果现在的利率是10%,那么这1,100元相当于现在的1,000元(因为1,000元放到银行一年后,按10%的利率会变成1,100元)。用这种方法计算你所有未来收入的现在价值,然后把这些加起来,再减去你现在需要投入的资金,就得到了净现值。如果净现值大于零,说明项目是盈利的,因为它意味着未来的收益在今天的价值超过了初始投资。简而言之,净现值就是用来判断一个项目未来能否盈利的指标。

  IRR是一个用来评估投资项目盈利能力的指标。简单来说,它是使项目的净现值等于零的贴现率。这个比率可以理解为项目能够承受的最高资金成本。假设你有一个投资项目,IRR是20%。这意味着,如果你的资金成本(比如贷款利率)低于20%,那么这个项目就是盈利的。换句话说,这个项目能够产生足够的收益,不仅覆盖了高达20%的资金成本,还可能有额外的利润。如果你为这个项目贷款,而贷款的年利率是5%,那么你的项目收益率就高于贷款利率。这个差额(20%−5%=15%)就是你的实际利润。所以,内部收益率实际上用于判断贷款投资一个项目时,贷款的利率可以达到多高而项目仍然盈利。

任务小结

  本任务提供了酒店资金筹集的全面概述,着重介绍了筹资的目的、动机、渠道、方式以及筹资的基本要求和筹资成本。酒店作为一个资金密集型行业,筹资的目的包括扩张、偿债以及混合性动机。酒店筹资渠道分为内部筹资和外部筹资,其中内部筹资利用酒店自身资源,而外部筹资则涉及资本市场和金融机构。具体的筹资方式包括股权筹资和债务筹资。酒店筹资的成功不仅在于获得必要的资金,还在于合理管理资金成本,包括筹资费用和资金占用费用。此外,资金成本与资金的时间价值紧密相关,因此在筹资和投资决策中考虑资金的时间价值至关重要。此外,在本任务中,还讨论了酒店资金需要量的预测,这对于新建项目和运营阶段的酒店都至关重要。预测方法包括现金收支法和回归分析法。

训练题

一、问答题

1.酒店筹资的动机有哪些?请举例说明。

2.酒店内部筹资渠道和外部筹资渠道有什么区别?

3.酒店资金成本构成有哪些?

二、讨论题

1.请搜索一些酒店筹资的案例,讨论这些酒店使用了哪些筹资渠道和筹资方法,各有什么优势和劣势。

2.讨论影响酒店投资回报率和回报期的因素有哪些。

项目三
酒店运营资金管理与风险控制

 项目描述

　　本项目包括酒店营运资金管理、酒店固定资产管理、酒店采购管理和风险控制三个学习任务。在理解酒店营运资金管理的学习任务中,全面介绍了酒店营运资金管理,涉及其概念、酒店现金及银行存款管理、酒店应收账款管理、酒店存货管理、酒店低值易耗品(运营设备)管理及应付账款管理。在理解酒店固定资产管理的学习任务中,提供了酒店固定资产的全面概述,着重介绍了酒店固定资产的定义、特点、不同维度的分类方法、固定资产折旧涉及的相关概念、不同折旧方法的计算公式以及固定资产的日常管理等。在理解酒店采购管理和风险控制的学习任务中,重点描述了酒店采购工作的基本程序以及为了确保采购活动的有效性所需制定的风险管控措施。

 **项目目标**

知识目标

1. 了解酒店营运资金管理的概念。
2. 了解酒店库存现金的定义及日常管理方法。
3. 了解酒店应收账款产生的原因和影响。
4. 了解酒店存货的分类方法和日常管理工作内容。
5. 了解酒店低值易耗品管理的概念和种类。
6. 了解酒店应付账款管理产生的方式。
7. 了解酒店固定资产的定义、特点和分类方法。
8. 了解采购管理工作的基本程序和风险控制要求。
9. 掌握酒店存货成本和存货仓储管理成本的计算方法。
10. 掌握酒店低值易耗品的费用核算和实物储备量的计算方法。

能力目标

1. 具备编制银行存款余额调节表的基础能力。
2. 具备应收账款余额账龄表分析的基础能力。
3. 具备核算酒店存货成本及其仓储管理成本的基础能力。

4.具备核算酒店各类低值易耗品的费用和储备量的基础能力。

5.具备根据不同的方法对酒店固定资产进行分类管理的基础能力。

6.具备编制酒店采购计划的基础能力。

素养目标

1.培养学生要立足诚信,避免营私舞弊,不局限于眼前利益,具备长远的眼光和视野。

2.培养学生遵纪守法和诚实守信的企业家精神,树立正确的职业道德观,践行社会主义核心价值观。

3.培养学生具有创新思维,树立大数据背景下的全面质量管理观念。

 **知识框架**

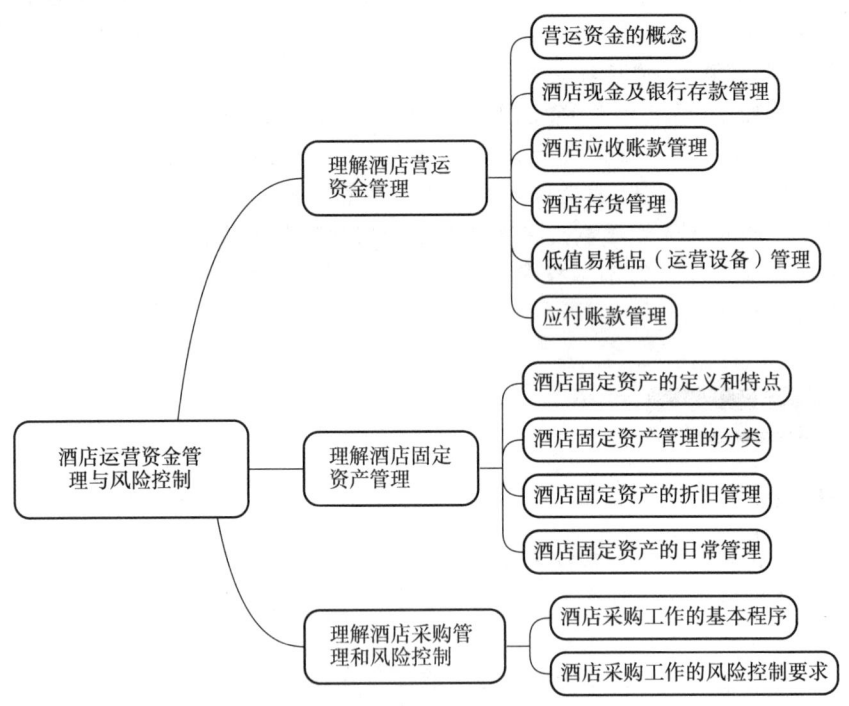

 **教学重点**

1.营运资金的概念。

2.酒店库存现金的日常管理制度和程序。

3.银行存款日记账和银行存款余额调节表的编制。

4.酒店应收账款管理方法。

5.酒店存货的分类和日常管理方法。

6.酒店低值易耗品的概念和种类。

7.酒店低值易耗品的费用核算和实物管理方法。

8.酒店应付账款账簿的记录和支付管理。

9.酒店固定资产管理的分类方法。

10.酒店固定资产的折旧管理方法。

11.酒店采购工作风险控制的要求。

教学难点

1.银行存款日记账和银行存款余额调节表的编制。

2.应收账款账龄分析。

3.存货成本和存货仓储管理成本的确定。

4.酒店低值易耗品中各类标准储备量的计算。

5.酒店固定资产的折旧计算方法。

6.酒店采购计划的编制。

思政学习

1.正确的人生观和价值观:酒店采用何种营运资金持有政策,本质是"制衡"哲学思维运用,包含着"取"和"舍"。要求学生在今后的人生道路上面临金钱、地位、权力、名利时做出正确的选择,在"舍得"的关系中明辨"是非",树立正确的人生观和价值观。

2.合规经营和诚信经营:酒店应遵守国家相关财经政策和法规依法经营,通过规范的财务管理和透明的资金运作,确保酒店在资金运营中的合法性和合规性,体现企业诚信的核心价值观,树立良好的企业形象。

3.资源优化配置和风险控制:培养科学管理和资源优化配置的理念,合理规划和有效利用资金资源,提高资金使用效率。

4.风险意识和防范思维:具备发现财务管理风险的敏锐性和判断力,能够及时发现酒店营运资金管理活动中存在的潜在问题并予以解决,具备对风险问题防范和管控能力。

5.团队协作精神:酒店营运资金管理、固定资产管理和采购管理均需要多部门的合作,这就需要管理者具备团队协作能力,提升整个酒店的运营效率和服务质量。

项目导入

任务一　理解酒店营运资金管理

一、营运资金的概念

营运资金是企业流动资产和流动负债的总称。营运资金管理包括流动资产管理和流动负债管理。

（一）流动资产

流动资产是指可以在一年内或者超过一年的一个营业周期内变现或运用的资产，在资产负债表上主要包括以下项目：货币资金、短期投资、应收票据、应收账款、预付费用和存货。流动资产具有占用时间短、周转快、易变现等特点。企业拥有较多的流动资产，可以在一定程度上降低财务风险。

（二）流动负债

流动负债又称短期融资，是指需要在一年或者超过一年的一个营业周期内偿还的债务。流动负债主要包括以下项目：短期借款、应付票据、应付账款、应付工资、应付税金及未交利润等。流动负债具有成本低、偿还期短的特点，酒店必须认真进行管理，否则，将有可能承受较大的风险。

（三）净营运资金

流动资产减去流动负债的余额称为净营运资金，计算公式为：

$$净营运资 ＝ 金流动资产 － 流动负债$$

净营运资金越多，说明不能偿还的风险越小。因此，净营运资金的多少可以反映偿还短期债务的能力。

酒店日常经营过程中，主要的经营活动均与营运资金有关。因此，营运资金管理是酒店财务管理中的一项基本工作。营运资金管理的目的是加强流动资金周转，提高资金的使用效率。

二、酒店现金及银行存款管理

现金是在一定范围内立即可以投入流通的交换媒介。它具有普遍的可接受性，可以有效地立即用来购买商品、货物、劳务或偿还债务。现金是企业中流通性最强的资产，可以由企业任意支配使用。

现金的会计定义有广义和狭义之分。狭义的现金仅仅指库存现金，即企业金库中存放的现金，包括人们经常接触的纸币和硬币等。广义的现金包括库存现金、银行存款和其他货币资金三个部分。

无论库存现金还是银行存款和其他货币资金，均具有流动性强的特点，与酒店所有经营活动密切相关。因此，除受到国家相关法规的严格管理之外，酒店运营管理因内控要求也会在严格遵守国家相关法规的基础上，结合酒店经营活动制定相关的财务政策来规范酒店内部的现金收入、支出等活动。

（一）酒店库存现金的定义及日常管理

1.库存现金的定义和范围

从狭义的现金角度讲，库存现金指酒店因产生经营收入所收取的现金以及保存在财务部总出纳处的现金，包括人民币硬币和纸币以及外币硬币和纸币（如有）。库存现金量由现金收入与现金支出的差额决定，即库存现金等于现金收入减去现金支出。相

关概念如表3-1所示。

表 3-1　库存现金、现金收入与现金支出的概念

库存现金	现金收入	现金支出
指存放在酒店的现金,包括人民币硬币和纸币以及外币硬币和纸币	主要来自客人使用现金支付其在酒店客房、餐饮和其他运营部门的消费	仅限酒店各部门因经营需要而发生的小额费用报销,以及支付给收银员补充备用金部分的现金
酒店存放现金的地点包括财务部总出纳处、前台收银处、餐饮各营业点收银处、其他经营部门收银处	各营业部门收到的现金均需要在班次结束后清点并投入收银投币箱内	任何现金支出均需要填写现金支出凭证报批,在获取批准后方可获得现金
通常酒店采用备用金的方式进行管理	收银投币箱通常设在前台或者财务部并设有监控	现金支出只能在财务部总出纳处进行

2.国家对企业库存现金管理的相关规定

现金作为经营活动中的交易工具,曾因其便于携带、交易过程便捷以及即时结算的特性而受到青睐。然而,这些特点也带来了监管上的难题,尤其是在税务和交易监控方面,容易出现漏洞。为了应对这一问题,国家针对现金交易,尤其是大额现金交易,制定了严格的管理规定。按照国务院发布的《现金管理暂行条例》规定,主要条款如下。

1)现金支出的范围

企业的现金支出只能在一定范围内进行,包括:职工工资、津贴;个人劳务报酬;根据国家规定颁发给个人的科学技术、文化艺术、体育等方面各种奖金;各种劳保、福利费用以及国家规定的对个人的其他支出;向个人收购农副产品和其他物资的价款;出差人员必须随身携带的差旅费;结算起点(1,000元)以下的零星支出;中国人民银行确定需要支付现金的其他支出。

企业在现金使用范围以外的款项支付,一般通过银行转账结算。

2)库存现金限额的规定

为了应对日常小额开支,企业需保持一定量的库存现金。通常,这个金额应足以覆盖3—5天的零星开支。库存现金的具体上限由银行根据现金管理制度来确定。在日常运营中,企业如需现金,可通过签发现金支票从银行提取所需金额。若企业的库存现金超出了银行设定的上限,应及时将超额部分存入银行,以确保资金的安全和合规管理。

3)避免坐支现金的规定

坐支现金是指企业直接从其现金收入中支付支出,而非通过正规的银行渠道。当企业通过销售等活动获得现金时,应填写缴款单并明确资金来源,随后及时将这些款项存入银行。同样,当企业需要从银行提取现金时,应填写现金支票并注明资金用途。这种做法有助于银行对企业的现金流进行有效监督。如果企业采取坐支现金的方式,将绕过银行的监督机制,这不仅违反了规定,而且会扰乱正常的现金收支流程。因此,遵循适当的银行流程与监督机制对于确保企业现金管理的透明度和规范性至关重要。

4）建立现金账目

会计总账上要设置"库存现金"账户,核算现金的增减变动;同时,还要设置库存现金日记账,由出纳人员逐笔记载现金的收付,做到日清月结,账款相符。

3.酒店库存现金的日常管理

在酒店业,由于日常交易频繁且金额通常较小,同时大多数交易是面对面进行的,这些因素共同增加了现金交易的风险和潜在漏洞。为此,酒店一般会在其内部控制系统中制定严格的程序和政策,目的是加强现金交易的管理,从而确保交易的合规性和安全性。这些政策和程序会依据国家相关法规及酒店的管理需求而定,以确保现金管理的高效性和透明度。

1）现金管理制度和程序

（1）酒店财务部设立总出纳岗位。出纳是指在企业或机构中负责处理现金、支票以及其他支付手段的职位。酒店的库存现金均保管在总出纳办公室的保险箱内。为确保营业部门收银找零和酒店现金报销等支出的需要,酒店在总出纳处的库存现金需设有限额。

（2）每日的现金收入由总出纳统一清点汇总并填写现金缴款单存入酒店开户银行。若是与银行签有银行上门收款协议的酒店,总出纳仍需每日清点汇总现金收入并填写现金缴款单,按照与银行约定日期由银行收款人员上门收款。

（3）酒店各部门的现金收支都应通过财务部总出纳处办理和入账。任何部门和个人不得自行保留现金,不得私设"小金库"。

（4）总出纳需每日清点现金,每月末酒店财务负责人应对总出纳的库存现金进行盘点,确保做到现金的日清月结。

2）备用金管理制度

通常,酒店的现金支出仅限于小额现金报销和差旅费预支等。酒店根据运营需要设立备用金管理制度。该制度包括但不限于如下几点。

（1）根据酒店各营业点的活动决定备用金的金额。

（2）酒店的所有备用金都必须获得相关的批准。

（3）班次交接时,交接双方必须各自对备用金进行清点,并记录在备用金记录簿上。

（4）酒店财务部每月必须对酒店所有备用金进行不定期抽查,并记录相关情况。

（5）不取放现金时,应该锁上现金抽屉。每位收银员均应配备各自的现金抽屉。每个现金抽屉都只能由一人开启,否则将难以保证现金抽屉的安全性。

（6）留有备用金的人员不得将备用金存入个人账户。

（7）除收银点外,其他部门不设备用金。

（8）负责现金业务的员工必须签署备用金保管责任书（或酒店内部备用金协议）。在酒店业,由于各营业收入部门分布在不同地点,并配备专职收银员来处理各类收款业务,因此在收取现金时常常涉及找零、预付款项的支付以及外币兑换等事务。为了确保这些操作的准确性和安全性,所有参与酒店收入业务的员工都需要签署备用金合约和现金管理责任书。这一做法有助于明确员工的责任和业务范围,确保金钱处理过程的透明度和责任归属,从而有效地维护酒店的财务安全和运营效率。

备用金合约和现金管理责任书

Note

4.酒店外币代兑业务管理

酒店通常作为提供旅行住宿和餐饮的场所,经常接待来自世界各地的旅客,这经常涉及外币支付的需求。根据国家的外汇管理规定,酒店通常不允许直接接受客人使用外币支付消费。为了更好地服务国际客户,符合条件的酒店可以申请成为外币代兑点,这一业务受到国家银行政策的严格监管。酒店需要向有资格办理外币兑换业务的银行提出申请,并在获得批准和签订相关协议后才能提供外币兑换服务,包括兑换外币现钞和外币旅行支票。作为外币代兑点,酒店被授权代理银行进行外币兑换业务,为持有有效身份证件的个人提供将外币兑换为人民币的服务,以此方便国际旅客在酒店的支付和消费。

在中国,银行可以兑换的货币种类包括英镑、港币、美元、瑞士法郎、新加坡元、瑞典克朗、挪威克朗、日元、丹麦克朗、加拿大元、澳大利亚元、欧元、菲律宾比索、泰国铢、韩国元、澳门元和新台币等。目前,银行在执行外币兑换汇率时采用的是直接标价法。这种方法是以一定单位的外国货币为基准,标出相应的本国货币金额。在直接标价法中,外国货币的单位(例如1、10、100等)保持固定,而汇率则随着两种货币价值的变化而调整,这种变化体现在本币数额的增减上,外汇汇率是每天更新的。这种标价方式便于理解和计算,使货币兑换过程更为透明和简便,如图3-1所示。

币种	代码	现汇买入价	现钞买入价	现汇卖出价	现钞卖出价	中行折算价	日期	时间
美元	USD/CNY	710.3100	704.6100	713.1500	713.1500	711.7300	2022-10-06	18:40:02
欧元	EUR/CNY	700.9400	680.8900	705.8600	705.8600	703.4000	2022-10-06	18:40:02
港币	HKD/CNY	90.5000	89.7600	90.8400	90.8400	90.6700	2022-10-06	18:40:02
日元	JPY/CNY	4.8999	4.7598	4.9343	4.9343	4.9171	2022-10-06	18:40:02
英镑	GBP/CNY	797.6400	774.8300	803.2400	803.2400	800.4400	2022-10-06	18:40:02
澳大利亚元	AUD/CNY	458.3800	445.2700	461.6000	461.6000	459.9900	2022-10-06	18:40:02
加拿大元	CAD/CNY	518.5800	503.7500	522.2200	522.2200	520.4000	2022-10-06	18:40:02

图 3-1 中国银行外汇牌价

酒店办理外币兑换业务时,应遵循以下要求。

(1)按照国家外汇管理要求,银行会要求酒店处理外币兑换的人员登录银行指定的外币兑换网站记录所有外币兑换业务。

(2)酒店为客人提供外币兑换服务时,需要填写外币兑换凭证,即外币兑换水单。该水单为客人提供兑换的详细证明,若客人需要将原兑换未用完的人民币兑回外币,可凭借该水单在授权银行申请兑换回原币,但兑换回的金额不能超过原水单金额的50%。外币兑换水单的管理必须严格,可以使用银行统一印制的水单,也可以由酒店自行印制,但要获得银行的许可。使用银行印制的水单时,应统一存放并进行管理,不可事先盖好业务章。水单填写时,应按使用顺序逐项进行,确保内容完整、清晰,且不得有遗漏或涂改。任何作废的水单都应妥善保管,不得随意销毁。在兑换过程中,应根据所兑换外币的种类和性质,正确选择当天的汇率牌价,并确保计算准确。这些措施有助于确保外币兑换业务的规范性和准确性,同时保障客户和酒店的利益。

(3)酒店办理外币兑换的程序。根据酒店与银行签订的协议,酒店提供的外币兑

换服务专门针对住店登记的客人。每次兑换的金额需要遵循酒店内部的管理政策,同时,每位客人的总兑换金额也必须符合银行的政策要求。酒店的外币兑换业务仅限于经过银行培训的前台员工来操作。在进行兑换时,员工需要要求客人出示护照等有效证件,并将证件信息准确记录在外币兑换水单上。所兑换的外币必须通过外币验钞机的检验后才能接收。同时,员工应提醒客人妥善保管外币兑换水单,以便日后可能的兑回需求。酒店的总出纳负责每日编制外币兑换汇总表,并填写现金缴款单,将汇总的现金存入酒店的开户银行。这一流程旨在确保外币兑换业务的顺畅、规范和安全,同时符合银行和酒店的管理要求。

(二)酒店银行存款管理

银行存款是酒店储存在银行或者其他金融机构的活期存款和存单,包括人民币和外币两种形式。按照国家《人民币银行结算账户管理办法》和《现金管理暂行条例》的规定,企业除去在《现金管理暂行条例》规定内容的现金收入外,企业的经营性收入和支出必须通过银行或者金融机构进行办理。

1.酒店开立银行存款账户的要求

(1)按照国家《人民币银行结算账户管理办法》的相关规定,酒店在银行开设的存款账户分为基本存款账户、一般存款账户、临时存款账户和专用存款账户,以便进行有效的货币资金管理。

①基本存款账户是存款人办理日常转账结算和现金收付的账户。存款人的工资、奖金等现金的支取,只能通过基本存款账户办理。

②一般存款账户通常也称结算账户,是存款人在基本存款账户以外的银行借款转存、办理转账结算和现金缴存,但不能办理现金支取。

③临时存款账户是存款人因临时经营活动需要开立的账户,存款人可以通过本账户办理转账结算和根据国家现金管理的规定办理现金收付。

④专用存款账户是存款人因特定用途需要开立的账户。

存款人只能在银行开立一个基本存款账户。存款人可以自主选择银行,银行也可以自愿选择存款人开立账户。任何单位和个人不得干预存款人、银行开立或使用账户。存款人在其账户内应有足够资金保证支付。

(2)酒店在开立银行账户时,除了遵守国家的相关法规外,还需遵循其内部的管理制度。特别是考虑到酒店管理的专业性,国内多数酒店通常会与专业的酒店管理公司签订委托管理合同来进行运营管理。因此,酒店的资金管理,尤其是银行账户的收支,需要符合委托管理合同中的具体要求。例如:

①酒店基本户和结算户的开立银行按管理合同约定和业主要求。

②通常按照收、支两条线的要求,经营收入和经营支出归属各自独立的账户。收入银行账户由业主掌管,该账户的使用均是酒店业主负责,酒店不涉及此账户的使用;独立开设支付银行账户由酒店掌管(该账户的资金由酒店每月制定支付计划给业主,业主拨款至此账户),该账户的使用均是酒店管理方负责。

③按照《人民币银行结算账户管理办法》要求,酒店银行账户开立后,需要预留印鉴用于支票/汇票的使用。预留印鉴按照银行要求酒店财务专用章是必须的,其他需

要财务负责人和企业负责人的签字或者印章。

④随着电子支付的普遍化,酒店支付目前也多采用银行网银线上支付。网银审批通常包括经办人(网银提交人)、复核人(财务负责人)、授权人(企业负责人)。

2.银行存款日记账和银行存款余额调节表的编制

为了及时掌握银行存款的收支和结存情况,便于与银行核对账目,并及时发现银行存款收支工作中存在的问题和可能出现的差错,酒店不仅需要对银行存款进行总分类核算,还必须按各开户银行开设的不同银行账号进行明细核算。这涉及设置专门的银行存款日记账。所有经营活动产生的收入存入银行,以及酒店的所有银行支付行为,都应根据银行的收付款凭证,按照业务发生的时间顺序,逐笔进行详细登记。

银行存款余额调节表由酒店财务部编制,并作为银行存款科目的附列资料保存。该表的主要目的是对酒店的账面余额和银行的账面余额进行核对,以确保两者的一致性,并检查两者之间的可能差错。调节后的余额通常被视为酒店在对账日时在银行实际可用的存款数额。这一做法的目的在于保障酒店账目的清晰度,预防欺诈、挪用或盗用酒店资金的风险。编制银行存款余额调节表是酒店财务部每月必须进行的工作,这一流程对于维护酒店财务的透明度和完整性至关重要。

银行存款余额调节表编制方法如表3-2所示。

表3-2 银行存款余额调节表编制方法

银行存款余额调节表

户名:
账号:
开户行:

项目(摘要)	金额(元)	项目(摘要)	金额(元)
企业银行存款日记账余额:		银行对账单余额:	
加:银行已收、企业未收款		加:企业已收、银行未收款	
减:银行已付、企业未付		减:企业已付、银行未付款	
调节后的存款余额:		调节后的存款余额:	

如表3-2编制方法所示,银行存款余额调节表是用于使银行对账单余额与企业账面余额一致的调节方法。这一方法涉及在银行对账单余额和企业账面余额的基础上,分别加上对方已经收到而本单位尚未收到的账项数额,并减去对方已经支付而本单位尚未支付的账项数额。银行存款余额调节表作为一种对账记录工具,不属于会计凭证的范畴。如果通过调节后双方的余额相等,则表明账目没有错误;如果余额不一致,则

可能存在尚未记入账的款项或记账错误。任何这类未达账项或记账错误都需要被及时跟踪和处理,以避免潜在的财务风险。

三、酒店应收账款管理

酒店应收账款是指酒店向客户提供了住宿、餐饮等服务后,尚未从客户处收取的款项,这构成了酒店的短期债权。

酒店的正常运营既依赖于其产品和服务的销售,也依赖于销售款项的及时回收。如果因各种原因导致销售款项不能及时回收,将直接影响酒店的销售业绩。在严重情况下,如应收账款额度过高或回收周期过长,可能导致坏账的产生,进而影响酒店的资金流动性和正常运营。因此,有效地控制和管理应收账款是酒店财务管理中的重要组成部分。

(一)应收账款产生的原因和影响

1.酒店应收账款产生的原因

酒店应收账款产生的原因主要是商业竞争、销售与收款时间差两个因素导致。

1)商业竞争

在市场经济条件下,为了在激烈的商业竞争中生存和发展,酒店需要采用各种手段扩大销售,除依靠服务质量、服务价格、广告等手段外,赊销也是酒店扩大销售常用的手段之一。所谓赊销,它是信用销售的俗称,指用赊欠的方式销售,即酒店和客户签订酒店住房/会议协议后,酒店允许客人在酒店先行消费,而客户按照协议在规定日期付款或分期付款形式付清其在酒店的消费款项的行为。对于同等星级酒店,如果服务价格相差无几,实行赊销的酒店销售额将大于实行现销的酒店销售额,因为酒店的客户将从这一商业信用中获得优惠。

2)销售与收款的时间差

由于酒店提供服务和收取货款的时间不一致,导致产生了应收账款。结算手段越落后,结算所需时间越长,产生的应收账款就越多。如果结算手段采用现金结算,结算所需时间就会缩短,产生的应收账款就会相应减少。

2.酒店应收账款产生的影响

应收账款的发生对酒店经营既有有利的一面,也存在不利的影响。

1)应收账款对酒店的有利影响

(1)扩大销售,提高市场占有率:为了提升市场竞争力,酒店需要采取多种促销策略来增加其产品和服务的销售。其中,商业信用也是一种促销手段。通过提供商业信用,酒店能够吸引那些资金周转不畅或不愿立即支付的客户,从而扩大销售规模并提高市场占有率。

(2)增加盈利,增强实力:通过提供商业信用,酒店可以有效扩大其销售收入。虽然这种做法不可避免地会增加一些费用开支,但只要酒店能够妥善管理应收账款,并确保收款的及时性,最终仍能为酒店带来显著的收益。合理的应收账款管理能够平衡由于提供信用而产生的额外成本。同时,通过增加销售和扩大市场份额,可以为酒店

创造更多的利润机会。

（3）减少存货，加速营运资金的周转：通过提供信用服务，酒店能够有效扩大销售规模。这种做法不仅有助于吸引更多的客户，还能增加酒店经营过程中存货的消耗量。随着销售的增加，存货周转加快，从而减少了长期占用资金的存货量。这样不仅降低了存货的资金占用成本，还加速了酒店营运资金的流转，提高了资金的使用效率。

2）应收账款对酒店的不利影响

（1）占用酒店资金：应收账款的存在，实际上占用了酒店的流动资金，导致资金周转受阻。为了弥补这种资金缺口，酒店需要筹集额外的资金来维持正常运营，这往往伴随着额外的筹资成本。更严重的是，这种情况可能导致酒店面临资金周转不灵的风险，影响其财务稳定性和运营效率。

（2）增加收款支出：当酒店产生应收账款时，为了收回这些款项，酒店通常需要承担一系列相关的支出。这些支出包括电话传真费用、办公用品费、负责收款的员工工资，以及催收款项时所涉及的差旅费。在某些情况下，为了追回欠款，酒店甚至可能需要支付法律诉讼费用等额外费用。

（3）承担坏账损失风险：如果酒店未能及时收款，或遇到客户故意拖延付款、拒绝支付账款，尤其是在客户破产的情况下，酒店可能面临坏账损失的风险。

（二）酒店应收账款的管理方法

酒店的应收账款主要由信用销售产生。从客户挂账到最终收回欠款，这个过程涉及酒店内多个部门和各种不同环节，需要各环节的有效衔接和部门之间的协作。为了防止坏账的发生，并有效避免应收账款可能带来的商业风险，酒店应制定合理的信用政策，规范应收账款的日常管理，加大应收账款账龄分析等监督力度。

1.制定合理的酒店信用政策

酒店应收款的管理和酒店信用政策的建立息息相关。信用政策是酒店应收账款管理的一个重要组成部分，它是酒店为对应收账款进行规划与控制而确立的基本原则与行为规范，一般由信用标准、信用条件和收账政策三个部分组成。制定合理的信用政策是加强应收账款管理，提高应收账款投资效益的重要前提。酒店为减少应收账款带来的损失，需要认真、详细地进行信用分析，慎重选择信用对象，合理确定信用条件。

1）信用标准

信用标准是指酒店同意向客户提供商业信用而要求对方必须具备的最低条件，一般用坏账损失率表示。酒店在制定信用标准时，主要考虑以下三个方面的因素。

（1）同行业竞争对手的情况：确定并分析酒店的竞争对手群体对于制定酒店的信用标准至关重要。通过调查和评估竞争对手的产品，酒店能够更好地理解自身产品的市场竞争力，并据此制定适当的信用标准。

（2）酒店承担违约风险的能力：通过全面评估违约风险的程度以及酒店承担能力来制定酒店的信用标准。

（3）客户的资信程度：客户的资信程度是指客户按时偿还欠款的能力和信用水平。酒店应基于对客户资信程度的调查和分析来评估其信用状况，并据此决定是否向该客户提供商业信用。

当酒店在市场上具有较强的竞争力但较低的违约风险承担能力时,应考虑制定较严格的信用标准,以预防坏账的产生。相反,如果酒店具备较强的违约风险承担能力,并且所面对客户的资信程度较高,为了提升产品的市场竞争力,酒店可以考虑实施较宽松的信用标准,从而有助于增加销售收入。

2)信用条件

信用条件是酒店接受客户信用订单时所提出的付款要求,主要包括信用期限、现金折扣和现金折扣期限。

(1)信用期限:信用期限是指酒店允许客户在接受服务后到支付款项之间的时间间隔。延长信用期限能够在一定程度上增加营业收入,但如果无限制地延长,可能会带来一系列负面后果,如平均收账期的延长、资金占用的增加、坏账损失及收账费用的上升等。因此,酒店制定的信用期限应该有一个合理的时间限制。通常情况下,酒店应收账款的信用期限设置为30天、60天或90天不等,以保证资金流的健康和酒店经营的稳定。

(2)现金折扣和现金折扣期限:在延长信用期限的同时,应收账款占用的时间和金额也会增加。为了加快资金周转、增加收入并减少坏账损失,酒店通常会在延长信用期限的同时实施一些优惠政策。这些优惠措施包括为在规定时间内提前偿还款项的客户提供一定比例的折扣。例如,如果客户在10天内付款,可以享受一定比例的折扣;如果客户选择放弃现金折扣,那么全部款项应在信用期限内支付。需要注意的是,现金折扣实际上会减少酒店的收入。因此,酒店在提供折扣时应权衡考虑折扣后的收益是否大于现金折扣的成本,并据此决定是否向消费者提供折扣。

3)收账政策

收账政策是指酒店在客户违反信用条件时采取的策略。面对超出信用期限的应收账款,如果酒店实施积极的收账政策,虽然可能减少坏账损失,但同时也会增加收账成本。相反,如果酒店采取消极的收账政策,则可能导致应收账款的增加和坏账损失的上升。因此,在确定收账政策时,酒店应先审视现有的信用标准和信用条件是否充分,接着对违约客户的资信状况进行再评估,最后采取适当的方法来催收账款。总体来看,虽然加大收账力度后,收账费用会明显增加,但应收账款和坏账损失通常会减少。然而,这并非线性关系。通常情况下,初始的收账投入会使应收账款和坏账损失略有下降;但当收账费用达到一定水平后,会进入一个收账的瓶颈期,此时应收账款和坏账损失的减少将不再显著。因此,在制定收账政策时,酒店需要在增加收账费用与减少应收账款之间找到平衡点,合理把握严格与宽松的界限。

2.应收账款账龄分析

应收账款的账龄结构是指各个不同账龄段应收账款余额占总应收账款余额的比例。由于每次应收账款发生的时间长短不一,针对不同账龄的应收账款,收账策略也应相应有所区别。通常情况下,应收账款的逾期时间越长,催收难度越大,产生坏账的风险也相应增加。因此,在制定应收账款回收政策时,酒店财务部需要充分考虑到账龄结构的因素,以此为基础确定适用于不同账龄的收款策略。

某酒店应收账款余额账龄表如表3-3所示。

表 3-3　某酒店应收账款余额账龄表(2022 年 8 月 31 日)　　单位:元

类型	30天之内	31—60天	61—90天	91—120天	121天及以上	合计	备注
国内公司应收账款余额	784,471.42	145,559.84				930,031.26	
海外公司应收账款余额							
海外旅行社应收账款余额							
国内旅行社应收账款余额	1,548,293.00					1,548,293.00	
渠道及网络订房公司应收账款余额	5,484,803.89					5,484,803.89	
业主公司应收账款余额	23,680.00	28,950.00	24,560.00			77,190.00	
内部往来公司应收账款余额				15,818.00		15,818.00	
信用卡/支付宝/微信等应收账款余额	1,567,583.00					1,567,583.00	
临时挂账应收账款余额	587,963.00					587,963.00	
预收账款借方余额转入							
合计	9,996,794.31	174,509.84	24,560.00	15,818.00		10,211,682.15	

　　从表 3-3 中可以看出,该酒店应收账款 30 天之内的应收账款占比较大,应收账款出现坏账的风险低。超过 90 天的应收账款只占应收账款占比较小,且是酒店内部往来公司挂账,回收无风险。但考虑资金占用成本,酒店仍需审阅内部公司往来的挂账政策,避免此类情况的发生。

　　3.酒店加强应收账款管理的措施

　　酒店应收账款管理的有效性直接影响到酒店资金周转和经济效益的实现,也直接影响酒店资产的质量和资产营运能力。因此,酒店应该采取如下相应措施,加强应收款项的管理。

　　1)建立应收款项明细账管理制度

　　酒店应当按照客户设立应收账款明细账,详细反映内部各业务部门以及各客户应收账款的增减变动、余额及其每笔款项账龄等财务信息。同时,应加强合作管理,对债务人执行合同情况进行跟踪分析,预防或减少坏账风险。酒店财务管理部门应当定期编制应收账款明细表,向酒店管理人员和有关业务部门反映应收款项的余额与账龄等

信息,及时分析应收款项管理情况,提请有关责任部门采取相应措施,以减少资产损失。

2)建立应收款项催收责任制度

对酒店而言,应当依法理财,对到期的应收款项要提醒客户依约付款。对逾期的应收账款,应采取多种方式尽早催收;对于与酒店利益关系重大的逾期应收款项,可以采取诉讼方式。为减少坏账损失,可以与债务人进行协商,对逾期应收款项按一定比例折扣后收回。对于此类应收款项,可以根据董事会或经理办公会审议决定和债权债务双方签订的有效协议,将折扣部分作为损失处理。

3)酒店应当落实内部催收款项的责任

酒店应将应收款项的回收与内部各业务部门的绩效考核及奖惩挂钩。对造成逾期应收款项的有关部门和人员,应在酒店内部以适当的形式予以警示,接受员工的监督。对造成坏账损失的有关部门和人员,应按照酒店内部管理制度给予相应的处罚。在追索逾期应收款项过程中,按照酒店内部财务管理制度规定支付给专门的收账机构及人员的劳务费用、诉讼费用等,直接作为当期费用处理,不得挂账。

4)建立应收款项年度清查制度

每年年终时,应组织专人全面清查各项应收款项,并与债务人核对清楚,做到债权明确、账实相符和账账相符。需要说明的是,如果在同一单位出现应收款项与应付款项,应付款项也应同时查清。应付该债务人的款项,也应同时从应收款项中抵扣,以确认应收款项的真实数额。

5)建立坏账核销管理制度

在清查核实的基础上,对确实不能收回的应收款项应当作为坏账损失处理。属于经营期间发生的坏账损失,作为当期损益处理;属于清算期间发生的坏账损失,作为清算损益处理。坏账损失处理后,酒店应当依据税法的有关规定向主管税务机关申报,按照会计确定的方法进行相应的会计处理。

6)建立应收款项管理的责任追究制度

对酒店内部管理制度不健全,导致应收款项管理混乱,经营活动中恶意经营导致坏账损失,通过关联交易转移酒店资产,随意核销应收账款给酒店造成巨大损失的,对于直接责任人员和其他有关责任人,可追究相应的法律责任。

四、酒店存货管理

某酒店信贷政策

存货是指企业在日常活动中持有以备出售的产成品或商品、处在生产过程中的在产品、在生产过程或提供劳务过程中耗用的材料和物料等。

酒店存货是酒店运营中不可或缺的物资资源,主要包括供销售的原材料和其他物品,如食品、饮料等。此外,存货还包括供销售的各类商品,例如香烟、礼品、纪念品以及寄售商品。同时,为提供服务或日常经营管理所需的物耗品也属于存货范畴,这包括但不限于客房用品、清洁用品、化学用品、文具和印刷用品、工程所需的材料以及其他低值易耗品,如玻瓷、银器、布草等。所有这些物品都应被纳入酒店的库存管理之中。

酒店存货占据了酒店流动资产的较大比例,并且经常处于销售、消耗和补充的循

环之中,具有较高的流动性。由于存货容易受损、变质或遭遇盗窃,因此加强对酒店存货的管理显得尤为重要,这有助于提高酒店流动资金的使用效率。

(一)存货的分类

存货按照在酒店经营中的经济用途划分,可以分为以下几种。

1.原材料

原材料是指厨房、酒吧为生产和服务专用的各种食品材料、配料、调料以及库存未用、月末盘点的成品、半成品。饮品原材料包括各种软饮料和含酒精的饮料。

2.物料用品

物料用品是指用于生产加工的辅助用品、客房客用品、餐厅客用品、洗衣房客用品、洗涤用品、清洁用品、办公用品、劳动保护用品、工程维修零配件等,这些物料用品均有一次性消耗、单价较低的特点。

3.低值易耗品(运营设备)

低值易耗品(运营设备)是指在规定的使用年限内(一般为一年以内),价值低于固定资产标准的各种物料用品材料,如瓷器、玻璃器皿、银器、不锈钢厨具、餐具、针棉纱品、员工制服以及柜台、木质货架、家具、营业用具、包装容器等。低值易耗品均有单价略高、库存数量较大、易损耗但不是一次性消耗、使用期限短的特点。

4.燃料

燃料是指酒店在生产、服务和经营过程中所需用的各种液体、气体和固体燃料,如汽油、煤油、柴油、煤、酒精等。

5.商品

商品是指酒店为销售而购买储存的无须加工的各种物品,如百货、工艺品、食品等。

酒店存货实物仓库根据各类存货的种类不同分设不同的类型仓库,例如设有食品库、冷库、饮品库、物品库、工程仓库、杂品库、燃料库等,以确保各类存货能够满足企业的生产和经营需求。由于存储空间的限制,有些酒店可能会减少仓库的数量。不同类型的存货具有各自的储存标准和要求,因此在酒店的筹建阶段,上述各类仓库应根据这些特定标准和需求进行设计和建设。

随着国内物流和产品供应的日益丰富,一些酒店在财务账目中对"存货"账户的处理方式有所调整。虽然不是所有存货项目都在财务账面上单独设置为"存货",但以下几类通常仍然作为"存货"进行管理:价值较高的食品材料,如鲍鱼、花胶、燕窝等;各种酒类和软饮料;燃料等。

对于其他类型的存货,如日常易耗品和一些低值物资,在采购并收货后可能直接计入当期成本费用,而不在财务账面上单独作为"存货"账户处理。但这并不意味着对这些物资不进行实物管理。实物管理通常由经营部门和供应部门负责,而不是直接由财务部门处理。这样的管理方式既考虑了物流和供应链的效率,又确保了存货管理的适当性和准确性。

(二)存货的日常管理

存货的日常管理是酒店存货管理最重要的工作,包括以下的四个环节。

1.存货采购

为了高效管理物资采购,酒店通常设有专门的采购部门负责进货。各个部门根据经营需求提出采购申请,明确所需物资的具体要求和建议。这些申请在完成酒店内部的采购审批流程后,由采购部门按照既定的采购程序进行实际采购操作。

2.存货的验收和入库

酒店通常在财务部下设立收货部门,负责接收和验收所有采购的物资。收货员在验收物资入库时,应依据酒店的采购订单,检查物资的规格、数量、质量和资质要求。特别是对于特定物资,如肉类产品需要提供质检证明,酒类产品需要流通单,进口物品则需要提供报关单和中文标识等。同时,还要检查物资的保质期、维保期等关键信息。

3.存货的发出

物资存货的领用必须凭领料单进行。该领料单需要由领用部门的负责人签字批准后,方可生效。库管员根据领料单,按照"先进先出"的原则,发放相应的物资存货。发放物资后,应立即将相关信息准确记录在货品卡上,并及时更新至库存管理系统。

4.存货的盘点

存货盘点是指对企业持有的存货数量和价值进行计量的过程。存货的盘点方法也决定了存货入账成本费用的方式。企业确定存货的实物数量有两种方法(见表3-4),即实地盘存制、永续盘存制。

表3-4　实地盘存制与永续盘存制

方法名称	定义	适用存货类型
实地盘存制	实地盘存制不需要依赖于账面的连续记录来确定期末存货量。它基于假设,除了期末的库存,其他所有存货在期间内已被销售。这种方法通过以下公式来推算销货成本:销货成本＝期初存货＋本期购入存货－期末存货。 　这种计算方式简化了存货成本的确定过程,使得销货成本的计算不依赖于每一笔具体交易的记录,而是基于期初和期末存货水平的变化	食品存货、燃料存货
永续盘存制	永续盘存制又称账面盘存制,是通过维护存货明细账来管理存货的一种方式。在这种制度下,所有存货的增加或减少都必须依据会计凭证,在账簿中进行连续的记录,并随时更新账面上的存货结存数量。 　实施永续盘存制时,需要为每一种存货的每一个品种和规格单独设置明细账。在这些明细账中,不仅要记录存货的收入、发出和结存数量,有时还需要同时记录这些存货的金额。采用永续盘存制可以实现对存货流动的更精确追踪,为企业提供更及时和准确的库存信息	饮品存货、物品存货

（三）存货成本和存货仓储管理

酒店存货管理面临的主要挑战包括易变质或损坏的存货特性、种类繁多和高流动性带来的管理难度,这直接影响着酒店的客房和餐饮销售以及整体运营的顺利进行。因此,酒店存货管理的目标一方面是确保存货的正确计价与账实相符,以真实反映其财务状况;另一方面是保持适当的存货储备量,以满足销售和运营需求,同时减少资金占用。此外,还需要确保存货的安全,避免损失。这些目标的实现对于提升酒店的资源优化配置和整体运营效率至关重要。

1.存货成本的确定

酒店存货入账的主要成本是为获得存货所支出的采购成本,计算方式为:

$$采购成本 = 采购存货的数量 \times 存货单价$$

除此之外,在获取和储存存货的过程中,酒店还会产生其他相关成本。这包括订货成本、储存成本、缺货成本。

1）订货成本

订货成本是指酒店为组织进货而支付的相关费用,如办公费、差旅费、采购部人员工资及办公成本等。

2）储存成本

储存成本是指酒店为持有存货而发生的费用,包括仓储费、仓库管理人员的工资和保险费用、存货的损耗等。

3）缺货成本

缺货成本是指由于存货供应不足给酒店带来的损失,包括失去的销售机会、对酒店商誉的影响等。

虽然上述成本不会直接计入酒店的存货成本,但它们是酒店总体成本费用的组成部分。

2.仓储管理

在存货管理过程中,酒店需要确保存货数量和品质与其经营服务相匹配,并满足正常运营的需求。同时,目标是维持存货在最佳水平上,以实现资金的最优占用和使用效率。因此,在酒店的仓储管理控制中,通常采用两种主要方式:存货消耗定额管理和存货仓储定额管理。

1）存货消耗定额管理

存货消耗定额管理是指酒店在特定时期内,基于一定的技术和管理水平,为了顺利完成经营服务所必须消耗的存货数量标准。在酒店经营过程中,影响存货消耗定额的因素众多,包括酒店的等级规格、营业额、存货的折损率、操作技术水平、存货的生命周期、存货的储存或保养条件以及设备的性能等。

在计算和制定酒店存货消耗定额时,首先需要将存货消耗定额的任务分配给各个部门。各部门根据其工作特点,详细制定单位产品或商品、单位接待能力所需存货。这涉及对一次性用品的单位时间或单位产品消耗定额的计算,以及对多次性用品在其使用寿命期内的损耗率或在一定时间内的更换频率的确定。

酒店存货消耗定额的计算举例说明如下。

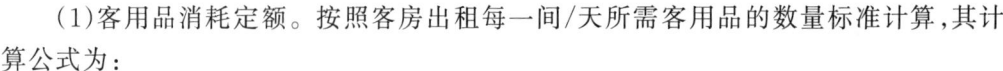

(1)客用品消耗定额。按照客房出租每一间/天所需客用品的数量标准计算,其计算公式为:

客用品日均消耗量＝客房用品配备标准×客房出租间天数×(1－配备末使用系数)

客用品消耗定额＝∑(各种客用品日均消耗量×单价)

(2)餐饮客用品消耗定额。餐饮客用品主要是指餐巾纸、牙签、包装盒、保鲜膜等一次性用品,其计算公式为:

餐饮客用品日均消耗量＝餐位数量×餐位平均利用率×每餐位用品配备标准

餐饮客用品消耗定额＝∑(各种餐饮用品日均消耗量×单价)

(3)食品原材料消耗定额。食品原材料消耗定额是指餐厅为宾客提供餐点所需消耗的食品饮品原料的数量标准,其计算公式为:

食品原材料日均消耗额＝餐位数量×餐位平均利用率×人均消费额×

(1－餐饮毛利率)

如果酒店使用标准菜谱对餐饮成本进行控制,则计算公式变化为:

食品原材料消耗定额＝菜点主辅料标准＋调料配料标准

食品原材料消耗定额的确定受餐饮菜单、库存定量、客人消费水平的影响。

(4)酒水原材料消耗定额。酒水原材料消耗定额的计算通常也会受到酒水采购单价及销售单价的影响。一般而言,进货单价和销售单价越高的酒水,其消耗定额越低。其计算公式为:

酒水原材料消耗定额＝酒水日均销售收入×(1－酒水毛利率)

(5)商品消耗定额。酒店内设自营的商场部的,需要根据商品类型的不同设定消耗定额。

(6)能源消耗定额。它是指酒店在经营活动过程中所要用到的燃料油、液化气、水、电等物资的消耗限额,其标准一般参照历史经营数据情况、能源消耗水平制定。

2)存货仓储定额管理

仓储定额是酒店在一定的经营条件下,为保证服务顺利进行所必需的合理的存储数量。在确定酒店存货仓储定额的过程中,要注意区分宽紧度,既要应付特殊情况的发生,也要防止浪费和资金占用过多。影响酒店存货仓储定额的因素有以下几个。

(1)存货的性质。酒店所需存货的性质在很大程度上决定了存货仓储定额。酒店餐饮所需的鲜活原料不易保存,一般不设仓储定额;而棉织品、办公用品等不易变质,酒店可以适当增加仓储定额。有些酒类储藏期越长越好,在酒店仓储条件符合要求的情况下,其仓储定额可以高些。

(2)存货采购的难易程度。存货采购的难易程度取决于市场上的存货供给和运输距离。

(3)酒店仓储条件。仓储设施的容量和条件也决定了能存储多少存货。

(4)酒店的经营状况。经营状况好时,可能需要更多存货,以满足增加的需求。

(5)存货的损耗率。损耗率高的物品,可能需要更高的存储定额,以补充损耗。

酒店存货仓储定额主要包括两部分:经常仓储定额和保险仓储定额。其计算公式为:

存货仓储定额＝经常仓储定额＋保险仓储定额

在制定酒店存货仓储定额时,关键在于平衡存货数量和质量,同时要考虑酒店业

务量的波动、市场供给的不稳定性及季节因素的影响。由于这些动态变化，合理的存货仓储定额应是灵活且可调整的，以适应不断变化的运营和市场环境，确保酒店存货管理既有效又经济。

具体定额计算方法如下：

①经常仓储定额。酒店经常仓储定额由存货消耗定额和两次供货间隔天数两个因素决定，其计算公式为：

$$经常仓储定额＝存货日消耗定额×两次供货间隔天数$$

②保险仓储定额。酒店应根据以往的保险仓储数据资料、本期经营状况和市场存货供应情况，首先确定保险储备天数，然后以此确定保险仓储定额，其计算公式为：

$$保险仓储定额＝存货÷消耗定额×保险储备天数$$

3）存货的淘汰和报废管理

酒店存货作为一种消耗品，具有多种使用性质。例如，食品和饮料在加工后作为产品销售给顾客，但它们容易受到损耗和变质的影响。而有些低值易耗品则可以在清洁后重复使用。因此，当存货出现变质、反复使用的损耗后造成无法使用，就需要进行淘汰和报废。酒店通常会遵循特定程序来处理这些无法再使用的存货，以确保存货管理的有效性和合规性。

（1）淘汰、报废的程序。在酒店内，当使用部门需要淘汰或报废存货时，他们首先需要提交申请。随后，相关技术人员对该存货进行技术鉴定。若鉴定结果确认需要淘汰或报废，该申请则需要由部门经理和财务经理共同审批，或在某些情况下需要总经理的批准。一旦获得批准，存货将按照既定流程进行处理。此过程通常涉及填写物品报废单等相关文档，以确保过程的正规化和可追溯性。

（2）淘汰、报废处理和登记。酒店中所有资产的处置工作，包括流动资产、固定资产和无形资产等，均由财务部门负责处理。对于已经进行了淘汰或报废处理的存货，财务部门应建立完整的档案记录，以便日后查询和核查。此外，财务部门还需要对原有的资产记录进行相应的调整，以确保账目的准确性和资产管理的完整性。

报废资产在酒店中通常有三种处理方式。

一是直接清理。对于完全破损的餐具或没有任何使用价值且价值较低的设备，酒店通常会选择直接清理。

二是改作其他用途。某些存货可以被重新利用，例如将报废的棉织品改做抹布等。

三是出售。对于更新换代的低值设备或状况尚好的报废棉织品等，酒店可能选择以低价出售，以收回部分价款。

五、低值易耗品（运营设备）管理

酒店中的低值易耗品也称为运营设备，是构成酒店存货中数量众多且金额较大的一部分。这些低值易耗品虽然容易损耗，但并非一次性消耗品，它们的数量众多且品种繁多。作为存货的重要组成部分，运营设备的存货成本及其采购、收货、发货的流程与一般存货管理的流程是一致的。然而，由于运营设备可以多次重复使用，并且占用资金较多，对于其实物的日常管理，也有区别于日常存货的内容。

（一）低值易耗品的概念和种类

酒店低值易耗品包括单位价值低于酒店固定资产的确认价值,使用寿命在一年以上的有形物品,如办公家具、电子设备、客房及餐饮棉织品、客房和餐饮玻瓷银器具、厨房器皿、清洁工具、工程小型工具、小型办公用具及工服等。低值易耗品目录如表3-5所示。

表3-5　低值易耗品目录

名称	使用部分/场地
办公家具	运营和后台部门的所有办公场所
电子设备	运营和后台部门的所有电子产品
布草	客房、餐饮、水疗等运营部使用
玻瓷银器具	客房、餐饮、水疗等运营部使用
推车	各种服务用车、手推车等
工服	各部门均配备
工程用具	主要是工程部使用
保安及消防器材	保卫部或安保部使用
美容美发器材	美容美发部使用
杂项用品	各部门均配备

（二）低值易耗品的费用核算

根据《企业会计准则》中关于存货的定义和核算,企业在对低值易耗品和包装物进行摊销时,通常有两种核算方法:一次摊销法和五五摊销法。这些方法用于将费用计入相关资产的成本或者当期损益。

1. 一次摊销法

一次摊销法是指在领用低值易耗品时,将其全部价值一次性计入相关的成本和费用。

2. 五五摊销法

五五摊销法是指在低值易耗品领用时,摊销其账面价值的一半,而在报废时,摊销剩余的账面价值的另一半,并同时注销总成本。

在酒店业,基本上采用一次摊销法来进行低值易耗品的账务核算,这有助于简化核算流程并提高效率。

（三）低值易耗品的实物管理

酒店纳入日常管理的低值易耗品主要包括瓷器、银器及不锈钢器皿、玻璃器皿、布草及制服。实物管理的主要内容如下。

1. 制定棉织品、玻瓷银器及制服等低值易耗品的标准储备量

为确保酒店运营的效率与流畅性,酒店在筹备开业期间就应建立棉织品、玻瓷银

器及制服的标准储备量。随着酒店运营的时间推移和经营状况的变化,这些储备量需要进行适时调整。通常,运营部门会提出标准储备量的建议,并提交给财务部、酒店管理层以及业主审批。一旦确定,这些标准储备量将作为棉织品、玻瓷银器及制服发货、更换和购买的指导原则。同时,标准储备量也在确保对棉织品、玻瓷银器及制服进行适当的管理和控制方面发挥重要作用。例如,客房布草运营、餐厅运营设备中玻瓷银钢具的标准储备量的计算如下。

1)客房布草运营的标准储备量计算

(1)初始标准储备量:按酒店所有客房一次性全部配备的数量计算。

(2)处于营运流转中的标准储备量:根据稳定出租率(如新酒店第三年的出租率)计算所需数量。

(3)客房营运初始所需布草标准储备量:1个初始标准储备量+3个处于营运流转中的标准储备量(注:若布草由外部供应商清洗,需要额外增加0.5—1倍的处于营运流转中的标准储备量)。

在制定客房布草的标准储备量时,需要收集以下信息:酒店的房间数量和床型(如大床间和双床间);预估的出租率;双人入住的比例;每间房各种布草配备的数量标准。

通过这些详细的计算步骤和必要的信息收集,酒店能够精确地确定所需的客房布草储备量,从而确保客房运营的高效和顺畅。

以下以一间酒店举例。

客房信息:一共522间房,其中大床间324间、双床间198间。双床间双人入住的比例是50%。房间标准配置如下。

大床间:1套床单、1个被罩、4个枕头套、2条浴巾、2条手巾、2条面巾。

双床间:2套床单、2个被罩、4个枕头套、2条浴巾、2条手巾、2条面巾。

假定酒店的出租率为70%,以下各种主要布草(床单、被罩、枕头套以及各类毛巾)的标准储备量计算示例如表3-6所示。

表3-6 主要布草的标准储备量计算示例　　　　单位:套/个/条

布草种类	初始标准储备量A	处于营运流转中的标准储备量(70%出租率)B	客房营运初始所需布草标准储备量C=A+B
大床房床单	324×1=324	324×70%×3=681	1005
双床房床单	198×2=396	198×70%×3+198×70%×3×50%=624	1020
大床房被罩	324×1=324	324×70%×3=681	1005
双床房被罩	198×2=396	198×70%×3+198×70%×3×50%=624	1020
枕头套	522×4=2088	522×4×70%×3=4385	6473
浴巾	522×2=1044	522×2×70%×3=2193	3237
手巾	522×2=1044	522×2×70%×3=2193	3237
面巾	522×2=1044	522×2×70%×3=2193	3237

2)餐厅运营设备中玻瓷银钢具的标准储备量计算

餐厅运营设备中的玻瓷银钢具因其种类多、数量多、规格多,所以标准储备量的计算相对复杂且烦琐。进行计算时,最基本的信息包括:餐厅的座位数(大厅和包间);预估的座位周转率;预估的更换次数。对于酒吧部分,还需考虑繁忙时段站立的消费客人数量。

计算示例:

$$基本标准储备量＝服务1位客人所需的用量$$

$$确定标准储备量＝基本标准储备量×系数$$

以放置黄油和面包的餐碟的计算为例:

$$基本标准储备量＝1个餐碟$$

$$营业所需标准储备量＝3个餐碟(1个在餐桌、1个在服务边桌、1个在洗碗间)$$

$$餐厅座位数＝80位$$

$$预计的座位周转率＝100\%(最繁忙时段)$$

$$最终确认餐碟的标准储备量＝80×3＝240个$$

不是所有的玻瓷银钢具都会被客人使用。例如,不是每位客人都会点汤,所以在计算汤勺的使用率或者标准储备量时,应小于餐碟的使用率。

鉴于不同的饮食要求(如中餐、西餐)和用餐形式(如点餐、自助餐、宴会等),玻瓷银钢具的标准储备量计算更加复杂。一种常用方法是在座位周转数基础上上浮10%—20%来计算。

酒店正式运营后,可以根据报损和盘盈、盘亏的数量,在下一年进行采购补充,以确保酒店运营的正常需求。

2.定期编制实际库存和标准储备量的比较报告

为保证酒店经营设备库存的时效性和有效性,酒店需要在每季度、半年或年度的盘点后,编制一份实际库存与标准储备量的比较报告。该报告应详细按运营设备类别和明细项目进行分析。并且在分析中,每个类别的不足和过剩应分别考虑,不应进行抵消。该报告应基于以下方面进行详细分析。

(1)标准储备量变更。检查最近一期的标准储备量是否有变化。

(2)实际库存低于标准储备量。

如果差额严重,需要确认酒店运营是否受到运营设备不足的影响,以及何时补充不足。如果差额在很长一段时间内没有得到补充,并且运营没有受到影响,可能意味着标准储备量过高,需要进行调整。

（3）实际库存高于标准储备量。有以下两种情况需要分别进行分析和跟进。

①存放在仓库里的过剩的运营设备。在处理过剩的运营设备时,首先需要详细列出各项目的名称和过剩数量。接着,针对这些过剩设备,特别是那些"慢移动"的设备,制定并实施相应的解决措施。所谓"慢移动"的设备,是指那些在一定时间内(如超过30天、60天或90天)未被使用的运营设备。通过这种方式,可以有效地处理过剩库存,确保资源的最优化使用。

②存放运营部门的过剩的运营设备。如存在大量的运营设备在运营部门,同样需要运营部门说明正在采取哪些措施来解决这一问题。如果过剩运营设备超过标准储备量的20%,则应将这些运营设备退回仓库,以确保物资保管安全。

3.棉织品及玻瓷银器仓库实物管理

酒店的棉织品、玻瓷银器及制服等低值易耗品种类繁多,且容易损耗和丢失。为防止这些因素导致成本增加,酒店通常采取以下程序加强对这些物品的管理。

（1）经营部门设立实物仓库进行管理统计并登记低值易耗品台账。酒店购入的低值易耗品办理完成收货手续后即进入部门运营设备仓库登记台账。

（2）对于在经营使用过程中发生的损耗,要及时登记并提交报损报告给财务部。

（3）使用部门应每月盘点低值易耗品,财务部每季度参与棉织品及玻瓷银器的盘点,盘点结果每季度上报酒店财务部备案。

（4）对于提交报损的低值易耗品已无使用价值需要报废变卖的,可以通过竞价处理。任何报废物品处理无论有无现金价值,都需要填写报损申请并进行记录。

（5）酒店通常会制定棉织品及玻瓷银器等低值易耗品的报损率和报损赔偿制度。对于人为的损坏,原则上应由当事人赔偿。一般来说,关于运营设备报损率通常是设在0.3%—0.5%。当然,如果盘点报告显示其他损失超过总报损金额的20%,也应考虑重新盘点。同时,重点关注不易损耗的不锈钢及银器的损耗情况。

某酒店运营设备标准储备量分析报告如表3-7所示。表3-8为某酒店运营设备盘点分析表。

表 3-7　某酒店运营设备标准储备量分析报告（2021 年一季度）

单位:元

项目	标准储备量金额	库存金额			低于标准储备量金额	低于标准储备量的%	超过标准储备量金额			
		库存金额	运营部门金额	合计			库存金额超过标准储备量的%	超过标准储备量金额的%	运营部门金额	运营部门金额超过标准储备量金额的%
客房部										
布草	712,953	82,070	591,632	673,702	119,475	16.76%	64,497	9.05%	15,728	2.21%
其他	106,722	—	77,753	77,753	35,659	33.41%	—	—	6,689	6.27%
小计	819,675	82,070	669,385	751,455	155,134	18.93%	64,497	7.87%	22,417	2.7.3%
餐饮部										
布草	729,697	119,963	462,017	581,979	185,813	25.46%	37,882	5.19%	213	0.03%
瓷器	956,324	338,597	784,677	1,123,274	314.000	32.83%	238,658	24.96%	242,382	25.35%
玻璃器皿	96,816	50,921	71,269	122,190	24,364	25.17%	43,470	44.90%	6,268	6.47%
不锈钢及银器	424.394	131.894	404,498	536,393	34,867	8.22%	116,122	27.36%	30,743	7.24%
小计	2,207,231	641,375	1,722,461	2,363,836	559,044	25.33%	436,132	19.76%	279,606	12.67%
健身房	—	—	—	—	—		—		—	—
水疗	—	—	—	—	—		—		—	—
其他门	—	—	—	—	—		—		—	—
总计	3,026,906	723,445	2,391,846	3,115,291	714,178	23.59%	500,629	16.54%	302,023	9.98%

跟进计划

审阅人　　　　　　　　批准人

行政管家　　　　　　　餐饮总监　　　　　　　财务总监　　　　　　　区域财务总监

单位:元

表3-8　某酒店运营设备设备盘点分析表（2021年一季度）

分类	标准储备量金额	期初库存＋本期采购（A）	仓库实际库存（B）	运营部门实际库存（C）	仓库＋运营部门实际库存（D＝B+C）	一季度报损和丢失金额			年累计损失和丢失金额		
						损失金额（E）	其他报损丢失金额（F）	总损失金额（G＝E+F）	损失金额（H）	其他损失金额（I）	总损失金额（J＝H+I）
布草	712,953	755,295	89,563	632,034	721,597	29,020	4,678	33,698	29,020	4,678	33,698
其他	106,722	90,302	—	89,084	89,084	1,020	198	1,218	1,020	198	1,218
客房部,小计	819675	845597	89563	721118	810681	30040	4876	34916	30040	4876	34916
布草	729,697	614,465	130,790	462,125	592,915	18,278	3,272	21,550	18,278	3,272	21,550
瓷器	956,324	1,390,748	428988	928,557	1,357,545	27,323	5,881	33,204	27,323	5,881	33,204
玻璃器皿	96,816	136,587	52,846	75,948	128,794	7,451	341	7,792	7,451	341	7,792
不锈钢及银器	424394	542,697	129,434	409,549	538,983	950	2,764	3,714	950	2,764	3,714
餐饮部,小计	2,207,231	2,684,497	742,053	1,876,179	2,618,237	54,002	12,258	66,260	54,002	12,258	66,260
健身房	—	—	—	—	—	—	—	—	—	—	—
水疗	—	—	—	—	—	—	—	—	—	—	—
其他部门,小计	—	—	—	—	—	—	—	—	—	—	—
总计	3,026,906	3,530,094	831,621	2,597,297	3,428,918	84,042	17,134	101,176	84,042	17,134	101,176
报损金额和其他损失金额占损失金额						83.07%	16.94%		83.07%	16.94%	

账面库存：876469

账面库存和实际库存的差异：−44848

账面库存和实际库存的差异百分比：−5.12%

审阅人　　　　行政管家　　　餐饮总监　　　　　批准人　　　　财务总监　　　　区域财务总监

（1）库房结存数与总账结存数相差44,848元，合计44,848元，是因为市草库1月和2月发货36,251.49元，瓷器库发货4,332.54元，玻璃器皿库发货2,664.11元，不锈钢及银器库发货1,603.53元，合计44,848元。

（2）餐饮部银器发货2,764元，上季度为3,265元，减少金额501元。主要是丢失甜品叉42把，玻璃杯带把手4个，甜品有44把，汤勺27把，防止银器丢失改进措施：实行每日岗位重点盘点清点，班次与当班主管抽查盘点，加强与对接厨房用不锈钢器的管理。

（3）餐饮部棉织品3,271元丢失，主要是香巾1,105条，餐巾174条。防止丢失措施，加强婚宴、生日宴等活动的及时收取工作，防止被客人带走。

Note

六、应付账款管理

酒店在经营过程中因采购物资、接受劳务/服务而产生的支出并不全是现款交易（即收到物资或者服务时直接通过现金、支票、企业信用卡直接支付给供应商），很多的支出均是在与供应商完成交易后的一定时期后才会支付款项，这就是酒店应付账款的形成。应付账款作为酒店的流动负债，如果数量庞大或金额巨额，可能在资金流入不足的情况下引发财务危机，甚至影响酒店的声誉。因此，加强对应付账款的管理至关重要，要确保账款记录的准确性，并有序地进行支付。

（一）应付账款产生的方式

酒店的应付账款通常通过以下两种方式形成。

1.物资采购账款

这类账款产生于供应商提供的物资采购。流程为：采购订单 → 收货单 → 形成应付账款。

2.劳务/服务账款

劳务/服务账款是指当供应商为酒店提供劳务或服务时形成的应付账款。流程为：采购订单→合同→完工单/验收单/劳务确认单/服务确认单→形成应付账款。

对于这两种方式形成的应付账款，重要的是将账款具体化至指定的供应商。因此，建立和维护供应商档案是确保应付账款记录和支付准确性的关键基础。

（二）供应商档案的建立

酒店作为给客人提供食宿的服务业，按照国家相关管理规定，会涉及很多安全问题，包括食品卫生安全、消防安全、人员管理安全等。因此，酒店在选择供应商时，不仅要考虑其产品或服务质量，还必须确保供应商符合相应的资质和经营场所要求。为此，酒店通常会按照以下标准来建立供应商档案。

1.供应商资格评估

对供应商进行全面评估，包括检查其证照条件和经营场所要求。酒店采购部、运营部门应对供应商的证照和经营场所进行现场审核与勘察。

2.内部审批和档案管理

经过证照审核和经营场所现场勘查后，采购部填写供应商审批表，并经酒店内部（通常由财务负责人）审批。然后，采购部对供应商资质进行登记和建档管理。同时，财务部门在财务系统中为供应商设置编号代码及明细账。

（三）应付账款账簿的记录和支付管理

为了确保酒店应付账款的准确性和及时支付，有效管理资金流，以及预防支付过程中的潜在风险，酒店应遵循以下程序操作。

（1）应付账款账簿的记录需要由财务部门的专职应付会计负责，且不得同时负责请购、采购、验收等工作。

（2）采购业务发生后，业务部门要立即将有关单据交给财务部，以便财务部及时进行账务处理。尽量避免或减少由于货物流转与单据流转不完全同步，造成账务处理不及时而产生财务信息的时间性差异现象。

（3）应付账款的确认和计量必须根据审核无误的各种必要的原始凭证。这些凭证主要是供应商开具的发票、采购部门的验收证明、银行转来的结算凭证等，并及时按供应商的不同分别登记总账和明细账。

（4）财务部收到供应商开具的发票以后，应及时冲抵预付账款，并凭付款手续齐全的单据办理付款。

（5）做好应付账款的检查工作，包括：①定期与供应商对账；②每月编制应付账款账龄分析表，分析资金安排和使用的合理性，重点关注银行存款余额调节表和应付账款期末借方余额，以便于查看是否存在重复付款和多付款等错误支付的现象；③严密监控应付账款的暴增和暴减，注意异常交易原因，防范异常进货和错误支付风险；④无论是网银支付还是银行票据支付，必须经财务部审核、财务总监复核、总经理批准。

任务小结

在本学习任务中，全面介绍了酒店营运资金管理，涉及其概念、酒店现金及银行存款管理、酒店应收账款管理、酒店存货管理、酒店低值易耗品（运营设备）管理及应付账款管理。酒店日常经营过程中，主要的经营活动均与营运资金有关。营运资金管理的目的是加强流动资金周转，提高资金的使用效率。无论库存现金还是银行存款或者其他货币资金，均具有流动性强、与酒店所有经营活动密切相关的特点，因此，应严格按照国家相关法规以及酒店的内控政策来规范酒店内部的现金收入与支出等活动。酒店的正常运营既依赖于其产品和服务的销售，也依赖于销售款项的及时回收，有效控制和管理应收账款是酒店财务管理中的重要组成部分。酒店存货是酒店运营中不可或缺的物资资源，主要包括供销售的原材料和其他物品，如食品、饮料等。酒店存货占据了酒店流动资产的较大比例，且经常处于销售、消耗和补充的循环之中，具有较高的流动性，加强对存货的管理有助于提高酒店流动资金的使用效率。酒店中的低值易耗品也称为运营设备，是构成酒店存货中数量众多且金额较大的一部分。由于其可以多次重复使用，并且占用资金较多，对于其实物的管理要有别于日常存货。应付账款是酒店在经营过程中因采购物资、接受劳务/服务而产生，但在与供应商完成交易后的一定时期后才会支付的款项。应付账款作为酒店的流动负债，应加强管理，确保账款记录的准确性和及时有序的支付，预防营运资金流动可能出现的潜在风险。

训练题

一、问答题

1.简述在酒店经营管理过程中应收账款产生的原因。

2.在酒店经营中，存货按照经济用途可以划分为哪些类别？

3.在对低值易耗品进行费用核算时,一次摊销法和五五摊销法的区别是什么?

二、讨论题

1.现金管理的焦点是现金盈利性和安全性之间的矛盾,从酒店盈利角度考虑,应尽可能少地持有现金,力求避免资金闲置和资金利用率低,给酒店造成潜在损失,即要求尽力降低现金持有的机会成本。从酒店安全性角度看,则应尽可能地保持较充足的资金储备,力求避免各种资金短缺成本的发生,保证酒店经营活动正常运转,这是酒店存在和发展的前提。请讨论中小酒店该如何平衡现金盈利性和安全性之间的关系。

2.某酒店每月都会开展布草盘点工作,盘点完布草后,盘点人及监盘人会共同签字确认盘点结果,并根据盘点出的实际布草数量,计算出当月的布草账实差异率和报损率,最后店长复核盘点表,判断布草是否账实相符、报损率是否合理。今年5月,店长小张在审核布草盘点表时,发现当月的布草破损率很高。请讨论酒店布草破损率高的原因通常有哪些,应如何改善。

任务二　理解酒店固定资产管理

酒店作为一种重资产的服务性行业,主要依靠建筑物资产和各类设施设备来提供住宿、餐饮和相关配套服务。一般而言,酒店的固定资产投资占总投资的比例高达70%—85%,因此,有效的固定资产管理对酒店的经营和发展至关重要。

酒店的部分设备既是固定资产,又直接用于为消费者提供服务。例如,客房作为酒店的主要产品,虽然反复被不同的消费者使用,但消费者仅获得暂时的住宿权利,资产本身并未转移。这一特性导致消费者对酒店产品的评价与一般产品有所不同,同时也带来了酒店固定资产的特殊性,如无形损耗大、更新周期短、维修费用高等。因此,酒店必须注重日常维修保养,以维持设备的良好状态,并定期进行更新改造,以满足消费者不断变化的需求和保证服务质量。

一、酒店固定资产的定义和特点

（一）固定资产

根据《企业会计准则》,固定资产是指具备以下特点的有形资产。

(1)使用目的:为生产商品、提供劳务、出租或经营管理而持有的有形资产。

(2)使用寿命:使用寿命超过一个会计年度。

同时,固定资产的确认需要满足以下条件:一是经济利益,与固定资产相关的经济利益很可能流入企业;二是成本计量,固定资产的成本能够可靠地计量。

（二）酒店固定资产

酒店固定资产的投资是为了满足酒店在较长时间内业务经营的需要,因此酒店固定资产具有以下特点。

（1）投资特点:单位价值较高,一次性投资额大,投资时间长。

（2）物质形态:在长期的使用过程中始终保持原有的物质形态。

（3）分期折旧:价值上以折旧的形式分期,分批地转移到酒店营业成本费用中。

（4）投资的一次性和回收的分期性:固定资产的价值补偿和实物更新在时间上是分别进行的,酒店购置固定资产是一次性全部支付资金,即体现投资的一次性;但由于其价值是逐渐转移的,因此,固定资产的收回是分期逐步实现的。

二、酒店固定资产管理的分类

酒店的固定资产与其他经营单位一样,具有种类多样和数量众多的特点。为了有效加强对固定资产的管理,对这些资产进行细致的分类至关重要。通过分类,酒店可以更好地跟踪和维护其各类资产,确保其高效运用和价值保持。

（一）按固定资产的经济用途分类

1.经营用固定资产

经营用固定资产是指在经营过程中发挥作用的固定资产。

2.非经营用固定资产

非经营用固定资产是指用于职工文化、医疗卫生等方面的固定资产,如员工俱乐部、酒店所属员工医疗诊室、员工宿舍等。

（二）按固定资产的使用情况分类

1.使用中的固定资产

使用中的固定资产是指正在使用过程中的固定资产,如经营用固定资产。

2.未使用的固定资产

未使用的固定资产是指尚未使用的新增固定资产。进行改建、扩建停止使用的固定资产和其他原因停止使用的固定资产也包括在该范围内。

3.不需用固定资产

不需用固定资产是指酒店不再使用,需要处理的固定资产。

（三）按固定资产的所属关系分类

1.自有固定资产

自有固定资产是指由酒店自己购置或建造,产权归酒店所有的固定资产。

2.融资租入固定资产

融资租入固定资产是指酒店根据融资租赁合同,以融资租赁方式租入的固定资

产。对于这类固定资产,在融资租赁期内,酒店只有使用权而没有所有权。根据实质重于形式原则,这类固定资产按照自有固定资产使用和管理。

(四)按固定资产的实物形态分类

按固定资产的实物形态,可以将固定资产分为以下几类。

1.房屋及建筑物

房屋及建筑物是指酒店所有的营业用房和其他建筑物。

2.机器设备

机器设备包括供电系统、供热系统、中央空调系统、电子系统、厨房机具、电梯、通信设备、大型洗涤设备、维修器械及其他机械设备等。

3.电器设备

电器设备包括电脑网络系统、复印打字设备、闭路电视播放设备、音响设备、电视机、电冰箱、空调机及其他电器设备。

4.交通运输工具

交通运输工具包括客车、货车、行李车等。

5.家具

家具包括酒店各部门使用的家具、办公用家具设备、灯具、地毯及工艺摆设等。

6.其他设备

其他设备包括消防监控设备、贵重器皿、健身房设备等不在上述分类的固定资产。

总的来说,上述分类体现了酒店固定资产的多样性,并为确定折旧年限和资产管理提供了清晰的基础。

三、酒店固定资产的折旧管理

酒店在运营过程中使用固定资产时,资产会因损耗而逐渐减少其价值,直至只剩下一定的残值。固定资产的原始价值与残值之间的差额,在资产的预期使用年限内进行分摊,这个过程称为固定资产的折旧。因此,折旧核算实际上是一个成本分摊的过程,其目的是将固定资产的成本以合理且系统的方式,在其估计的有效使用期内均匀摊销。这样做有助于反映资产的实际使用成本,并在财务报告中提供更准确的资产价值信息。

影响固定资产折旧的因素主要有以下几个方面。

(一)固定资产原价

为了准确反映和监控固定资产的增减变动及其实际成本,从而正确计算固定资产的折旧,必须依照一定的标准对固定资产进行计价,这也是进行固定资产综合核算的关键。固定资产原始价值的确认主要基于国家企业所得税实施条例的相关规定,具体如下。

(1)外购固定资产原价:包括购买价款、相关税费和其他直接费用,这些费用是为

了使资产达到预定用途而发生的。

（2）自行建造固定资产原价：以竣工结算前发生的支出为固定资产原价。

（3）融资租入固定资产原价：基于租赁合同约定的付款总额和承租人签订合同时的相关费用。若合同未明确付款总额，则以资产的公允价值及相关费用作为原价。

（4）盘盈固定资产原价：以同类资产的重置完全价值为准。

（5）捐赠、投资、非货币性资产交换、债务重组等方式取得的固定资产原价：基于资产的公允价值及相关税费。

（6）改（扩）建固定资产原价：按原有固定资产原值减去改（扩）建中发生的变价收入，加上改（扩）建或技术改造所发生的全部支出为固定资产原价。

（二）固定资产的净残值

固定资产的净残值也称为固定资产净值或折余价值，通常是指资产报废时预计可回收的残余价值减去预计的清理费用后的余额。这一余额是资产原值或重置完全价值减去累计折旧之后的净值，反映了资产在其预计使用寿命结束时的当前价值。预计的净残值大小直接影响折旧额的计提。根据现行制度，各类资产的净残值比例通常设定在固定资产原值的3％—5％，具体比例由酒店自行决定并向主管税务机关备案。

（三）固定资产减值准备

固定资产减值准备指的是酒店为了应对其持有的固定资产可能发生的价值下降而设置的一项预备金。这是一种会计处理手段，用于反映资产的账面价值（即资产在会计账簿上记录的价值）与其预计未来能够带来的经济利益之间的差异。酒店在对固定资产进行减值准备时，应基于单项资产来计提。这种计提是基于这样的原则：如果某项固定资产无法为企业带来预期的盈利，或者其销售的净价值低于账面价值，则需要进行减值准备。

（四）固定资产的使用寿命

固定资产的使用寿命是指酒店对某项固定资产预期的使用时长，或者固定资产在其整个使用寿命期间预计能够提供的总服务量或工作量。固定资产使用寿命的确定直接影响到每期应计提的折旧额。在确定固定资产的使用寿命时，酒店应综合考虑以下几个因素：资产的预计生产能力或实物产量、预计的有形损耗和无形损耗，以及法律或类似规定对资产使用可能的限制。

按照《中华人民共和国企业所得税法实施条例》规定，计提酒店固定资产折旧的资产的最低年限如下。

（1）房屋、建筑物，为20年。

（2）飞机、火车、轮船、机器、机械和其他生产设备，为10年。

（3）与生产经营活动有关的器具、工具、家具等，为5年。

（4）飞机、火车、轮船以外的运输工具，为4年。

（5）电子设备，为3年。

（五）折旧方法

酒店在选择固定资产折旧方法时,应当基于与这些资产相关的经济利益预期实现方式来做出合理选择。可供选择的折旧方法主要包括使用年限法、工作量法、加速折旧法。使用年限法,是将资产的成本均匀地分摊在其预期使用年限内。工作量法,是指折旧基于资产的实际使用量或服务量。加速折旧法包括年数总和法和双倍余额递减法。其中,双倍余额递减法是指以较快的速度在使用初期进行更多的折旧。年数总和法是指基于资产剩余使用年限的比例来计算每年的折旧额。一旦酒店确定了固定资产的折旧方法,就不应随意变更。这种稳定性有助于保持财务报告的一致性和透明度,同时也确保了财务管理的规范性。

1.使用年限法

使用年限法(平均年限法)是一种根据固定资产的原始价值减去预计残值,按预计使用年限均匀计提折旧的方法。该方法将折旧费用平均分配到使用期限的各个期间,因此每年或每月的折旧额是相同的。其计算公式为：

$$固定资产年折旧额 = \frac{固定资产原值 - 预计残值}{预计使用年限}$$

一定期间的固定资产应计提折旧额与固定资产原值的比率称为固定资产折旧率。它反映了一定期间固定资产价值的损耗程度,其计算公式如下：

$$固定资产年折旧率 = \frac{固定资产年折旧额}{固定资产原值} \times 100\%$$

或者：

$$固定资产年折旧率 = (1 - 净残值率) \div 折旧年限 \times 100\%$$

使用年限法是在使用期限内平均分摊折旧的方法,凡是在一年中均衡使用或者说基本上均衡使用,各期磨损程度相似的固定资产都可以采用这种方法。

2.工作量法

工作量法也称为产量法,是一种基于固定资产使用程度的折旧计算方法。它假设固定资产的服务潜力会随着使用而减少,因此,这种方法将固定资产的有效使用年限换算为可生产的产品数量或提供的劳务数量。其计算公式为：

$$单位产品折旧费用 = \frac{固定资产原值 - 预计残值}{应计提折旧资产的预计年产量}$$

固定资产年折旧额的计算公式为：

$$固定资产年折旧额 = 当年产量 \times 单位产品折旧费用$$

工作量法能够更客观地反映固定资产在使用期间的折旧与其使用量或产量的关系,适用于折旧与使用量或产量直接相关的固定资产。

3.年数总和法

年数总和法也称为合计年限法,是一种按递减分数计算每年折旧额的方法。这种方法首先计算固定资产原值减去预计残值后的净额,然后每年的折旧额根据递减的比例计算。递减分数的分子是固定资产尚可使用的年数,分母则是使用年数的总和。其

计算公式为：

$$固定资产年折旧率 = \frac{折旧年限 - 已使用年限}{折旧年限 \times (折旧年限 + 1) \div 2} \times 100\%$$

$$固定资产年折旧额 = (固定资产原值 - 预计残值) \times 年折旧率$$

通过年数总和法，酒店可以在资产的早期使用年限内计提较多的折旧额，而在后期则减少折旧额。这种方法适用于那些早期产生更高收益的固定资产，有助于更好地反映资产的使用和收益模式。

4.双倍余额递减法

双倍余额递减法是一种在不考虑固定资产残值的情况下，基于初期固定资产账面余额和双倍直线折旧率来计算折旧的方法。其计算公式为：

$$固定资产年折旧率 = \frac{2}{折旧年限} \times 100\%$$

$$固定资产月折旧率 = \frac{年折旧率}{12}$$

$$固定资产年折旧额 = 固定资产账面价值 \times 年折旧率$$

在采用双倍余额递减法的固定资产的折旧年限前两年内，应将其固定资产净值平均摊销。双倍余额递减法使得固定资产在使用初期的折旧额较大，随着时间推移，逐渐减少。这种方法适用于那些早期效益更高、后期效益递减的资产，有助于更加合理地反映资产的价值消耗和收益模式。

采用加速折旧法的主要目的是在固定资产使用的前期加快成本补偿，这并不意味着提前报废固定资产或多提折旧。实际上，无论采用何种方法计提折旧，整个使用期间的折旧总额保持不变，因此对酒店的净收益总额没有影响。加速折旧法的特点在于前期计提较多的折旧，使得早期净利润相对较低，而后期则相对较高。这种方法有助于在资产使用的早期阶段快速回收投资，降低投资风险，同时满足货币时间价值的要求，是酒店在资产管理上的一种有效战略。

上述不同折旧方法会使每期摊销额不同，从而影响酒店的净利润以及应纳税所得。

四、酒店固定资产的日常管理

在酒店中，固定资产的分布遍及整个建筑，从大厅到客房、餐厅、休闲娱乐区、商务中心，以及办公区域和后勤部门，这些固定资产包括无法移动的大型机械设备、安装于酒店的各个角落以及各种可移动的设备和物品。值得注意的是，这些资产的使用者通常不是固定的某一个人。因此，酒店的固定资产管理不仅包括实物的日常管理，还涵盖了资产的维修和保养。这种全面的管理方法确保了酒店各项设施的良好运作和维持，对酒店的整体运营至关重要。

（一）建立固定资产管理责任制

为了确保酒店每项资产都得到恰当的使用和维护，建立一个有效的固定资产管理

责任制至关重要。固定资产责任制就是根据管用结合的原则,将固定资产归口分级管理。

1.固定资产归口管理

固定资产归口管理就是要明确酒店各部门的职责,包括总经办、技术部门、工程部门、信息技术部门、财务部门和各使用部门。总经办通常负责固定资产增减的决策;工程部门和信息技术部门主要负责固定资产的技术需求,如维护、技术培训等;财务部门主要负责财务会计需求,如计价、计提折旧、资金的安排与筹措等;各使用部门则主要负责对固定资产的正确使用。

2.固定资产分级管理

固定资产分级管理在归口管理的基础上,按照固定资产的使用情况,将固定资产责任到人,层层落实。总经理负责酒店固定资产的全面实物管理;财务部门负责监督管理;各部门总监对本部门的固定资产实物管理负全责,同时明确部门内的资产管理人员,负责日常管理。

为了进一步落实固定资产管理责任制,酒店应完善固定资产日常管理的基础工作,包括按资产类别编制固定资产目录,建立固定资产总账及明细分类账和保管卡,以优化固定资产账目体系。

(二)建立定期盘点清查制度

酒店应组建一个包含相关部门负责人的盘点小组,通过定期的盘点清查,确保及时发现问题和查明原因,保证账账相符、账卡相符、账物相符。盘点方法有以账面数字核对实物和以盘点数字核对账面数字两种。对盘点清查出的盘盈、盘亏及毁损,要查明原因并及时处理;盘盈的固定资产,按照财务核算要求计入固定资产账面价值。

(三)做好固定资产的维修保养

酒店拥有众多种类的固定资产,这些资产分布在酒店的各个角落,从而直接影响到酒店服务的整体质量。特别是客人直接接触的设施和设备,更加需要保持其清洁、安全和整洁。因此,酒店必须建立并完善一套维修保养流程和管理责任制度,确保这些资产始终处于良好状态。实现这一目标的关键是建立一个多层次的质量控制体系,这涉及从专业部门到工程部门的各个环节,包括设备的上岗、使用、日常保养、自检和维修等。这样的全面管理和维护不仅可以提高固定资产的完好率和使用效率,也可以保证酒店能够为宾客提供高质量的服务体验。

(四)酒店固定资产报废与更新程序及标准

1.酒店固定资产报废

酒店的固定资产报废通常发生在以下情况:由于长期使用导致的有形磨损、达到规定的使用年限后无法进行修复继续使用,或者因技术革新导致的无形磨损,需要使用更加先进的资产进行替换。在这些情况下,酒店需要按照相关规定对这些不再使用

的固定资产进行产权注销,从而正式结束其使用寿命。报废过程包括确定资产不再具备使用价值,按规定进行资产评估,最后完成产权注销及相关记录更新。

符合下列条件之一的酒店固定资产可申请报废。

(1)使用年限过长,功能丧失,完全失去使用价值,或不能使用且无修复价值的。

(2)产品技术落后,质量差,耗能高,效率低,已属淘汰且不适于继续使用,或技术指标已达不到使用要求的。

(3)严重损坏,无法修复的或虽能修复,但累计修理费已接近或超过市场价值的。

(4)主要附件损坏,无法修复,而主体尚可使用的,可作部分报废。

(5)免税进口的仪器设备应当在监管期满,向海关申请解除监管,在获得批准之后才能提出报废申请。

对报废、毁损的固定资产,其账面净值扣除残值、保险赔偿和责任人赔偿后的余额部分,依据下列证据认定损失。

(1)酒店内部有关部门出具的鉴定证明。

(2)单项或批量金额较大的固定资产报废、毁损,酒店应逐项做出专项说明,并委托有技术鉴定资格的机构进行鉴定,出具鉴定证明。

(3)不可抗力(如自然灾害、意外事故、战争等)造成固定资产毁损、报废的,应当有相关职能部门出具的鉴定报告,如消防部门出具的受灾证明,公安部门出具的事故现场处理报告、车辆报损证明,房管部门出具的房屋拆除证明,锅炉、电梯等安检部门出具的检验报告等。

(4)酒店固定资产报废、毁损情况说明及内部核批文件。

(5)涉及保险索赔的,应当有保险公司理赔情况说明。

2.固定资产报废程序和处理

固定资产使用和保管部门应按以下程序办理资产报废。

(1)固定资产报废出使用部门或保管部门填写固定资产报废审批单,列明固定资产的报废原因及固定资产的原值、净值等基本情况。

(2)工程部门经理或有关技术人员签署意见。

(3)总经理签署审批意见。

(4)经批准报废的固定资产,有残余价值的,一律转入废料仓库进行实物管理。

(5)财务部门将批准报废的固定资产进行相关的账务处理。

3.固定资产更新改造程序

固定资产更新改造,即以新的固定资产替换因磨损而丧失使用价值的固定资产,或以新技术对原有的设备进行技术改造。

固定资产更新改造的标准可以按照资产的折旧年限、技术年限、自然使用年限及经济寿命年限来进行。

在酒店业竞争激烈的今天,不断更新和升级酒店设施已经成为许多酒店管理者追求的目标。通过酒店设施的更新和升级,可以提升酒店形象、提高客户满意度,并与竞

××酒店固定资产管理办法

争对手保持竞争力。通常来说,酒店客房和餐厅在5—7年需要做软翻新,即对地板、墙纸、地毯等进行更换,对室内家具家私进行整体维护或者部分更换;在10—15年需要做全面改造,即对墙面、地板、墙纸、地毯等进行更换和装修,对室内灯具、室内家具家私进行整体更换;酒店大型工程设备包括电梯、空调、锅炉、监控、电柜等,在10—15年根据使用寿命和技术年限进行更换;酒店计算机、各类办公用家具、厨房设备等,在5—10年根据使用寿命和技术年限进行更换。具体固定资产更新改造计划应在酒店每年提交的固定资产采购预算中予以体现。

总的来说,随着经济的持续发展和酒店管理体系的不断完善,对固定资产管理的要求正变得越来越严格。适时地对现有的固定资产管理体制进行更新和完善,使之符合现代金融企业制度的要求,对于加强内部控制、降低经营风险至关重要。这不仅有助于实现固定资产价值的最大化,也为酒店的成功转型和竞争力提升奠定了坚实的基础。

任务小结

在本学习任务中,提供了酒店固定资产的全面概述,着重介绍了酒店固定资产的定义、特点、不同维度的分类方法,以及固定资产折旧涉及的相关概念、不同折旧方法的计算公式和固定资产的日常管理等。酒店作为一种重资产的服务性行业,主要依靠建筑物资产和各类设施设备来提供住宿、餐饮和相关配套服务。酒店的部分设备既是固定资产,又直接用于为消费者提供服务,导致酒店的固定资产具有无形损耗大、更新周期短、维修费用高等特殊性。酒店必须注重对其的日常维修保养,以维持设备的良好状态,并定期进行更新改造,以满足消费者不断变化的需求和保证服务质量。因此,酒店的固定资产管理不仅包括实物的日常管理,还涵盖了资产的维修和保养。这就需要酒店建立固定资产管理制度,确保酒店每项资产都得到恰当的使用和维护,以便更好地管理其各类资产,确保其高效运用和价值保持。

训练题

一、问答题

1.酒店的固定资产具备哪些特点?

2.按照固定资产的实物形态进行分类,酒店的固定资产有哪些?

3.加速折旧法的特点和作用是什么?

二、讨论题

1.在酒店中,固定资产的分布遍及整个建筑,从大厅到客房、餐厅、休闲娱乐区、商务中心,以及办公区域和后勤部门。请讨论酒店客房部应负责哪些固定资产的管理,应如何管理。

2.某酒店由于没有设立专门的资产管理部门,在固定资产管理上实行的

Note

是"谁使用，谁管理，谁负责"的原则，即实行使用部门负责制。酒店对于公共设施、专用设备等，则实行双重的管理模式，如供电供水设备、消防用具、监控设备、计算机设备等通常由专业部门与使用部门共同管理，保护保养、用量配置、使用调整等通常由专业部门负责，使用管理则由使用部门负责。但这样的方式经常出现权责不清、互相扯皮的情况，酒店为了改善固定资产管理的现状，计划增设专门的资产管理部门。请讨论并分析这个举措的利弊。

任务三　理解酒店采购管理和风险控制

一、酒店采购工作的基本程序

酒店采购是一项采购密集型的活动，涉及的商品和设施种类繁多且覆盖范围广泛。酒店的采购项目从小到螺丝钉、灯泡、酒水、蔬菜、水果等日常必需品，到大型机电设备，如复杂的酒店管理系统、电梯、空调等，乃至酒店内各种陈设艺术品，都是采购的一部分。这种广泛的采购范围要求酒店科学制定采购工作的基本程序，以确保酒店运营的顺利进行。

采购在酒店的质量保证和成本控制方面承担着至关重要的角色。虽然采购部门不直接面向客人提供服务，但它在酒店成本控制中占据了一个关键环节，其效率和质量将直接影响酒店向客人提供的服务质量。因此，采购工作对整个酒店来说不仅重要而且非常关键，它起着承前启后的作用，确保酒店运营的高效与成本的有效管理。

酒店采购工作的基本程序包括采购准备工作、采购实施过程、采购后发生的退货与折让。每个步骤的具体内容如下。

（一）采购准备工作

这一阶段包括采购计划的编制、采购价格的确定、供应商的选择以及付款方式的选择。

1.采购计划的编制

采购计划的编制由酒店运营部门根据运营需求来完成。这包括确定采购物品的详细规格、数量、频率、批量，以及计划的采购时间、理想价格和所需资金等。由于酒店存货的多样性和复杂性，年度采购计划通常重点关注固定资产和低值易耗品。而消耗品、食品和酒水等通常包含在酒店的成本费用预算中。采购计划的编制是酒店在筹开初期尤为重要的一项工作。表3-9为某酒店采购部在年末为下一年度所编制的采购计划。

表 3-9　某酒店 2024 年采购工作计划

编号	项目	运营部门跟进人	采购部门跟进人	工作内容	准备时间	完成时间
1	固定资产预算项目采购（按照项目金额）					
1.1	酒店客房地板更换	工程部总监	采购总监/工程采购员	部门提出产品及工作要求，采购寻找供应商并与部门及管理层确认后发出采购申请单。三家比价及合同的签署后进行采购跟进（注：①此项采购批以及必须进行招投标和比价，金额超过10万元必须有至少三家报价。②超过10万元并需填写专业主采购审批单）	2024年1月	2024年6月
1.2	酒店电视机更换	工程部总监/客房部总监	采购总监/工程采购员		2024年5月	2024年6月
1.3	宴会厨房烤箱	行政总厨	采购总监/酒店用品类采购员		2024年2月	2024年5月
2	酒店服务合同类项目采购					
2.1	工程类维保合同	工程部总监	采购总监/工程采购员	部门提出产品及工作要求，采购寻找供应商并与部门及管理层确认后发出采购申请单。三家比价及合同的签署后进行采购跟进（注：①此项采购批以及必须进行招投标和比价，金额超过10万元必须有至少三家报价。②超过10万元并需填写专业主采购审批单）	原合同到期前三个月	原合同到期日前一周
2.1.1	电梯维保	工程部总监	采购总监/工程采购员			
2.1.2	空调维保	工程部总监	采购总监/工程采购员			
2.1.3	锅炉维保	工程部总监	采购总监/工程采购员			
2.1.4	厨房设备维保	工程部总监	采购总监/工程采购员			
2.2	服务类合同					
2.2.1	酒店公区清洁外包合同（白班）	客房部经理	采购总监/酒店用品类采购员	部门提出产品及工作要求，采购寻找供应商并与部门及管理层确认后发出采购申请单。三家比价及合同的签署后进行采购跟进（注：①此项采购批以及必须进行招投标和比价，金额超过10万元必须有至少三家报价。②超过10万元并需填写专业主采购审批单）	原合同到期前三个月	原合同到期日前一周
2.2.2	酒店公区清洁外包合同（夜班）	客房部经理	采购总监/酒店用品类采购员			
2.2.3	酒店厨房清洁（管事外包）（白班）	管事部经理	采购总监/酒店用品类采购员			

续表

编号	项目	运营部门跟进人	采购部门跟进人	工作内容	准备时间	完成时间
2.2.4	酒店厨房清洁（管事外包）（夜班）	管事部经理	采购总监/酒店用品类采购员	部门提出产品及工作要求，采购寻找供应商并与部门及管理层确认后进行采购。三家比价后发出采购申请单采购的审批以及合同的签署跟进及进行采购（注：①此项采购金额超过10万元必须进行招投标和比价，超过10万元三家报价，并需写至少三家报价，并需填写业主采购审批单）		
2.2.5	客房房间清洁外包合同	客房部经理	采购总监/酒店用品类采购员			
2.2.6	餐饮服务临时用工合同	餐饮总监	采购总监/酒店用品类采购员			
2.2.7	酒吧乐队合同	餐饮总监	采购总监/酒店用品类采购员		原合同到期前三个月	原合同到期日前一周
2.2.8	安保外包服务合同	安保总监	采购总监/酒店用品类采购员			
2.2.9	绿植维护合同	客房部经理	采购总监/酒店用品类采购员			
2.2.10	鲜花摆放合同	客房部经理	采购总监/酒店用品类采购员			
2.2.11	虫害合同	客房部经理	采购总监/酒店用品类采购员			
3	物品采购合同					
3.1	食品日采供应框架协议	采购总监	采购总监/食品酒水类采购员			
3.2	酒水采购供应框架协议	采购总监	采购总监/食品酒水类采购员	采购部对于酒店使用的供应商与使用部门及收货部门进行评估。评估分数达到80分之上的跟进续签合同	2024年10—11月	2024年12月
3.3	×××葡萄酒供货协议	采购总监	采购总监/食品酒水类采购员			
3.4	酒店客耗品供货协议	采购总监	采购总监/食品酒水类采购员			
3.5	工程备件采购供货协议	采购总监	采购总监/用品类采购员			
3.6	月饼及月饼盒采购供货协议	餐饮总监	采购总监		2024年7月	2024年9月
4	其他	零星采购				

2.采购价格的确定

采购价格的确定是酒店采购准备工作中极为关键的一环。在确保所采购物品质量的基础上,寻找并选择最低的合理价格至关重要。实现这一目标的途径是多元化的。

第一,酒店通过诚信经营所建立的良好声誉和付款信誉,有利于与供应商建立长期且稳定的购货关系,进而确保一个稳定的供货渠道。

第二,对于某些商品,通过批量订购可以获得更优惠的批发价格。然而,订购的批量需要妥善控制,因为过大的批量可能会占用过多的流动资金,并增加采购成本。在必要的情况下,组建采购集团或采购中心可能是一个有效的策略,既可以提升采购效率,又能控制成本。

第三,针对酒店存货的多样性和复杂性,酒店对于不同存货采购有不同的定价周期。

在实际工作中,大多数酒店采用的定价周期如表3-10所示。

表3-10　酒店定价周期

序号	产品类别	招标周期
1	新鲜水果、蔬菜	1个月
2	肉类、海鲜	1个月
3	干货调料项目、冻品	3个月
4	酒水、饮料	6个月
5	文具、耗材	6个月
6	工程耗材	12个月
7	服务类/维修类合同	12个月

当然,存货定价确认后并不是不可以在期限内变动,但一定要有充足的理由并经审批会后方可执行。

3.供应商的选择

选择合适的供应商是通过广泛收集市场信息、货比三家、了解报价和进行试探性洽谈等方式来实现的。对于大宗物品或常规采购项目,可以定期采用公开招标的方法来选择供应商,以确保质量和价格的最优化。采购部门应对所合作的供应商资质档案进行登记和建档管理。

酒店在选择有资质供应商成为合作伙伴时,应对供应商的证照、供应商经营场所以及供应商供应酒店合作背景等进行调查。

1)证照条件

物品供应商应根据要求,提供证照复印件并加盖公章交至酒店采购部留底,包括:营业执照副本、国家企业信用信息公示系统信息公示、供应商商业道德规范。食品酒水供应商应要求增加以下证件:卫生许可证、HACCP认证、酒类批发许可证。对于国家明文规定的特殊产品(如化学药品,化妆品等),供应商应提供所有必备的文件,如产

Note

品检测报告、药品生产许可证。

2）经营场所

一般供应商要求有固定的经营场所。食品供应商经营场所要求符合酒店集团及业主公司的食品安全要求。对于国家有特殊规定的产品，该场所应符合国家相应的其他规定，如化学药品供应商要求符合环保要求的生产条件。

3）资信背景调查

对供应商资信调查包括与之已有业务联系的同等级酒店。

4）供应商资格审查表

在完成上述供应商审查工作后，最终需要填写供应商资格申请表，完成酒店内部审批程序后才能成为有资格的酒店合作供应商。

4.付款方式的选择

选择合适的付款方式，即决定采购支付给供应商的款项是现付、预付还是定期支付，这将直接影响采购价格、质量和酒店的资金流。从提高资金使用效率的角度考虑，应尽可能选择赊销条件优惠的支付方式。然而，过长的赊销期可能会丧失价格优势，因此，需要在赊销期和价格优惠之间做出平衡的选择，以达到最佳的支付策略。

（二）采购实施过程

采购实施过程是酒店采购活动中至关重要的一环，其流程可概述为：部门提交采购申请→采购部进行比价和选择供应商→财务负责人进行审批→总经理进行最终审批→采购部发出正式采购订单→物品的送达与验收。这一流程确保了采购活动的高效性和准确性，从提出需求到物品的最终送达，每一步都严格控制，以保证酒店能够及时获得高质量的所需物品，支持其日常运营，具体如下。

1.采购申请

使用部门根据部门的经营需要提交采购申请，填写请购单，或仓管员根据库存量到达订货点量时填写请购单。请购单上需要注明采购物品名称、规格、品牌及要订购的数量、到货时间要求。

2.审批流程

经请购部门主管签字确认的申请单交由采购部门。采购部门负责进行市场比价和选择合适的供应商。完成这一步骤后，申请单提交至酒店财务负责人和总经理审批。

3.订货与送货

一旦请购单获得批准，将会形成采购订单。采购部负责将采购订单发送给选定的供应商安排送货事宜。

采购申请单和采购订单示例分别如表3-11、表3-12所示。

供应商资
格申请表

表 3-11 采购申请单示例

采购单号：

申请部门		送往		是否需要签订合同		项目	供应商 1			供应商 2			供应商 3			所选供应商
请购日期		条件					净价	税额	含税价	净价	税额	含税价	净价	税额	含税价	合计
要货日期		备注														
上次采购价格	上次采购时间	日用量	数量	单位	货物编号											

总计：

采购原因

付款方式	预付	货到付款	月末付款	现金支付	汇票/汇款
申请部门及申请人		采购总监		财务总监	总经理

表 3-12　采购订单示例

公司：
联系人：
电话：
邮箱：
传真：

订单编号：
日期：
请在送货单和发票上注明订单号

编号	货品描述	数量	净价	税率	税额	含税总价	币种	金额
1								
2								
						合计：		
						折扣：		
						运费及其他：		
						总计：		

支付条款：

送货期限：

特别指示

提及

备注
(1)请确认已收到采购订单，请在指定处签字盖章之后回传给我们。
(2)请按要求送货到指定地点并请提供送货清单及发票。
(3)送货地址　　　　　。

采购订单收到确认

_____
确认人

采购总监　　　　　　　　财务总监　　　　　　　　总经理

（三）采购后发生的退货与折让

在酒店的采购流程中，当采购物品送达酒店时，关键的一步是收货员需要与供应商共同进行现场验货。发现商品存在数量、质量问题，或者需要在价格上进行折让时，现场的相关部门应立即与供应商进行协商，以解决问题。如果存在无法接受的质量问题，需要办理退货通知单，详细说明退货的原因和数量。对于那些质量略有瑕疵但仍可接受的物品，酒店可以选择接收但需要与供应商协商折让。所有折让的金额必须得到财务负责人或总经理的签字批准。一旦确定了合适的折让金额，采购部应编制借项凭单，并通知会计部门相应调整应付账款。

二、酒店采购工作的风险控制要求

采购活动是酒店运营中与各经营部门及财务部门紧密相关的重要环节，涉及的内容包括采购申请、采购审批、订货与采购、采购价格、采购监督等多个方面。鉴于采购活动涉及广泛的人员、资金和物资流通，任何管理或风险控制上的疏漏都可能对酒店造成不利影响和损失。因此，对于酒店采购工作的风险控制至关重要，应特别关注以下几个方面。

（一）酒店采购部的设立

鉴于酒店采购物品的多样性和数量的庞大，从管理和风险控制的角度来看，设立一个专门的采购部门是必要的。这个部门通常属于财务部门的管理范畴，因此具有一定的独立性。为了确保所有采购活动，无论其数量大小、金额大小或物品的价值，都能得到妥善处理，所有采购操作都需要通过这个部门进行。在酒店筹备期间，采购部人员通常是较早到岗的职位。

在招聘采购人员时，除了专业知识和技能外，更重要的是了解候选人的职业操守。在日常工作中，每家酒店都会要求采购人员和相关人员严格遵循诚信守则，包括准确、诚实和公平地进行工作，始终遵守并服从法律规定，遵从反垄断与公平竞争法律，确保提供的信息真实、准确，遵守酒店关于礼物馈赠和娱乐招待的规定，维护酒店的财产和声誉，并遵循信息保密政策等。

（二）采购风险控制要求

为了确保酒店采购活动的有效性和风险最小化，实施严格的采购风险控制措施是至关重要的。酒店采购不仅涉及大量资金流动，还直接影响着酒店的运营质量和成本控制。因此，建立和维护一套全面的采购风险控制机制，可以帮助酒店在确保供应链稳定性的同时，有效地管理成本和质量。以下是酒店采购风险控制的关键要求。

1.独立的采购政策

酒店应建立一套独立的采购政策，覆盖采购程序、供应商评估和选择、紧急采购、招投标要求和程序等方面。这些政策应定期进行审阅和更新，以确保其持续适应酒店的运营需求。

2.价格确定规定

在采购政策中,对价格的确定应有明确的规定。通常要求采购的物资进行三家报价,除非是独家代理、直接厂家供货或小额采购。不同种类的物资应采用不同的定期报价方式,如食品鲜活类每15天或30天报价一次,以适应市场价格变动;食品干货、酒水等每3个月报价一次;文具用品、客耗品、工程材料等每半年报价一次。

报价单如表3-13所示。

表3-13　报价单示例

致:×××酒店采购部

收件人:

报价单

报价日期:

序号	品名	规格(品牌、型号、参数)	单位	数量	未含税单价/元	税率	税额	含税单价/元	合计	参考图片	备注
1											
2											

说明:以上价格含增值税专用发票及送货到门运费。

货期:

报价有效期:

付款方式:

质保期及相关售后服务:

盖章确认＿＿＿＿＿＿＿＿＿

单位地址＿＿＿＿＿＿＿＿＿

报价人＿＿＿＿＿＿＿＿＿

联系电话＿＿＿＿＿＿＿＿＿

联系邮箱＿＿＿＿＿＿＿＿＿

需要注意的是,对于食品报价中的冻品和半成品,还需要做出成率的测试来确认最终价格。出成率测试报告如表3-14所示。

表3-14　出成率测试报告示例

出成测试表

测试产品＿＿＿＿＿＿＿＿＿　　产品代码＿＿＿＿＿＿＿＿＿

毛重＿＿＿＿＿＿＿公斤　　　　供应商＿＿＿＿＿＿＿＿＿

净重＿＿＿＿＿＿＿公斤　　　　测试时间＿＿＿＿＿＿＿＿＿

出成率＿＿＿＿＿＿＿%　　　　报价＿＿＿＿＿＿＿＿＿

起草＿＿＿＿＿＿　　厨房＿＿＿＿＿＿　　　　审核＿＿＿＿＿＿＿＿＿

成本部　　　　　　餐厅主厨　　　　　　　　行政总厨

对于食品采购中的贵价干货、月饼等,通常也会通过盲测来确认供应商和价格。盲测,即在不标识供应商名称的情况下,邀请使用部门专家以及成本和采购人员通过对产品外观、口味等各项指标进行评估打分,最终结合供应商报价来确认使用产品及定价。盲测报告如表3-15所示。

表 3-15 盲测报告示例

此部分由使用部门填写

项目名称	供应商	外观	色泽	干度	厚度及大小	口感 & 味道	总体评价
	A						A
	B						B
	C						C
	D						D
	E						E
	A						A
	B						B
	C						C
	D						D
	E						E

此部分由成本及采购填写

Supplier 供应商	品牌	价格	性价比
A			1
B			
C			
D			
E			
A			2
B			
C			
D			
E			

备注：1=很差 2=差 3=满意 4=好 5=很好

参与者（厨师长）：　　　　　　　　日期：

成本经理审批：　　　　　　　　　　日期：

采购部经理审批：　　　　　　　　　日期：

Note

3.供应商评估和选择

定期进行供应商评估和选择是必要的。采购部、使用部门和财务部应定期进行供应商现场拜访和评估,以确保所有合作的供应商都是有资质和经营能力的合格供应商。

4.招标程序

建立招标程序是控制采购风险的一个重要环节,特别是对于大额或大量的采购项目,必须通过公开招标的方式进行。

供应商评估表示例

任务小结

在本学习任务中,重点描述了酒店采购工作的基本程序以及为了确保采购活动的有效性所需要制定的风险管控措施。酒店采购是一项采购密集型的活动,涉及的商品和设施种类繁多且覆盖范围广泛。酒店的采购项目小到各类日用品大到机电设备,甚至酒店内的各种陈设艺术品,都是采购的一部分。这种广泛的采购范围要求酒店科学制定采购工作的基本程序,以确保酒店运营的顺利进行。酒店采购工作的基本程序包括:采购准备工作,如采购计划的编制、采购价格的确定、供应商的选择以及付款方式的选择等;采购实施过程,如提交采购申请、比价和供应商选择、审批、订货与送货等;采购后发生的退货与折让处理。采购活动是酒店运营中与各经营部门及财务部紧密相关的重要环节,由于其涉及广泛的人员、资金和物资流通,因此,建立和维护一套全面的采购风险控制机制,对于酒店采购工作的风险控制至关重要。

某酒店采购招投标政策

训练题

一、问答题

1.酒店采购工作的基本程序是什么?

2.酒店应该在采购工作的哪些方面加强风险控制?

二、讨论题

1.在酒店,采购计划编制是由酒店运营部门根据运营需求来完成的,具体包括确定采购物品的详细规格、数量、频率、批量,以及计划的采购时间、理想价格和所需资金等。请讨论酒店客房部的采购计划应包括哪些内容。

2.为了确保酒店采购活动的有效性和风险最小化,必须实施严格的采购风险控制措施。请讨论对于酒店餐厅的采购,应制定哪些风险管控措施。

项目四
酒店成本费用管理

 项目描述

　　酒店成本费用管理的好坏是酒店有效稳定经营、客户满意度、财务稳健性以及长期可持续性发展的重要保障，需要得到每位管理者的高度认可和有效执行。酒店经营成本费用包括经营性成本费用和非经营性成本费用两方面。酒店经营过程中，为客人提供酒店各项服务内容而产生的成本和费用，属于酒店经营费用；酒店经营岗位负责人不能控制的各项费用支出，为非经营费用。酒店的成本费用管理需要综合考虑各个方面，包括采购、人员、能源、市场、定价等，以确保酒店的经营效益和竞争力。只有通过提高营业收入并通过精细有效的成本费用管理，酒店才可以实现更好的盈利目标和长期发展。

 **项目目标**

知识目标

1.了解酒店成本的基本概念和一般类型。
2.了解酒店费用的概念和分类。
3.了解酒店经营费用、非经营费用的区别及内容。
4.熟悉酒店经营成本与费用在不同部门的具体内容。
5.了解酒店成本与费用的基本管理方法。

能力目标

1.具备核算酒店不同部门成本或费用的基础能力。
2.具备根据部门损益表解析部门经营情况的基础能力。
3.具备根据酒店餐厅运营情况计算餐饮收入毛利、毛利率的能力。
4.具备编制酒店能源消耗费用对比报表并对其进行解读的基础能力。
5.具备根据酒店客房运营情况计算客房部部门费用或部门人工成本的能力。
6.具备根据酒店不同部门的损益表和费用报表编制酒店整体损益表的基础能力。

素养目标

1.培养正确理解成本费用的财务意识。

2.知晓国家在酒店业对成本费用管理的基本要求。

3.培养节约成本和减少污染,保护环境的主人翁意识。

知识框架

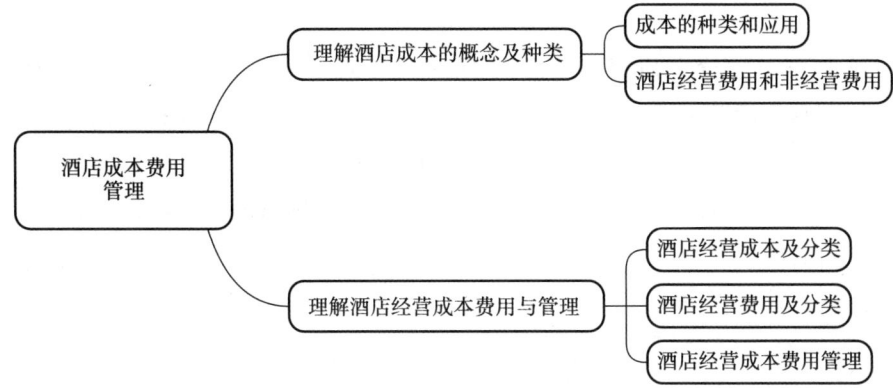

酒店成本费用管理

- 理解酒店成本的概念及种类
  - 成本的种类和应用
  - 酒店经营费用和非经营费用
- 理解酒店经营成本费用与管理
  - 酒店经营成本及分类
  - 酒店经营费用及分类
  - 酒店经营成本费用管理

教学重点

1.成本的概念和酒店成本的种类。

2.酒店经营费用与非经营费用的区别和内容。

3.酒店经营不同经营费用的组成。

4.酒店经营成本费用的管理。

教学难点

1.理解餐饮成本的核算。

2.读懂不同部门的费用报表。

3.解读和分析部门费用及预算的差异。

思政学习

1.节约成本是无处不在的美德,在企业管理中,没有成本管理,企业不可能稳步健康
地发展。

2.作为企业的一员,也需要有节约的意识和行动,并践行在日常工作中,因为节约1
元钱就能为企业获得多1元钱的收入。

3.无论在哪个岗位,都要有目标和责任,需要向目标不断努力,并要对照目标找到差
距和优势,以实现目标并更上一个台阶。

项目导入

Note

任务一　理解酒店成本的概念及种类

"成本"这个概念在使用时,因为不同的上下文,它所表达的意思是不一样的。比如,餐饮部宴会厅购买了一台胶囊咖啡机,成本是1,590元;淡季3月份餐饮部外卖业务的人工成本是8,600元;6月份雨季涨水造成酒店损失的成本是21,000元。在第一个表述里,"成本"是指一项资产的购买价格;第二个表述里的"成本"是指淡季3月份的人工费用;而第三个"成本",是指营业区域的损失,即直接损失了21,000元的资产,如表4-1所示。

表4-1　不同语境中"成本"的含义

序号	内容	成本额	类型
1	一台胶囊咖啡机	1,590元	资产的购买价格,即用现金交换获得一项资产(咖啡机)——资产换了一种形式
2	人工成本	8,600元	一项资产(现金)用来支付给工作人员,以换取需要提供的服务——资产用于交换
3	雨季涨水损失	21,000元	这个成本是损失——资产没了

由此可以明白,"成本"这一概念在不同的语境里,它可以有不同的含义。

根据酒店经营性质,可以将酒店运营的不同部门按收入中心和成本中心/服务中心分类。收入中心通过为客人提供服务和出售产品创造收入;成本中心不直接创造收入,而是为收入中心创造收入提供保障支持。由此可以看出,酒店的组织架构(即部门设置)可以简单地理解为哪些部门属于收入中心,哪些部门属于成本中心。具体来说,酒店根据经营规模不同,会有不同的服务内容,部门也会根据经营的内容不同而有多有少,如表4-2所示。

表4-2　酒店运营部门分类

收入中心	成本中心/服务中心
客房部(房务部)	市场营销部
餐饮部(中餐厅、西餐厅、酒吧、外卖等)	财务部
康体娱乐部	人力资源部
会议宴会部(有些酒店隶属餐饮部)	工程部
商品部	保安部

　　酒店各部门,无论是收入中心还是成本中心的部门,在管理运营中,不可避免地都需要考虑到成本费用这样的内容和核算,也需要不断地用成本费用思维在运营和管理过程中做判断、做决策。以下的几种情况是常常会遇到的:市场上研发出了不少新的酒店节能设备,应该购买哪一种? 酒店外卖市场变化,需要用哪种商品做引流款? 引流款的成本多少合适? 酒店新装修好的房间应该定什么价? 新推出的暑假假期活动是否需要做广告?

　　酒店从业者和管理者需要了解成本费用在经营中的产生、成本的种类以及它们的应用。

一、成本的种类和应用

　　酒店成本是在酒店经营过程中为了达到增加收入的最终目标而导致的资产减少。观察酒店成本的一种方法是了解它们如何随着酒店的收入中心业务量的变化而变化。成本费用根据不同的管理要求按一定标准,可以分为以下几种类型。

(一)按酒店管理要求和核算标准分类

　　按酒店管理要求和核算标准考虑,酒店成本费用可以分为以下几种类型:固定成本、变动成本、阶梯成本和混合成本。从这些成本的关系,可以看到酒店经营成本费用总额与经营业务量的关系。

1.固定成本

　　固定成本指在一定时期和范围内即使销售量发生变化,仍然保持不变的成本。比如,酒店会议中心增加接待一个会议团而产生的客房销售量增加8%和餐饮销售额增加5.5%,在这两种情况下,酒店固定成本保持不变。固定成本的固定性是有条件的,这个成本总额必须在一定期间和一定范围内才是固定的,当业务量的增减变动量超过某个范围,固定成本也会发生变动。固定成本一般包括工资、租金、保险费、折旧费、利息费用等。充足的固定成本与提供相匹配的服务的能力相关。如果一家酒店的设施在一年的部分时间停止营业,是可以减少固定成本的,但对客服务的标准会有一些不同。例如,关于接待会议团,酒店原有的游泳池因为淡季或在会议期间关闭,原有的健康中心游泳池的固定成本减少了,但会议客人在会议期间不能享用这项服务。

　　如图4-1所示,固定成本在销售量产生变化的时候,每销售单位的平均固定成本在一定时期和范围内也会发生变化。例如,中餐厅暑假前一个月平均每天外卖量为80份套餐,每天的固定成本额是1500元,这样每销售一份套餐的固定成本是18.75元(1500÷80=18.75);暑假的时候,推出暑假居家孩童营养套餐,两个月平均每天外卖量为120份套餐,暑假两个月每销售一份套餐的固定成本是12.5元(1500÷120=12.5)。随着销售量的增加,每份套餐的固定成本在下降。图4-1中的曲线图也说明了这样的关系,在销售量增加的时候,单位固定成本在下降。

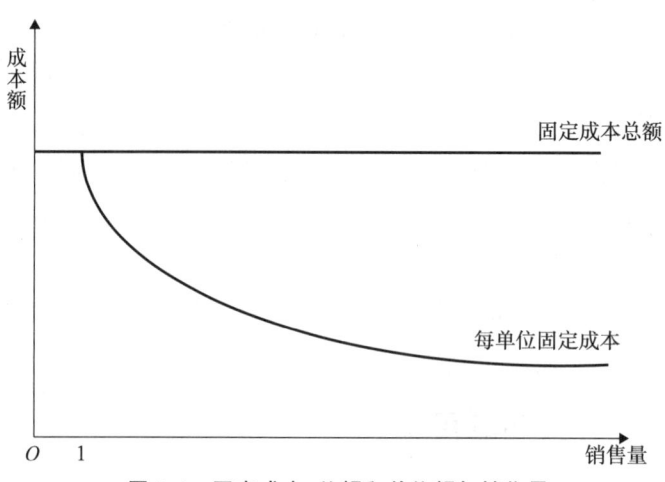

图 4-1　固定成本:总额和单位额与销售量

2.变动成本

变动成本指在相关范围内和业务量成比例变动的成本,但每单位的变动成本保持不变。如图 4-2 所示,随着销售量整体增加,变动成本总额增加,而每单位变动成本不变。例如,餐厅的热销菜酸甜排骨,一份售价 68 元的酸甜排骨的食品成本率是 40%,随着销售量的增加,如 20 份、40 份、60 份,酸甜排骨的变动成本也在不断增加,但每一份酸甜排骨的变动成本额一直是 27.2 元(68×40%=27.2)。酒店餐饮部门的食品成本、饮品成本以及产品和服务经营中耗用的物品等就是这里的成本。

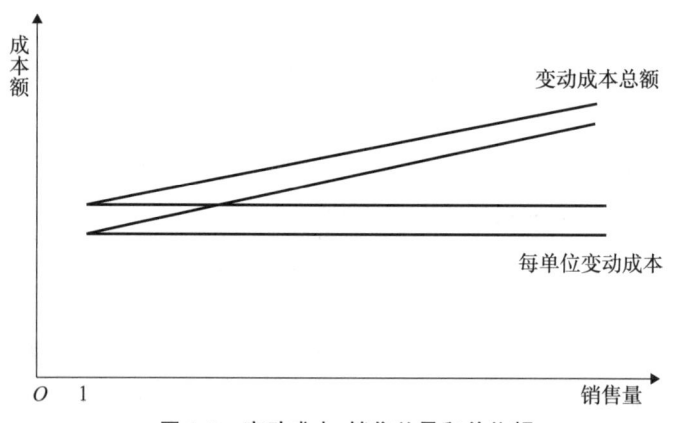

图 4-2　变动成本:销售总量和单位额

3.阶梯成本

阶梯成本在一定业务量的范围内是固定的,但不同的业务范围和不同的业务量是不一样的。在酒店的经营中,主管或定量工种岗位的人工成本是典型的阶梯成本。例如,客房部早班服务员每人最多做 15 间客房的卫生服务,根据预测,在每人 15 间客房的分配量之外,超出 15 间到 30 间的这个范围,酒店需要多安排一名服务员做客房卫生服务。如图 4-3 所示,"范围"是预计的客房卫生服务量范围。在这种情况下,阶梯成本可以统计为固定成本。目前,有些酒店会将这部分业务外包给第三方公司,将成本计算在固定成本里。

Note

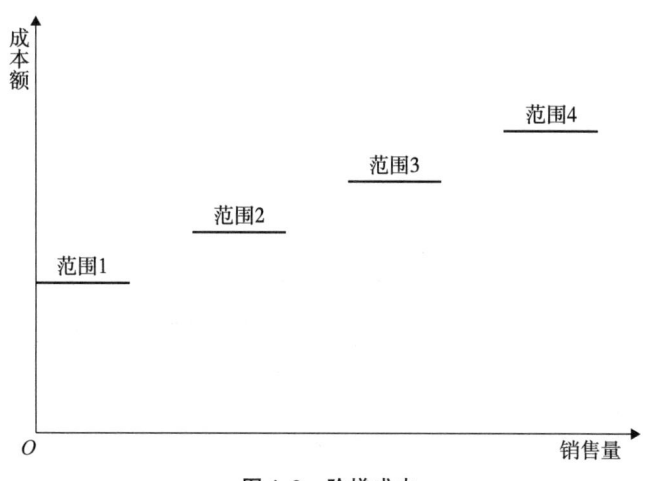

图 4-3　阶梯成本

4. 混合成本

混合成本指成本总额中既有固定成本,也有变动成本,它是固定成本和变动成本两部分的混合。混合成本里的固定部分与销售额无关,而变动部分与销售量/使用量的变化有关。图 4-4 中的虚线展示的是固定部分随着销售量的增加而稳定不变,混合成本总额线与固定部分之间的差异反映了混合成本随着销售量的增加而变动的情况;另外,随着销售量的增加,单位的混合成本也会随之减少。例如,酒店的通信费用,一般有一个固定的费用标准,使用量到达某一个值,费用会随着使用的用户或用量的增加而增加。混合成本应用场景如表 4-3 所示。

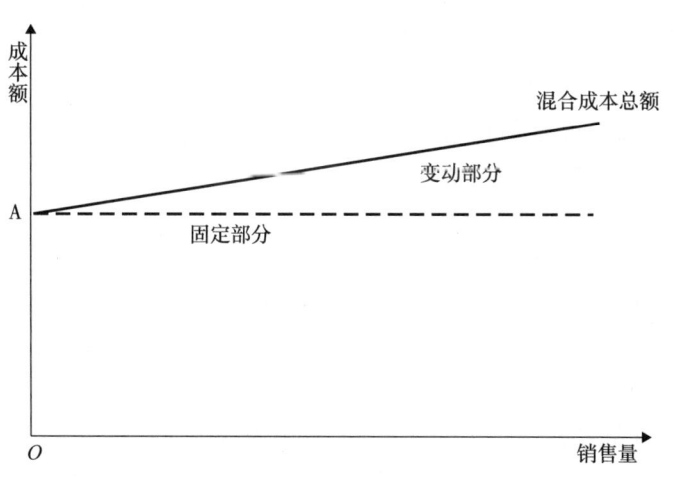

图 4-4　混合成本

表 4-3　混合成本应用场景

混合成本	固定成本	变动成本
通信/Wi-Fi 费用; 销售人员工资; 大型会议直播费用	系统及基本使用费; 基本工资和岗位工资; 系统和设备租赁基本费	站点和用户数量费用; 销售业绩奖励; 站点和发布渠道费

酒店的总成本是由酒店的固定成本、变动成本、阶梯成本和混合成本的合计构成的,如图4-5所示。

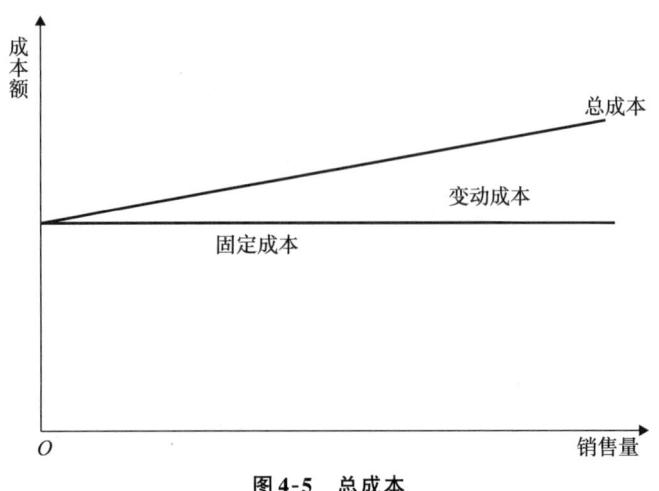

图4-5　总成本

一般在核算中,阶梯成本会归类到固定成本或混合成本中,所以计算酒店的总成本可以用下面的公式核算:

总成本 ＝ 固定成本 ＋ 变动成本(每单位变动成本 × 销售数量)

用方程式表示:

$$y = a + bx$$

这里的y＝总成本(因变量),a＝固定成本(常数项),b＝每单位变动成本(斜率),x＝销售数量(自变量)。

(二)从酒店管理责任角度分类

从酒店管理责任角度考虑,酒店成本费用可以分为可控成本和不可控成本两种。酒店管理者需要对他们能控制的成本负责,以达到在保证服务质量的基础上最大限度地减少支出。

1.可控成本

可控成本,是指在一定期间内某个责任人/岗位对成本费用的发生与使用可以进行控制或影响的成本费用。例如,商品部经理可以对商品的价格、工作人员的配置和服务时间等进行管理和调配。在这种情况下,商品部出售的商品成本、投入的工作人员和工作时间、需要支付的工资及相关福利费用等这些成本费用对于商品部经理来说都是可控成本。

2.不可控成本

不可控成本,是指在一定期间内某个责任人/岗位对成本费用的发生与使用无法进行控制或影响的成本费用。例如,中餐厅经理负责对中餐厅出售的菜品成本、生产菜品的厨师等人员的工资及相关福利费、餐饮服务的时间进行管理和调配。其中,出售的菜品成本、生产菜品的厨师等人员的工资及相关福利费、餐饮服务的时间成本费用,对中餐厅经理来说,是可控成本;而酒店用于为中餐厅提供服务购置的厨房设备和

大件固定资产的折旧费,对中餐厅经理来说,则是不可控成本。但从总经理角度考虑,总经理可以控制折旧费,这个折旧费对于总经理来说是一项可控成本。

　　酒店收入中心的直接成本费用是指酒店各相关业务负责人/各部门负责人可以控制的成本费用。总经理和各部门负责人应该对他们控制的成本负有责任,从而达到经营目标。

二、酒店经营费用和非经营费用

　　我国企业会计制度中,将营业费用、管理费用和财务费用统称为期间费用,认为这些费用是无法归入成本但在当期发生对损益产生影响的耗费。美国酒店业会计制度认为,在当期发生对损益产生影响的无法归为成本的耗费,可以分为两大类:一是经营费用,二是非经营费用。这样分类主要是便于考核在所有权与经营权相分离的状态下,酒店经营管理者实际经营业绩的高低。

　　一家酒店企业,无论经营业绩好坏、利润水平高低,都必然发生各种耗费支出。通常,把那些能够予以对象化的支出列入成本,而把无法对象化的各项耗费计入费用。例如,餐厅售卖的食品,这些食品的直接用材和用料支出列入成本,酒店用于酒店品牌的宣传费用列入费用。

　　在日常的酒店经营和运营中,通常餐饮经营中会使用食品成本、饮品成本、其他成本来表述餐饮产品生产过程中的直接成本。酒店经营过程中,用于支付酒店人员工资和相关福利产生的成本,一般用人工成本进行表述;对于其他部门的成本,普遍用费用来表述,如能源费用、市场销售费用等。本任务中,使用经营费用来表示酒店经营中产生的成本和费用(见表4-4)。在这里,经营费用包含了经营成本和期间费用。

表4-4　费用表(6月)

单位:元

项目	当月数	
	本月	百分比
营业收入合计	3,582,297.23	100.0%
一、经营费用		
客务部	148,395.93	4.1%
餐饮部	1,753,178.56	48.9%
其中:食品成本	1,152,533.50	
其中:饮品成本	48,516.91	
其中:其他销售成本	18,559.81	
其中:其他经营费用	533,568.34	
其他运营部门	37,359.49	1.0%
行政部门	122,426.19	3.4%
广告及市场推广	50,652.96	1.4%
维修和能源	363,610.85	10.2%
管理费/全球市场费	25,008.14	0.7%

续表

项目	当月数	
	本月	百分比
其他营业费用	5.00	0.0%
经营费用合计	2,500,637.12	69.8%
经营利润	1,081,660.11	30.2%
二、非经营费用		
折旧与分摊	11,600.12	0.3%
建筑物及设备租金	255,558.34	7.1%
财产保险费	6,668.98	0.2%
利息收支	16,433.33	0.5%
其他收益	—	0.0%
其他非经营费用	539,356.95	15.1%
非经营费用合计	829,617.72	23.2%
营业利润	252,042.39	7.0%
加:营业外收入	146,909.14	4.1%
减:营业外支出	—	0.0%
利润总额	398,951.53	11.1%
减:所得税	—	0.0%
净利润	398,951.53	11.1%

从表4-4中可以看到,酒店的营业利润是营业收入减去经营费用再减去非经营费用后所得。

（一）经营费用

经营费用是酒店在运营过程中,酒店经营管理者可以控制和影响的成本费用,包括但不限于人工成本、客房用品、布草费、洗涤费、清洁用品费、玻璃器皿费、瓷器费、餐具费、餐牌酒水宣传单印刷费、厨房餐具用品费、餐具洗涤费、酒店宽带网络电话等通信费、社交费用、汽车交通费、差旅费、办公费、制服费、员工餐费、线上线下宣传及广告费、设备维修保养费、水电煤气费、消费用品费、佣金、第三方活动费用等。这些费用在酒店不同的部门都有不同的发生。

（二）非经营费用

非经营费用是酒店在运营过程中,酒店经营管理者不能直接控制和影响的费用,包括固定资产折旧费、无形资产摊销费、开业前费用摊销、固定资产大修理费、土地及设备使用费、城市房地产税、财产保险费、董事会费用、奖励管理费、利息费、融资租赁费等。这些费用由酒店所有者决定、管理和负责,属于非经营费用范畴。

任务小结

本任务学习了成本这个概念。成本,按酒店管理要求区分为固定成本、变动成本、阶梯成本和混合成本,按管理责任区分为可控成本和不可控成本。还学习了酒店经营费用与非经营费用的概念及它们所包含的内容。了解这些概念和区别,有助于酒店管理者在管理中做出更有效的核算和经营决策,做好日常的精细化管理。

训练题

一、问答题

1.什么是酒店可控成本和不可控成本?请举例说明每种类型的成本费用。

2.酒店收入中心不同部门的直接成本费用对于负责人来说是可控的还是不可控的?

3.经营费用和非经营费用有什么区别?请列举几个属于不同类型的具体费用项目。

二、讨论题

1.酒店经营者需要考虑成本与价格之间的关系,请问在制定餐厅菜单价格时,应如何考虑成本因素?

2.一家只经营客房加早餐的经济型酒店,如果销售了1,500间客房,固定成本总额为85,000元,每间客房(每单位)变动成本为20元。请问总成本估算为多少元?

任务二　理解酒店经营成本费用与管理

有效的成本费用与管理对于酒店利润的提升至关重要。由于酒店房间数量的固定性限制了销售量,提高经济效益的关键在于降低运营成本,特别是在餐饮管理中的食品和饮品成本。随着技术的发展,可以通过计算机系统来实现更高的原材料利用率和监控实际销售毛利率。成本控制的核心在于在扩展服务范围和确保服务质量的基础上,最大限度地减少不必要的支出。降低成本是增加利润的方法,但一味地压缩成本也会导致服务质量、产品质量与数量的下滑,从而导致客户的不满和销售量下降。作为酒店管理人员,应该对所负责领域的成本费用有充分的了解,从而制定出酒店和客户可以共赢的最佳方案。在日常的酒店运营中,酒店必须建立和实施一套有效的成本费用管理控制制度,包括严格的预算管理、定期的成本检查与分析,以及审批流程的严密审计。确定酒店成本费用目标,在运营中加强成本费用的管理与控制是进行酒店目标管理,确保酒店在竞争中持续盈利和长期发展的根本途径。

一、酒店经营成本及分类

根据酒店的经营特点,经营成本主要有食品成本、饮品成本、商品成本和人力成本。

(一)食品成本

食品成本是指酒店餐厅及相关餐饮服务项目使用的各类食品材料进货成本,如粮食、海鲜、肉类、蔬菜、水果、油盐酱醋等。食品成本及成本率的核算一般按每个餐厅各自核算。

(二)饮品成本

饮品成本是指酒店餐厅等服务场所及相关服务项目使用的各种酒类和饮品类的采购成本,如酒水成本里的白酒、黄酒、葡萄酒、洋酒、啤酒和各种鸡尾酒调料,以及饮品成本里的果汁、软饮料、矿泉水、牛奶和各种茶叶等。

(三)商品成本

商品成本是指在餐厅和酒店商场或相关服务项目里售卖的商品进价成本,如香烟、纪念品、游泳配套衣服和用具等。

(四)人力成本

人力成本是指支持酒店各部门顺利运营的人员工资和其他相关福利费用,如基本工资、奖金、年终奖、加班费、饭堂餐费、体检费、五险一金等。

二、酒店经营费用及分类

酒店各部门根据职责和作用不同,部门的总经营费用内容也有所不同,费用除了相同的费用名目,如人工费用、洗涤费、制服费、文具印刷费、通信费、培训费等,还有一些不同的费用内容。比如,客房部会有客房客用品和易耗品费、清洁用品费、布草费、洗涤费等;市场营销部有线上/线下推广费、差旅费、宴请费、宣传用品/礼品费等;餐饮部有餐牌及酒牌费、音乐及娱乐费、玻璃器皿费、瓷器费、布草费、厨房用品费、燃料费、装饰费等;工程部会有维修费、维修工具费、保养费、水电气能源费等。在做费用统计时,酒店一般会分别从客房部、餐饮部、行政部、销售部、工程部以及其他运作部门等进行费用的统计和核算。

表4-5列出的是酒店一般的常见费用项目,它呈现的是不同部门负责的成本费用内容。不同的酒店,其经营费用会因酒店自身的类型、规模以及组织架构的不同而有所区别。

表 4-5　按部门责任划分的费用

项目	客房部	餐饮部	康乐部	人力资源部	营销部	财务部	工程部	行政部
食品成本	√	√	√					
饮品成本	√	√	√					
迷你吧成本	√							
洗衣成本	√							
商品成本			√					
工资	√	√	√	√	√	√	√	√
奖金	√	√	√	√	√	√	√	√
社保及其他福利	√	√	√	√	√	√	√	√
员工宿舍	√	√	√	√	√	√	√	√
员工餐费	√	√	√	√	√	√	√	√
银器/瓷器/器具	√	√						
厨房用品/用具		√						
布草	√	√	√					
制服	√	√	√	√	√	√		√
宾客用品	√	√	√					
清洁用品	√	√	√	√	√			
洗涤用品	√	√	√					
印刷与文具	√	√	√	√	√	√		√
菜单		√						
清洁合同	√	√	√					
服务合同	√	√	√					
装饰/绿化		√			√			
网络/通信/收视	√	√	√		√		√	√
厨房燃料		√						
洗涤费	√		√				√	
差旅费	√	√		√	√			√
客用交通	√							
邮寄费	√	√	√	√	√	√	√	√
市场考察费		√			√			
交际应酬费				√	√			√
培训费				√				
证件费用				√				√
宣传册					√			
市场推广费					√			
广告费					√			

Note

续表

项目	客房部	餐饮部	康乐部	人力资源部	营销部	财务部	工程部	行政部
代理佣金	✓							
保险						✓		
税费						✓		
水费/电费/燃气费							✓	
设备维修及保养费							✓	
维修材料费							✓	

三、酒店经营成本费用管理

（一）餐饮成本管理

1.餐饮成本的核算

为了更好地进行毛利分析,按现行酒店会计制度规定,餐饮成本只核算在生产过程中耗用的原材料成本,其他成本(如物料消耗等)均计入部门费用。因此,餐饮成本核算的内容包括食品成本和饮品成本等。

1）食品成本

食品成本是指销售的菜品在制作过程中消耗的原材料、辅料和调料成本,如肉类、蔬菜、水果、海鲜、调味品和其他原材料成本。食品成本是用来衡量餐饮部经营情况,反映菜单设计和食品生产过程效益情况的重要指标。食品毛利衡量的是食品销售过程中所产生的利润,用公式表示如下：

$$食品成本 ＝ 期初食品存货 ＋ 本期进货（现购 ＋ 领用）＋ 本期调拨 － 期末食品存货$$
$$毛利 ＝ 食品营业收入 － 已售食品成本$$

在日常的运营中,管理者会看到当日食品成本和成本率、本期累计食品成本和成本率、月食品成本和月成本率这样的数据。酒店餐饮食品原料的采购和食品出售的时间由于条件不同,核算的精确度会有些不一样,为了更全面地掌握成本的情况,管理者需要关注每日的成本与本期累计的成本、成本率等多方面的数据,这样可以及时发现经营中存在的问题,并对照预算进行执行和检验执行效果,需要的时候根据偏差提供的依据进行改进和调整。

当日食品成本率的计算公式如下。当日食品成本核算示例如表4-6所示。

$$当日食品成本率 ＝ \frac{日食品成本}{当日食品营业收入} \times 100\%$$

表4-6　当日食品成本核算示例　　　　单位：元

项目	中餐厅	西餐厅	自助餐厅	合计
当日食品营业收入	31,300.58	21,906.80	25,408.90	78,616.28
当日已售食品成本	11,120.00	10,077.13	11,052.87	32,250.00
当日食品成本率	35.53%	46.00%	43.50%	41.02%

推荐阅读：《中国酒店人力资源现状调查报告（2023）》解读（https://mp.weixin.qq.com/s/k98nfELRb93uN3qbgu293w）

Note

由于餐饮经营的实际情况,不能完全做到当日的食品成本全部准确地用于当日食品销售的营业收入中,当日食品成本会有些起伏和变化。因此,酒店会通过本期累计食品成本率来动态分析食品成本率和成本使用情况。本期累计食品成本率的计算公式如下。本期累计食品核算示例如表4-7所示。

$$本期累计食品成本率 = \frac{本期累计食品成本}{本期累计食品营业收入} \times 100\%$$

表 4-7　本期累计食品成本核算示例 单位:元

项目	中餐厅	西餐厅	自助餐厅	合计
本期累计食品营业收入	395,226.42	217,177.44	320,700.90	933,104.76
本期累计已售食品成本	134,591.54	107,339.00	134,690.80	376,621.34
本期累计食品成本率	34.05%	49.42%	42.00%	40.36%

2)饮品成本

饮品成本是指销售的饮品在制作过程中的成本,如红酒、白酒、啤酒、矿泉水、中国茶等饮品的进货成本,以及自制饮料和调味酒水使用的其他配料(如柠檬、牛奶、陈皮)等食材成本。饮品成本(当日饮品成本、当日饮品成本率、累计饮品成本、累计饮品成本率)的计算方法和食品成本的计算方法相同,计算公式如下:

$$饮品成本 = 期初饮品存货 + 本期进货(现购 + 领用) + 本期调拨 - 期末饮品存货$$

$$毛利 = 饮品营业收入 - 已售饮品成本$$

3)餐饮总成本

餐饮总成本是食品总成本与饮品总成本的总和。它的计算公式如下:

$$餐饮总成本 = 食品总成本 + 饮品总成本$$

$$餐饮平均成本率 = \frac{餐饮总成本}{餐饮营业收入总额} \times 100\%$$

酒店根据自身经营规模和性质为顾客提供不同的餐饮服务,因此会有不同的服务场所,如中餐厅、西餐厅、酒吧、自助餐厅、美食街等。整个餐饮的成本是由不同的餐饮服务场所的营业收入和成本合计计算的。不同餐厅会按各自餐厅的营业收入与成本进行成本核算,不同餐厅的成本率也会因为定位、客户与服务的不同而不一样。

例如,某酒店餐饮部某月份各餐厅成本和餐饮收入情况如表4-8所示,要求计算每个餐厅的餐饮成本率和餐饮部的平均餐饮成本率。

表 4-8　某酒店餐饮部某月份各餐厅成本和餐饮收入情况 单位:元

项目	营业收入	食品成本	饮品成本	餐饮总成本	餐饮成本率
大堂吧	33,982.16	4,077.84	7,925.59	12,003.43	35.32%
西餐厅	492,712.69	268,606.52	143.68	268,750.20	54.55%
中餐厅	1,263,237.15	538,026.55	37,359.90	575,386.45	45.55%
酒吧	14,929.22	1,552.01	686.57	2,238.58	14.99%
合计	1,804,861.22	812,262.92	46,115.74	858,378.66	47.56%

计算步骤如下：

第一步，计算各餐厅的餐饮总成本，并根据餐饮成本率的计算公式，计算出各餐厅的餐饮成本率，以中餐厅为例。

$$中餐厅餐饮总成本＝中餐厅食品成本＋中餐厅饮品成本$$
$$538,026.55＋37,359.90＝575,386.45元$$

$$中餐厅餐饮成本率＝\frac{中餐厅餐饮总成本}{中餐厅营业收入}\times100\%$$

$$\frac{575,386.45}{1,263,237.15}\times100\%＝45.55\%$$

第二步，根据餐饮平均成本率的计算公式，计算出餐饮部的餐饮平均成本率。

$$餐饮平均成本率＝\frac{餐饮总成本}{餐饮营业收入总额}\times100\%$$

$$\frac{12,003.43＋268,750.20＋575,386.45＋2,238.58}{33,982.16＋492,712.69＋1,263,237.15＋14,929.22}＝47.56\%$$

2.餐饮成本的管理

餐饮服务是一个涉及流程多、岗位多、管控严格而且安全要求高的服务业态。餐饮成本的管理以实际经营单位（餐厅）为管理对象，主要从以下几个方面进行执行和监督。

1）标准菜单的制定和执行

确保优质的服务，需要根据客户的需求提供相应的产品，餐饮出品需要根据市场的变化不断创新，但不管怎样创新，都需要有标准菜单为指导。餐厅经营，一切始于菜单，菜单决定餐厅的经营如何组织和管理，菜单是餐厅各流程运营的最基本集合点，它影响到餐厅服务的每一个方面。

依据标准菜单，餐厅管理者需要决定购买什么原料与购买的数量、价格、配料，以及需要用什么设备来烹饪、烹饪的时间；菜单还决定什么样的厨师可以做菜单上的什么菜，多少厨师可以完成不同菜品的要求；菜单还决定了餐厅服务人员向客人推荐什么菜，怎样推荐菜品和服务。

有了标准菜单，既可以保证保持餐厅出品的稳定和延续性，也能准确计算餐厅的各项成本，以及运营中实际成本与计划成本之间的差异并分析原因。

2）合理计划和严格采购管理制度

合理严谨的计划和严格标准的有效采购管理是酒店餐饮服务的重要保障。采购的成本是直接影响餐饮成本的底线。采购过程运营的好坏不仅影响餐饮经营的生产和出品，也会影响酒店资金的使用和流失。有效的计划和采购节省出来的每1元钱，就是为酒店增加1元钱的经营利润。只有可行和有效的采购计划及采购实施，才可以最大限度地支持酒店餐饮部达到预算，从而获得最佳经营效益。酒店根据餐饮业务的经营规模和特点，采购流程会有所不同。综合型的酒店有专业的采购部做支持，小型的酒店或餐馆会由负责经理进行采购。采购计划一般需要设定如下目标。

（1）购买合适的物品：质量、规格、重量及其他需求的核定与满足。

（2）获得适当的数量：保证不缺货的同时节约资金。

（3）支付合适的价格：用合理的价格获得相应的产品和服务。

（4）选择合适的供应商：选择供应商除了看价格，还要看服务、品质稳定性、财务信誉等。

采购的整个过程，每一步骤都很重要，除了严格按以上设定的目标执行，还需要注意采购中的安全事项，做到采购物品的可追溯性。采购的道德问题也是在管理中需要放在首位设定的，需要建立采购员的职业道德准则与规定并严格执行。最后是采购的验收与储存，以及采购物品的发放和使用。每个环节都有相应的管理制度及执行流程，以确保计划和采购能顺利按质按量完成。要支持和保持酒店餐饮部的服务高质量地提供给酒店顾客，以实现最终经营目标。

3）餐饮成本的预算控制

酒店的经营预算不仅包括收入中心各经营部门的预算，还包括服务中心的各支持部门的预算。对于餐饮部各营业餐厅的管理者，酒店确定的成本预算是餐厅成本控制执行的目标，也是指导各项成本管理工作的依据。预算成本是经营者根据酒店的预算标准和自身餐厅的实际情况经过核算制定出来的。作为控制餐厅成本费用支出的依据，管理者在日常的运营管理中，需要分项目、分时间、分阶段地洞察各项数据，及时掌握运营成本情况，通过分析实际成本与预算成本的差异，找到问题并实时改进，以保证成本预算的顺利完成。通过预算报表，将实际结果与预算进行比较，以确认差异，使预算报告既能揭示月度的差异，也能揭示本年累计的差异。差异额和差异比率计算公式如下：

$$差异额 ＝ 本月实际 － 本月预算$$

$$差异比率 ＝ \frac{本月实际 － 本月预算}{本月预算} \times 100\%$$

差异分析首先集中在当月的差异。表4-9是某酒店7月份中餐厅的成本报表，此报表包含了中餐厅本月实际和本月预算的数据及对比差异额与对比差异百分比。

表4-9　某中餐厅损益表　　　　　　　　　　　　　单位:元

	当月数					
	本月	百分比	本月预算	百分比	差异	百分比
一、营业收入						
食品收入	1,156,430.00	91.5%	1,013,809.00	92.9%	142,621.00	14.1%
饮料收入	82,242.51	6.5%	69,763.00	6.4%	12,479.51	17.9%
香烟收入	22,350.00	1.8%	4,515.00	0.4%	17,835.00	395.0%
其他收入	2,207.48	0.2%	3,000.00	0.3%	−792.52	−26.4%
营业收入合计	1,263,229.99	100.0%	1,091,087.00	100.0%	172,142.99	15.8%
二、直接费用						
食品成本	538,026.55	46.5%	395,300.00	39.0%	142,726.55	36.1%
饮料成本	37,359.90	45.4%	40,800.00	58.5%	−3,440.10	−8.4%
香烟成本	18,098.56	81.0%	2,709.00	60.0%	15,389.56	568.1%
人工总成本	184,926.40	14.6%	307,551.64	28.2%	−122,625.24	−39.9%
洗衣和干洗	7,442.02	0.6%	7,315.20	0.7%	126.82	1.7%
员工制服	1,891.85	0.1%	2,102.00	0.2%	−210.15	−10.0%

续表

	当月数					
	本月	百分比	本月预算	百分比	差异	百分比
布件	658.48	0.1%	800.00	0.1%	−141.52	−17.7%
清洁和清洁用品	1,260.81	0.1%	1,463.04	0.1%	−202.23	−13.8%
客用品	2,409.58	0.2%	2,641.60	0.2%	−232.02	−8.8%
文具和印刷品	1,329.24	0.1%	1,480.00	0.1%	−150.76	−10.2%
瓷器	1,238.94	0.1%	1,200.00	0.1%	38.94	3.2%
玻璃器皿	286.00	0.0%	200.00	0.0%	86.00	43.0%
厨房燃料	802.87	0.1%	1,100.00	0.1%	−297.13	−27.0%
邮电费	430.83	0.0%	747.00	0.1%	−316.17	−42.3%
交通费	1,096.66	0.1%	600.00	0.1%	496.66	82.8%
试餐费	11,412.72	0.9%	1,500.00	0.1%	9,912.72	660.8%
促销	23,000.00	1.8%	31,000.00	2.8%	−8,000.00	−25.8%
杂项	29,031.91	2.3%	17,100.00	1.6%	11,931.91	69.8%
直接费用合计	860,703.32	68.1%	815,609.48	74.8%	45,093.84	5.5%
部门利润/亏损	402,526.67	31.9%	275,477.52	25.2%	127,049.15	46.1%
部门利润占营业收入的百分比	31.9%		25.2%		46.1%	182.7%
食品成本率	46.5%		39.0%		7.5%	19.3%
饮料成本率	45.4%		58.5%		−13.1%	−22.3%
人工成本率	14.6%		28.2%		−13.5%	−48.1%
消费食品和饮料人数合计	4,470		4,060		410	10.1%
食品和饮料账单平均消费	277.11		266.89		10.22	3.8%

　　以上表格在差异栏目中,差异额出现负数说明本月实际少于本月预算,没有出现负数表明本月实际高于本月预算。表格中所有成本项目都应该分析它的差异,同时对比表4-10中的数据,关注差异结果的发生情况。

表4-10　实际与预算对比差异情况

内容	对比结果	差异结果
收入	实际 > 预算	有利
	实际 < 预算	不利
成本费用	实际 > 预算	不利
	实际 < 预算	有利

　　在实际运营中,实际发生的结果和预算数据总是会有差异的。因为无论预算编制得多全面,它都不是最完善的。通常,报表同时用差异额和差异比率的形式来表示差异。由于两种方式都各有优劣,因此需要将两者结合起来使用,分析者也需要从多维度对差异做相应的分析和思考。比如表4-9中,本月食品销售营业收入占总收入的

91.5%,食品成本率为46.5%,比本期预算的食品成本率39%高了7.5个百分点,实际食品成本比本期预算多了142,726,55元,比预算高了36.1%。一般来说,成本高了,经营利润应该会降低,但报表中本月部门经营利润率为31.9%,比本月预算的25.2%高了6.7个百分点,实际部门经营利润比本期预算多了127,049.15元,比预算高了46.1%。从项目成本费用角度看,这个月有一个项目成本下降特别多,那就是人力总成本,管理者应认真分析其产生的原因和接下来需要采取的行动。

(二)酒店人力成本管理

无论筹备开业酒店,还是已经运营的酒店做经营预算,酒店人力成本都是要重点考虑的成本因素。人力总成本在酒店业务中是最大的单项成本。人力成本指给酒店员工支付的报酬总额,包括工资薪金(如工资、奖金等)、员工福利、社会保险、员工膳食及其他福利等。工资在预算中占很大比重,而酒店的人力成本不仅仅是工资薪金,还包括与公司相关的各种保险和员工福利。

酒店根据规模和经营范围不同,提供的员工福利也会有所变化。比如,位置比较偏远的度假酒店一般都提供员工住宿和膳食服务,但位于商业中心的仅提供住房加早餐的有限服务酒店,就不会提供住宿和有限膳食服务。如表4-11和图4-6所示,是某酒店9月份的人力成本分析表和人力成本分析饼图,从中可以看出,工资薪金占人力成本总额的大部分,不论是当月数据统计还是1—9月的本年累计工资薪金,在总人力成本费用里都占了绝大部分,为总人力成本总额的80%左右。

表4-11　某酒店人力成本分析表(9月)　　　　　　　　　　单位:元

项目	当月实际	百分比	本年累计	百分比
工资薪金	1,079,956.13	78.14%	9,876,695.39	83.31%
社会保险	114,283.17	8.27%	1,188,131.71	10.02%
员工膳食	74,769.45	5.41%	567,830.30	4.79%
员工福利	39,388.42	2.85%	219,437.92	1.85%
其他人工成本	73,662.79	5.33%	3,647.00	0.03%
合计	1,382,059.96	100.00%	11,855,742.32	100.00%

推荐阅读: 《疫情过后,酒店餐饮用工如何破局?》 (https:// mp.weixin. qq.com/s/ Uzy6NH1 OKIOSBD yosNv 13Q)

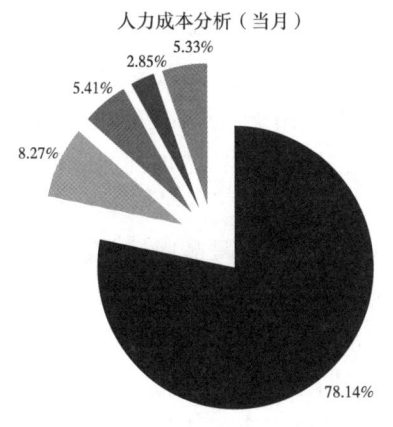
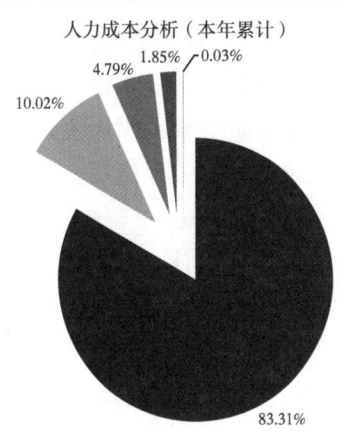

图4-6　人力成本分析饼图

人力成本是涉及酒店运营各部门的成本,也是管理者最关心的资源与减少成本支出的首要选择。但酒店是通过由员工为客户提供服务活动而获得收益的机构,只考虑减少成本而减少用工,会造成人员不够,进而导致因服务不好、客户不满意而造成营业额下降的问题。因此,科学合理的人力成本管理是让酒店得以良好运营的保障,具体措施如下。

(1)建立高效合作的组织架构,支持保障酒店服务达到客户期望和消费体验要求的同时,以最少的预算建立高效协作的服务团队。

(2)建立科学的激励薪酬体系,既能支持长远稳定的职业发展,也能满足员工当下的需求并提供晋升的空间。

(3)建立人力成本预算与优才培养体制,为各部门运营过程的人力成本控制提供依据,同时支持优才人员的发展。

某酒店人力成本预算表(前厅部)如表4-12所示。

表4-12　某酒店人力成本预算表(前厅部)

岗位	员工数	月工资	小计	补助和奖金	保险及福利	其他	合计
岗位1							
岗位2							
岗位3							
岗位4							
……							

(三)酒店能耗和设备维保及其他费用管理

酒店人常常说的一句话是:工程部是酒店运营的心脏。这句话足以说明它的重要性,因为这个部门负责着酒店这座建筑和所有设备设施的正常运营。酒店从一开业,设施设备开始运营,就会发生持续不断的运营成本费用,这些设施的运营会直接产生两项费用,即能耗费用和设备设施运行维护费用。能耗费用包括水、电、气和燃料等能源的消耗费用;设备设施的维保费用包括空调、供电供水设备、消防、电梯、机电、锅炉、监控、电话通信等设备和系统的维护保养费用,这些设备设施与系统安全运营所产生的能耗和维保费一般占酒店收入的8%—15%,是成本费用支出里比较大的费用项目。有效地控制能耗和维保费用支出,可以确保酒店满足最低运营需求的同时降低这两项费用在收入中的占比。

酒店最初的设计、建筑物的建设、设备的配备和购买的型号品牌等前期的开发建设,对酒店开业后的运营能耗、成本费用是有客观影响的。当然,酒店经营者的运营能力对酒店能耗和维保费用起着至关重要的作用。酒店保持较高的出租率和餐厅上座率,酒店能耗和维保费用反而会降低。虽然出租率和上座率对能耗是有影响的,但是酒店不论有多少客人,都需要制冷(或供暖),其他设备也需要保持运转。气候很大程度上左右着酒店能源的耗费。可以从表4-13中看到某酒店能耗和维保费用的情况。

表4-13　某酒店工程部能源费用和设备设施维保费用表(12月)　　单位:元

项目	本月实际	百分比
酒店总收入合计	3,585,604.52	100.00%
一、能源费用		
水费	22,935.13	0.64%
电费	203,718.34	5.68%
燃气费	14,149.28	0.39%
能源费用合计	240,802.75	6.72%
二、设备设施维护保养费用		
照明和灯泡	5,998.69	0.17%
场地和游泳池保养	1,036.70	0.03%
机电维修	29,013.42	0.81%
建筑物修理	6,678.62	0.19%
家具及固定装置维修	3,040.00	0.08%
维修服务合同	40,000.00	1.12%
IT设备	—	0.00%
消防设备	—	0.00%
特殊维修	—	0.00%
设备设施维护保养费用合计	85,767.43	2.39%
总费用合计	326,570.18	9.11%

1. 能耗和设备维保费用管理

(1)定期保质的设备设施维保计划的执行制度:严格遵循设备设施保养周期,按时定期做维保,确保设备设施在安全的状态下运营。

(2)安全第一,遵守相关法规原则:对待所有设备坚持安全第一的原则,特别是保证安全和环境的系统,如消防系统、安保系统、水净化系统、电梯和电路系统等,按法规进行检测保养和操作,确保不因未及时维修而导致安全事故,造成更大的损失。

(3)费用预算控制原则:制定准确、可实施的费用预算,严格按预算进行能耗和维保费用的使用与管理。

(4)与时俱进:了解新技术、新设备的推出,用技术和新方法进行技术更新或设备优化,不断探索更多的节能减耗方法。

(5)保持能耗的实时记录和监控:与运营部门进行流程和设备使用管理,从日常工作流程和记录数据中发现问题,提高效率、减少设备运行时间,减少能源供应载荷,加强废能源的回收和再利用等,以节约能耗。

(6)参与环保和可持续化发展领域学习:探索和研究对环境影响最小的新项目和新产品,并将研究结果与教育机构或学院探讨交流,使其用于环境和可持续发展管理中。

2.其他费用的管理

(1)行政管理费:指行政办公部门在酒店运营过程中产生的支持酒店收入部门增加营业收入的费用。比如,行政人员的人工费、品牌维护费、办公费、公共关系费、车辆使用和维护费等。随着互联网的发展,利用新技术能更好地降低办公费用,让管理组织架构更扁平化、信息交流实时有效,在有预算控制和管理的基础上降低行政管理费用的支出。

(2)市场营销费:指市场营销部为了酒店品牌和收入而支出的市场推广费、广告费、市场活动费等。随着互联网的发展和5G的应用,以及新媒体及新方式等多种销售渠道的出现,酒店的市场营销方式方法也在不断变化。要在充分的市场调研基础上,在预算控制的指导下,与时俱进,确保每项推广和营销活动不仅增效而且节流。

任务小结

本任务主要探索了酒店经营过程中的经营成本费用与管理。有效的成本费用管理对于酒店利润的提升至关重要,但过度的成本压缩可能会影响服务和产品质量,导致客户不满。酒店需要建立有效的成本费用管理制度,以支持酒店的运营,达到经营目标。不论是餐饮成本、人力成本,还是酒店能源耗费或设备设施维护保养等多种费用,严格的管理制度是以预算为标准并予以实现的基础。合理有效的成本费用管理是酒店运营成功和持续发展的关键保障。

训练题

一、问答题

1.酒店餐饮成本主要包括哪些方面?请列举并简要描述每个方面的内容。

2.请根据以下信息计算餐饮饮品成本率:饮品成本 68,900元,饮品营业收入 215,300元。

3.上题中计算成本率的餐厅这个月的预算饮品成本率为33.5%,请根据计算出来的饮品成本率,分析与预算的对比差异是"有利"还是"不利"。

二、讨论题

1.请讨论以下成本和费用的归属部门是否合理:总经理的工资归属到人力资源部费用;对餐饮部使用的设备进行维修的费用归属到餐饮部;已售食品成本里包含员工饭堂的食品成本;已入住客人的客房使用的水费归属到客房部。

2.酒店能耗和设备维保费用是经常被忽视的成本,请讨论如何有效管理这些费用来减少浪费和提高效率。

3.请讨论酒店应该采取哪些措施来培养员工的环保意识和行为,以实现整个组织的可持续发展目标。

项目五
酒店收入和利润管理

 项目描述

　　本项目主要包括酒店经营收入管理与酒店利润管理两个方面的内容。在了解酒店经营收入管理的学习任务中,全面介绍了酒店经营收入的独特性、酒店经营收入的概念与分类,以及如何通过酒店产品的定价策略实现酒店经营收入的提升,同时指出如何通过财务制度进行酒店回款过程中的风险控制。在了解酒店利润管理的任务中,提供了酒店利润管理的方法与步骤,重点描述了如何通过考核以实现酒店的利润目标。同时,介绍了当酒店实现利润或亏损时如何进行利润的分配与亏损的处理。

 **项目目标**

知识目标

○ 1.了解酒店经营收入和利润的定义。
○ 2.知道酒店经营收入的分类及其特点。
○ 3.掌握酒店产品与服务的定价策略及具体方法。
○ 4.学会识别酒店经营收入实现存在风险和应对举措。
○ 5.掌握酒店实施目标利润管理的方法与步骤。

能力目标

○ 1.具备全面了解酒店经营情况的能力。
○ 2.具备识别酒店经营管理存在的财务风险基本知识的认知能力。
○ 3.培养酒店经营目标达成过程中的账务剖析能力。
○ 4.运用科学方法解决酒店运营中财务问题的实操能力。

素养目标

○ 1.培养学生明白只有脚踏实地认真经营才能完成营业利润的经营观念。
○ 2.培养学生面对市场变化,需要用智慧在战略和战术上制定政策并组织实施的职业素养。

3.培养学生正确看待企业如何盈利和风险控制的职业素养。

4.培养学生数据分析和运用创新思维提升经营效果的综合素养。

 知识框架

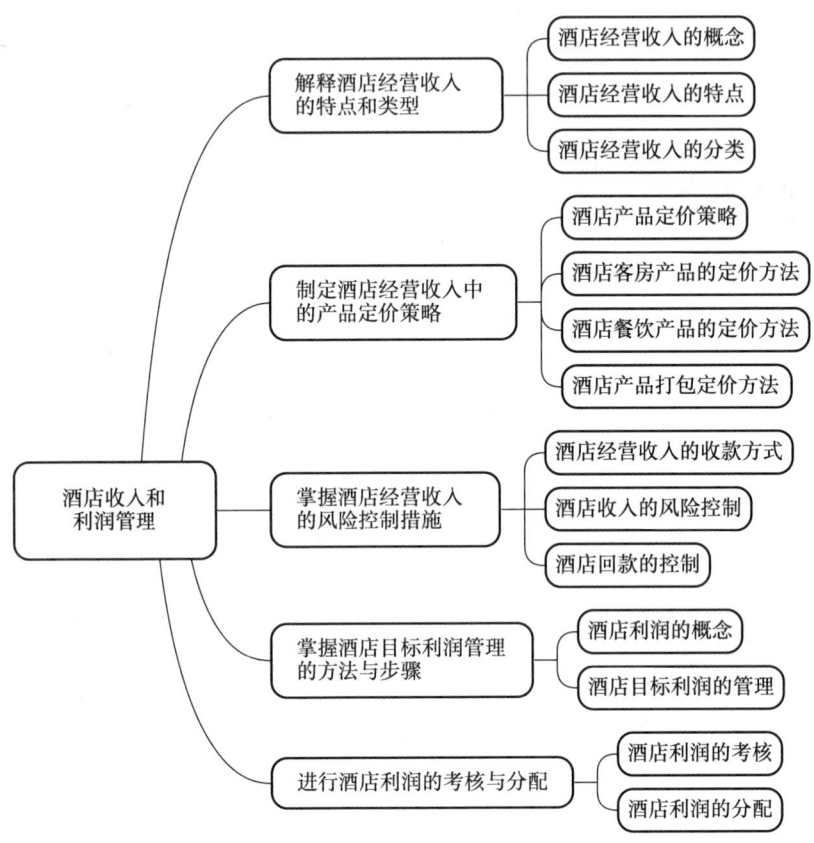

 教学重点

1.酒店经营收入的概念与分类。

2.酒店利润的概念。

3.如何通过产品定位与价格策略提升收入。

4.酒店回款过程中的风险控制。

5.如何实现酒店的经营目标。

 教学难点

1.如何进行酒店产品的组合。

2.基于收益管理的酒店动态定价。

3.酒店达成经营目标的过程管控。

项目导入

思政学习

1. 正确的企业经营价值观:企业能否盈利依靠的是通过经得起市场检验的经营策略和酒店人脚踏实地地做好每一件事情。
2. 合规合法诚信经营:只有在国家相关法律法规的指导下合规合法诚信经营,才能树立酒店品牌并获得客户的不断认可。
3. 风险管理与节约观念:扩大运营的同时需要有正确的风险意识和风险管理,并且还需要树立节约意识,做好合理的成本费用控制。
4. 团队协作与担当精神:实现经营利润,需要整个团队从上而下和从下而上的团结协作,并且责任到岗方可实现目标。

任务一　解释酒店经营收入的特点和类型

一、酒店经营收入的概念

酒店营业收入指的是酒店在日常运营过程中获得的货币收益,主要包括提供各种服务(如住宿、餐饮、康乐服务等)、销售商品(如礼品、特产等)所获得的收入。这种收入反映了酒店通过其经营活动为客户创造价值并因此获得回报的能力。因此,深入分析酒店收入的各个方面对于理解和优化酒店财务管理策略至关重要。

二、酒店经营收入的特点

与其他行业的经营相比,酒店业有其独特性。首先,其产品主要依赖于员工直接向客户提供的服务。其次,酒店产品具有不可储存的特点,一旦时机错过,服务即无法再售卖。此外,酒店业务受季节性因素影响显著,存在明显的淡旺季之分。最后,酒店服务通常受到特定场所的限制。这些独特性使得员工提供的高质量服务、有效的收益管理、精准的产品定价策略,以及酒店场所的合理配置与定位策略成为增加酒店收入的关键。

(一)酒店的产品与服务主要通过对客提供劳务来完成

由于酒店业的产品和服务主要依赖于一线员工与客户的面对面互动,服务的创造与消费同时进行。这导致员工需要频繁地与客户互动,面对各种不同的需求,使得他们的工作呈现出高度非结构化(即工作需要根据具体情况灵活调整和应对)的特点。在服务过程中,员工往往需要与不同部门和岗位合作,并可能不时遇到无法预料或预测的情况,这都增加了服务流程的复杂性和非常规性。

在当前的消费升级和体验经济背景下,顾客变得更加主动和挑剔,员工的积极性和团队协作精神成为迅速响应和满足顾客需求的关键。酒店盈利能力和优质服务的

核心在于基层员工的行为和态度。因此,建立优质的服务团队、实施高效的管理模式以及采用有效的激励措施来提高员工的积极性,对于提升酒店的经营收入至关重要。

(二)酒店经营产品具有不可储存性

酒店提供的客房等服务是基于特定的时间范围之内的,一旦没有在界定的时间内被出售,收入便永远失去,即当天没有出售的房间其损失将无法补偿。酒店产品的不可储存性,决定了影响酒店营业收入的基本因素是价格和营业量。在营业量一定的条件下,营业收入的高低取决于价格的高低,价格越高营业收入就越高。但当价格超过某一限度造成房量、餐位等酒店设施空置时,将导致营业收入的损失无法补偿。

酒店提供的服务,如客房,具有明确的时间限制性。这意味着,一旦服务在规定时间内未被销售,其潜在的收入便无法挽回。例如,一间当日未出租的客房,这一天的收入损失是不可补偿的。由于酒店产品的这种不可储存性,决定了营业收入的关键因素是定价策略和销售量。在销售量固定的情况下,营业收入的多少将直接受价格水平影响。价格设定越高,理论上营业收入也越多。然而,若定价过高,则可能导致客房和餐位等设施的闲置,从而产生无法挽回的收入损失。因此,在定价时需要权衡价格和占用率,以优化收益并避免因超出市场承受能力的价格导致的空置损失。

酒店经营过程中,关键点是如何以最合适的价格尽可能多地销售客房和其他产品,这也正是收益管理的核心目标。为了实现这一目标,准确识别并定位目标市场至关重要。酒店管理者可以通过深入分析不同客源,结合细分市场的规模、增长潜力和竞争状况,来评估并选择最合适的目标市场。有了对市场的精准细分,管理者便能更准确地预测需求,并据此调整产品供应量和价格。通过这种动态管理,酒店可以最大限度地扩大销量,从而最大化营业收入。这种策略不仅要求对市场有深刻的洞察力,还需要灵活地调整价格和供应,以响应市场变化。

(三)酒店经营具有季节性与周期性

不同于制造业等其他行业,多数酒店的经营收入会受到季节性的影响而出现较大的波动,从而形成酒店经营过程中的淡旺季。一般而言,酒店的淡旺季会因为酒店所处的地理位置、经营性质等方面的差异而不同。例如,东北三省的酒店在冬季冰雪旅游季节是入住的高峰期;而广州市区的酒店则在春、秋两季的广交会期间迎来入住的高峰期。酒店经营性质的差异也会产生不同的淡旺季之分。例如,商务型酒店的旺季一般在周一至周五的工作时间内,而会议度假型酒店则恰好相反,周末及节假日正好是酒店入住的旺季。

对于淡旺季非常明显的酒店,管理者在酒店员工的数量、原材料的准备、场所的利用等各方面都应采取更加精细化的管理与统筹,以免造成旺季因人手的不足而无法保证服务质量,而淡季却又形成人员与场地、设备的大量闲置。此外,管理者还应认识到,淡季并非仅仅是挑战,也是创造额外市场需求的机遇。通过打造独特且具有差异化的产品和服务,酒店可以吸引更多的客户,即使在传统的淡季也能实现收益最大化。

例如,某一国内会议度假型酒店原本因设施配有一个标准化游泳池,全年只有暑期为酒店旺季。酒店通过对竞争对手经营产品与价格数据分析,对酒店进行改造,将

酒店原有的户外小型梅花鹿养殖场改为含六个温泉泡池的户外温泉汤屋,满足了人们对健康生活方式日益追求的消费升级需求。同时,通过酒店的差异化策略创造了市场需求,使酒店在冬季也变得生意兴隆。

(四)酒店的产品与服务具有时空限定性

酒店客人的住宿、餐饮、会议、康体娱乐等活动通常都在酒店的经营场所内进行。酒店的接待能力和整体容量在建设初期就已大体确定,因此,酒店硬件的设计标准、功能区域的合理布局以及空间的有效利用等因素,对确定酒店的经营定位、服务水平和质量保证具有至关重要的作用。

此外,对于已处于运营阶段的成熟酒店而言,基于经营数据分析和评估所进行的改造,往往对提升酒店的营业收入具有战略性意义。这样的改造不仅提高了现有设施的效率,还可能引入新的服务项目或提高服务质量,从而为酒店带来额外的经营收入。

以一家会议型酒店为例,近一年来,该酒店经常面临会场资源冲突的问题。其拥有的两个600平方米的会议室常被婚宴客人提前预订,导致酒店不得不拒绝团队客人的订单,从而错失商机。同时,酒店内另一个500平方米的设计老旧的国际会议厅在过去两年中几乎一直处于闲置状态。为了解决这一问题,酒店根据数据统计和市场需求,决定对会场进行改造,把原本的固定座椅式会场转变为灵活的活动型多功能厅。这一改造提高了会议场地的可用性和灵活性,从而在当年就显著增加了会议团队的预订数量。这不仅提升了会议场地的利用率,还间接带动了客房出租率的提升以及酒店整体经营收入的增长。

表5-1汇总了酒店经营特点及针对特点的相关经营(部分)关键举措。

表5-1 酒店经营特点和关键举措

特点	举例	关键举措
依赖面对面的对客服务	前台面对面入住服务、餐厅面对面就餐服务、宴会及会务面对面服务	以个性化服务取代一般化服务;通过团队协作提升服务的高效性和敏捷性;有效的培训和发展空间赋予员工的发展;有效的激励机制给予的服务内驱力
具有不可储存性	当天没有出售的房间、餐位或场地等产品即产生当日损失	多渠道获取订单及符合市场需求的订金制度;优化预订流程,提升成单率和服务效率;通过收益管理,实现入住与收入最大化
经营时间有淡旺季之分	商务酒店工作日为旺季;会议度假型酒店周末与节假日为旺季	精准客群的产品和定价策略;淡旺季区别性的定价与产品策略;多元化的用工方式
服务受场所限制	仅限酒店固有场地范围内经营	优化酒店客房与餐饮、会议设施的合理配比;与周边景区等第三方合作,扩大产品外延

三、酒店经营收入的分类

企业收入一般根据经营的主次,分为主营业务收入与其他收入(即非主营业务收

入）。酒店作为为客人提供吃、住、娱的旅游接待场所,主营业务主要包括客房、餐饮、会务、康乐等几个方面。除主营业务以外,酒店还会兼顾一些如商品销售(包括纪念品、运动用品和月饼、粽子等季节性产品)、场所租赁(包括品牌店、美容美发店的租赁)等非主营业务活动,为客户提供多样性的产品,由此产生的收入构成了酒店的其他收入。以一家实际经营中的实体酒店服务内容为例,其经营收入可以有以下分类(见图5-1)。

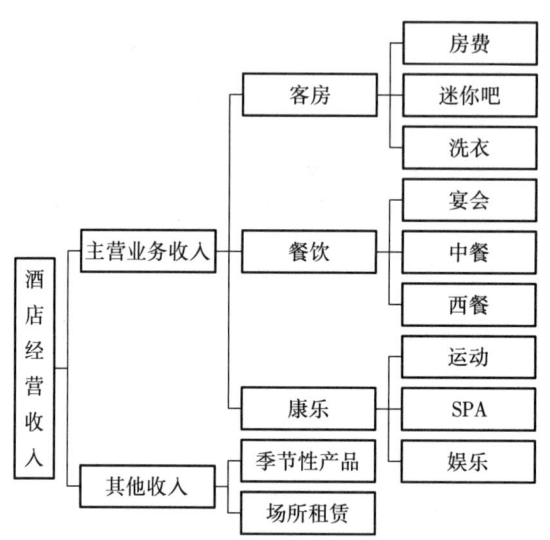

图5-1　某一实体酒店经营收入分类明细

酒店经营者可以每天通过每日经营收入报表及时了解当日的营业收入情况,每日经营收入报表需包含酒店前一日所有经营场所产生的各类产品收入(见表5-2)。同时,考虑到主营业务的收入中客房收入的重要性以及入住人数对酒店整体综合消费的影响作用,一般酒店每日经营收入表中还会体现前一日酒店的出租率、平均房价、RevPAR等一些关键指标,以及这些关键指标与酒店预算的对比差异,便于酒店总经理和相关部门做相应的管理与支持。

表5-2　××酒店每日经营收入表　　　　　　　　　　　　单位:元

项目	实际	预算	完成进度
当日总收入	109,951.63	151,816.86	72.42%
客房	42,281.57	56,687.87	74.59%
餐饮	56,800.00	79,854.80	71.13%
运动	3,020.67	3,225.81	93.64%
娱乐	4,733.96	8,064.52	58.70%
健康	3,115.43	3,983.87	78.20%
其他收入	0	0	0
当日入住(间)	156.00	152.90	102.03%
出租率	70.59%	67.06%	105.26%

续表

项目	实际	预算	完成进度
平均房价	270.72	361.99	74.79%
RevPAR	191.10	242.76	78.72%

由于酒店客房、餐饮、康乐三大主营项目的经营特色、成本核算,以及员工服务的过程中均存在差异性,将营业收入进行分类,有利于酒店的精细化管理。例如,对于客房收入,酒店可以根据出租率、平均房价、RevPAR等关键指标进行衡量;而对于餐饮收入,则可以根据用餐人数、人均消费、围餐餐标、婚宴起订标准等指标进行衡量。因此,除每日经营收入表之外,每日经营情况报表还包括餐饮和其他主营业务的相关内容,如餐饮收入、上座率、用餐人数、餐饮人均消费,以及康乐中心的各个场所的服务人数和收入等,如表5-3所示。

表5-3 酒店每日经营情况报表(部分)

客房(夜班不含免费房/自用房)	出租率:64.71%		总售房:143间
	房租收入:46,475元		在住人数:262人
	平均房价:325元		退房:0间
	预订未到达:2间		预抵:4间
餐厅	中餐	收入:43,279元 人数:284人 台数:18张 包房:6间	
	西餐	早餐人数:265人	
运动中心	人数:25人 收入:5,112元	KTV	包间:5间 收入:15,685元
健康中心	人数:10人 收入:6,800元		

根据以上报表的内容所含的关键要素,酒店各部门管理者需要从以下几个方面,但不仅限于这几个方面做相关数据的分析和后续工作的跟进。

(1)酒店客房平均房价、出租率、营业收入等是否与价格体系、年度与月度预算等方面相吻合,出现怎样的差异。

(2)餐饮与康乐人均消费是否达到预算或者出现异常(如某些部门的人均消费是否出现较大波动)。

(3)根据每日客房、餐饮、康乐等部门接待的人数,人力资源部进行各部门服务人员的安排及用工情况核对。

任务小结

在本学习任务中,主要学习了酒店经营收入的概念、特点和分类以及独特性的具体表现。酒店产品具有不可储存性,同时受季节性因素影响显著。

Note

因此,作为酒店从业者和管理者,需要针对酒店产品的特点提供针对性的解决方案,以符合客户需求,达到酒店运营目标。由于酒店不同的产品服务,如客房、餐饮、康乐等项目的经营特色、成本核算,以及员工服务的过程中均存在差异性,将营业收入进行分类核算,以更有利于酒店的精细化管理。在酒店的日常运营中,需要每日了解不同部门的营业收入情况,以便及时与目标预算做对比。如发现差异,要及时指导各部门进行工作的优化。

训练题

一、问答题

1.“酒店的营业收入是客房收入和餐饮收入的总和”这样的描述对吗?为什么?

2.酒店营业收入的独特性主要包括哪几个方面?

3.酒店不同产品的营业收入为什么要进行分类计算?列出2个不同产品的收入分类内容。

二、讨论题

1.查阅表5-2酒店每日经营收入表,观察当日收入与预算之间的关系,解读出租率、平均房价、RevPAR和客房收入、总营业收入这5个指标的差异,讨论出至少3个导致差异的原因。

2.酒店经营中的淡旺季现象如何影响收入管理和酒店的经济效益?讨论淡季与旺季之间的平衡以及创造额外市场需求的机会。

任务二　制定酒店经营收入中的产品定价策略

酒店产品的定价策略是影响酒店经营收入的关键因素,直接决定了酒店在市场竞争中的表现。酒店产品价格的制定应综合考虑市场的供需状况、产品成本、所在竞争区域内同行价格、酒店历史数据、市场前景预估、预算指标增长额等各种因素。不同的因素决定了酒店进行定价时选择什么样的定价方法,同时,酒店各类产品的定价又存在一定的差异性。

一、酒店产品定价策略

(一)酒店产品的战略性定价

在制定价格策略时,酒店需要综合考虑内外部环境和竞争对手的价格,以确定与自身市场定位相符的战略性定价。战略性定价强调价格的长期属性,与经常随市场波动调整的战术性定价相比,战略性定价更注重长远规划和稳定性。战略性定价不仅需

要反映酒店的整体市场定位,还应该考虑酒店长期的业务目标和品牌形象。例如,酒店的年度价格体系明确了折扣政策的底线及其执行权限。即使在经营淡季,酒店通常也会保持在这一底线以上的价格来销售其产品。此外,战略性定价也反映了酒店的目标客源市场和服务质量水平。比如,一个产品定价与区域内五星级酒店相当的酒店,应当提供符合五星级标准的服务质量,在进行客源市场分析和短期价格调整时,该酒店也应以区域内同等级酒店的标准为基准。酒店客房年度价格体系表如表5-4所示,酒店会议室场租年度价格体系表如表5-5所示。

表5-4 酒店客房年度价格体系表(以双床及大床房型为例) 单位:元

客源分类	园景双床房		园景大床房		备注
	周中	周末	周中	周末	
门市价	1,280	1,280	1,380	1,380	
最优可售价(BAR价)	480	509	518	549	最佳可售价
前台散客价	480	509	518	549	前台价
OTA散客价	480	509	518	549	含佣金
官网/App价	480	509	518	549	
旅行社散客价	460	487	495	525	含佣金
商务协议价	468	497	505	535	
长住房价	360	381	388	411	
会议团队价	358	380	386	410	50间以内
会议团队价	300	318	323	343	最低价

注:
(1)以上房价除门市价外,均含10%的服务费及6%的增值税;
(2)前台散客价、最优可售价应与OTA价动态持平;
(3)BAR价为折扣或特殊房价的唯一对照标准,特价权限请以"BAR价××折"的形式体现;
(4)"官微/400"及"微信会员价":官方微信定价等于OTA定价,微信会员价为OTA定价的95折;通过400电话预订的客人,如不是会员,立刻办理入会并使用金卡会员价(OTA价95折);
(5)会议团队定义:10间付费房或以上,且有会议/宴会预订;
(6)长住房定义:同一住客连续入住14天以上,有需要的酒店可按长住房时长设置等级;
(7)旅行社散客价应与BAR价动态持平;
(8)本价格体系默认为×××元/晚(含双早)的格式;
(9)加床政策:统一为200元含单早;
(10)此价格体系为各细分市场最低权限价,酒店可根据实际市场情况在此价格基础上进行调整。

表5-5 酒店会议室场租年度价格体系表

会议室名称	国际宴会厅	华夏厅	北京厅	上海厅	广州厅
面积	600 m²	600 m²	580 m²	130 m²	90 m²
长、宽、高/m	30×20×7.8	30×20×7.5	半径15×6.2	13×10×3.1	12.5×7.1×3.1
剧院式	550人	550人	400人	130人	70人
课桌式	360人	360人	180人	72人	36人

续表

会议室名称	国际宴会厅	华夏厅	北京厅	上海厅	广州厅
岛屿式	400人	400人	170人	60人	48人
U型	200人	200人	90人	50人	38人
收费标准	40,000元/天	40,000元/天	32,000元/天	16,000元/天	16,000元/天

注：
(1)以上场租为门市价格,市场销售总监、餐饮总监优惠权限为门市价6折；
(2)总经理优惠权限为门市价4折。

　　战略性定价的目标是将酒店的可用库存进行优化分配,从而给到最具价值的细分市场,以实现收益最大化。在制定这种定价策略时,酒店需要综合考虑多个关键因素,包括酒店的规模、地理位置、服务类型和等级、硬件设施以及历史经营数据。这些因素共同影响酒店的市场定位和价格决策,有助于确定最有效的价格策略以吸引目标客群,同时确保酒店的收入和利润最大化。

(二)酒店产品的战术性定价

　　与基于市场定位和服务水平的中长期战略定价不同,战术性定价策略着眼于解决短期运营中的问题,主要通过多层级的、动态和灵活的价格调整来实现收益最大化。然而,即使是为了尽可能地销售酒店存量而采取的减价促销,短期价格变动也应与酒店的总体战略性定价保持一致。例如,一家高星级酒店的折扣促销价格不应降至与三星级酒店相等的水平,虽然这可能会带来短期的销售增长,但同时可能会损害酒店的服务质量和品牌形象,从而导致目标客户群的流失。

　　酒店采用的多层级定价、折扣策略以及动态定价等定价策略都是一种使酒店短期收益最大化的有效方法。这种策略允许酒店在短期内灵活调整价格,以应对市场变化,同时确保这些调整符合酒店的长期战略和品牌定位。

　　多层级定价策略是指酒店根据不同的市场环境(如客户需求、竞争状况、季节变化等),结合自身的硬件设施、服务质量等因素,划分价格档次,从而形成不同的价格层级,以达到在满足不同客户需求的同时,实现酒店经营效益最大化。酒店根据不同房型及不同客户及节假日等制定不同价格层级如表5-6所示,根据淡旺季制定价格层级如表5-7所示。

表5-6　酒店根据不同房型及不同客户及节假日等制定不同价格层级　　　　单位:元

房型	门市价	银卡会员价	金卡会员价	周末价(周五、周六、周日)
标准双人房	500	450	420	500
湖景大床房	650	580	550	650
商务大床房	700	650	620	700
高级套房	980	880	850	980
行政套房	1,180	1,080	1,050	1,180

Note

表 5-7　根据淡旺季制定价格层级(以 2024 年某度假型酒店为例)

2024年对应月份	季节	价格等级	对应的具体日期
腊月二十五至腊月二十九、正月初六至正月十五,3月、4月	淡季	按年度平均房价下调10%—20%	2024年2月4—8日、2月15日—24日,3月、4月全月
5月中下旬、9月	平季	年度平均房价	5月除黄金周之外、9月全月
1月、6—8月、10—12月	旺季	按年度平均房价上调10%—20%	1月全月、6—8月及10—12月全月为度假及会议旺季

注:某些酒店将淡旺季划分为冰、淡、平、旺、火五个等级,形成更为精细的价格层级。

　　酒店定价的折扣策略是为了在短期内带来收入的增加,酒店会针对不同客源需求采取不同折扣策略,在价格体系的基础上给予前厅经理等房务部管理人员及销售部人员一定幅度的折扣权限,以灵活的销售价格政策获取市场份额。实施价格折扣的类型主要包括酒店 Walk-in 客人的现金折扣、长住房(连续住房14天以上)客人的价格折扣、系列团队、年度中标单位等价格的优惠。

　　基于收益管理的动态价格策略则是根据客房或餐饮的预订存量,进行分等级的动态定价。例如,对于度假型酒店,在"五一""十一"等黄金周假期接待期间,可按照提前优惠价、正常价格以及高价出售等不同情况进行动态定价。具体可以通过以下步骤进行:先按照客房总量20%—30%的比例提供给相关渠道(如旅行社)以低于实际售价10%左右的价格进行出售,实现一定房量的提前预订保障;同时按照实际价格接受散客与网络客人的正常预订;当临近黄金周前5天时间并且房量预订达到60%以上,将房价上调10%—15%进行销售;当临近黄金周前3天时间并且房量预订达到80%以上,可将房价再次上调,以此类推,从而实现价格的动态管理。

二、酒店客房产品的定价方法

　　酒店客房产品定价方法主要包括以下几种方式。

(一)市场导向与竞争导向定价法

　　在酒店业中,市场导向与竞争导向定价法是一种考虑市场需求和竞争环境来制定产品价格的策略。这种定价方法特别强调酒店所在区域的经济水平和周边竞争对手的价格对自身定价的影响。管理者需要深入分析所处位置的消费水平以及竞争对手的定价策略,以便合理设定自家产品的价格。例如,两家造价相同的五星级酒店,一家位于二线城市长沙,另一家位于一线城市北京,它们的产品价格可能会有显著差异。这主要是因为不同城市的消费水平和市场需求不同。同样,在同一城市内,酒店的价格也可能受到周边是否存在一个或多个直接竞争对手的影响。如果周边竞争激烈,可能需要通过价格调整来吸引客户或保持市场份额。

(二)投入成本定价法(成本分摊定价法)

　　在酒店业中,一种常见的定价策略是根据酒店的总体投资成本来确定客房收费标准,即投入成本定价法,也称为成本分摊定价法。首先,计算出每间客房的平均投资成

本,然后结合预期的投资回收期来设定房费。在这种计算原则下,行业管理者通常会根据市场的合理投资回收期预期,采用每间客房投入成本的千分之一作为基本房费定价标准。以国际饭店业的标准为例,五星级酒店的每间客房平均投资成本通常在100万—150万元,四星级酒店为60万—90万元,经济型酒店为10万—30万元。按照每间房间投入成本的千分之一的定价方法,则以上造价的五星级酒店每晚房费价格在1,000—1,500元,四星级酒店为600—900元,经济型酒店为100—300元。

(三)赫伯特定价法

赫伯特定价法是以目标收益率为定价的出发点来计算酒店预期的平均房价,由美国旅游和汽车旅游协会主席赫伯特在20世纪50年代发明。具体计算公式为:

平均房价=客房部计划期目标销售额÷(可出租房间数×计划期天数×预测出租率)

以月度经营目标为例,假如规模是200间客房的酒店,其月度客房销售收入目标为180万元,而当月预测的客房出租率为50%,那么要达到180万元的客房收入,在客房其他(如迷你吧、洗衣等)收入暂不考虑的情况下,我们可以推算出为达到客房月度的销售任务,客房的平均房价应该保持在600元以上。即180÷(200×30天×50%)=600元。

由以上公式可见,赫伯特定价法是以客房经营收入指标为依据,并结合对出租率的预测,反推出来的客房价格。赫伯特定价法的最终目的是使经营者较好地完成目标收益。

(四)根据不同的房型定价

根据不同房型进行定价,即按照酒店标准间、大床房、套房、豪华套房等不同房型进行定价。某酒店房型价格体系如表5-8所示。

表5-8　某酒店房型价格体系(门市价)　　　　单位:元

房型	园景双床房	园景大床房	亲子双床房	园景套房	亲子套房	总统套房
门市价	1,280	1,380	1,580	1,780	1,980	3,188

(五)根据不同的渠道定价

根据不同渠道进行定价,是指按照挂牌价、网络预订价、团队价、商务散客、旅行社等进行定价。某酒店以园景大床房为例进行各渠道销售定价表如表5-9所示。

表5-9　某酒店园景大床房各渠道销售定价表　　　　单位:元

渠道	挂牌价	网络预订价	团队价	商务散客	旅行社
定价	1,380	549	432	558	549

(六)根据淡旺季及特定日期定价

酒店应根据其经营类型来确定淡旺季以及特定日期的定价策略。例如,在商务型酒店中,由于周末和节假日商务活动减少,客房需求相对较低,因此这些时段的价格通常会低于工作日。相比之下,度假型酒店的情况则完全相反。对于这类酒店来说,周末和节假日是需求高峰期,因此其客房价格在这些时段通常会高于平日,并且随着节假日临近,价格可能会出现进一步的上涨。这种价格策略反映了酒店对市场需求波动的响应,旨在优化收入并确保资源的有效利用。某商务型酒店客房淡旺季定价表如表5-10所示,某度假型酒店客房淡旺季定价表如表5-11所示。

表5-10 某商务型酒店客房淡旺季定价表 单位:元

房型		园景双床房	园景大床房	园景套房
淡季	周末	518	558	718
	平日	558	588	758
旺季	周末	558	588	758
	平日	598	628	798

表5-11 某度假型酒店客房淡旺季定价表 单位:元

房型		园景双床房	园景大床房	园景套房	亲子套房
淡季	周末	658	688	858	958
	平日	628	658	828	928
旺季	周末	688	718	888	988
	平日	658	688	858	958

三、酒店餐饮产品的定价方法

餐饮产品的定价一般可以分为需求导向与竞争导向定价法、成本导向定价法。

(一)需求导向与竞争导向定价法

需求导向与竞争导向定价法是餐饮产品的一种关键定价策略。首先,这种方法要求酒店对餐饮市场的目标客户需求进行深入分析,这可以通过市场调研、客户反馈或消费数据的分析来实现。其次,酒店还需要对竞争对手的价格进行细致的比较分析,了解同一地区或市场细分领域内其他餐饮服务提供者的定价策略。通过综合这两方面的信息,酒店餐饮部门才能制定出既满足顾客需求,又具有市场竞争力的餐饮产品价格策略。

(二)成本导向定价法(成本加成定价法)

成本导向定价法是餐饮产品定价中常用的一种策略,它主要基于菜品的原材料成本和预期利润来设定价格。在餐饮实际运营中,这种方法通常基于毛利率(Gross Profit Ratio)来进行衡量。毛利率是毛利与销售收入的比例,即毛利占销售收入的百分比,其中毛利是指销售收入减去销售成本的差额。在设定餐饮部门整体的毛利率目标的基础上,各个菜品的定价可以根据其销售量、市场价格和成本来综合考量来决定。

因此,不同菜品的毛利率可能会有所不同,以适应市场的需求和成本的变化,如表5-12、表5-13所示。

表5-12　酒店菜价及毛利率

序号	菜式名称	售价/元	成本/元	成本率	毛利率	打印端口
1	豆酱子姜蒸鱼头	68.00	30.60	45%	55%	中餐热厨
2	红烧茄子鱼脯	48.00	14.70	31%	69%	中餐热厨
3	藕节脆瓜炒爽肉	25.00	26.40	46%	54%	中餐热厨
4	双雪果皇炖猪展	138.00	57.96	42%	58%	中餐热厨
5	鸡汁浸胜瓜猫耳	38.00	7.60	20%	80%	中餐热厨
6	醒胃酸汤鸡片	78.00	31.20	40%	60%	中餐热厨
7	花胶煮杂菌	88.00	41.54	47%	53%	中餐热厨
8	话梅汁圣女果	18.00	3.60	20%	80%	味部
9	鲜沙姜青头鸭	78.00	28.80	37%	63%	中餐热厨
10	避风塘海参炒爽肉	88.00	26.40	30%	70%	中餐热厨
11	特色酥香辣子鸡	68.00	24.48	36%	66%	中餐热厨
12	日式锅贴小棠菜	68.00	27.20	40%	60%	中餐热厨
13	鲍汁杂菌自制豆腐	48.00	7.70	16%	84%	中餐热厨
14	青芥兰爆炒海鱼柳	58.00	22.50	39%	61%	中餐热厨
15	春荞菜脯爆烧肉	68.00	30.60	45%	55%	中餐热厨

制表人:　　　　　　　　餐饮总监:　　　　　　　　成控专员:

表5-13　酒店标准菜谱　　　　　　　　　　　　单位:元

菜名	主料	数量	单价	总价	总成本	售价	毛利率	制作方法
花胶煮杂菌	花胶	350 g	0.150	52.50	59.50	128	54%	①花胶发好切件;②什菌炒熟垫底;③蚝油调成鲍汁;④齐煮10分钟
	什菌	400 g	0.015	6.00				
	蚝油	50 g	0.006	0.30				
	辅料	10 g	0.070	0.70				

制作人:　　　　　　　行政总厨:　　　　　　　财务审核:

四、酒店产品打包定价方法

为了提高酒店整体收益并克服经营场所的局限性,酒店管理者可以采用产品打包销售策略,以丰富酒店的产品系列,并提升酒店的整体收益。其中,客房作为酒店的主营产品,是收入和利润的主要来源。将客房与酒店其他部门(如餐饮、康乐)提供的服务或产品进行打包,即形成捆绑销售的"套票",是一种行之有效的销售策略,往往可以

通过客房带动餐饮、康乐等部门的综合收入。这种捆绑销售的套票包含了多种服务或体验,往往比单一的客房销售更具吸引力,具有更高的性价比,能刺激目标客户的消费欲望,在提高整体经营收入的同时能够避免单一产品的价格战。

针对不同细分市场的特定需求,酒店可以设计并提供多样化的套票产品,从而满足不同客源市场的需求。以度假酒店为例,为了吸引亲子家庭,酒店可以推出DIY活动套票,其中包括亲子房、DIY手工制作、儿童竞赛活动、自助餐的组合。同时,为了吸引成人客群或单身人士,酒店也可以提供下午茶套票,其中包括标准房、西式下午茶、自助餐的组合。为了增加产品的吸引力,酒店可以同时推出多款套票产品,以丰富的内容和独特性来满足不同细分市场的多样化需求。

通常情况下,套票的总价要低于单独购买各项服务的价格总和。然而,设置成功的套票不仅仅是简单的价格优惠。有效的套票策略应基于对各种产品成本的详细核算和对竞争对手价格的深入分析。例如,一个位于城市中心商务区的酒店可以针对经常连住三天以上的商务客户设计一款名为"轻松商旅"的套票。这个套票可能包括三晚住宿、两件衣物的洗衣服务、房内迷你吧饮品以及三次西式商务餐。其售价设置与三晚住宿的前台Walk-in散客价相当。在这种产品打包中,财务部门的任务是准确计算洗衣服务、饮料和商务餐的成本,从而为定价提供指导。这样的定价策略不仅要考虑成本因素,还要确保套票对客户具有吸引力,同时保证酒店的盈利性。

表5-14中可见上述套票内容所包含的各项成本。

表5-14　前台Walk-in价及洗衣、软饮、商务餐成本

类别	前台Walk-in价	洗衣成本	饮料成本	商务餐成本
定价	630元/间	4元/件	10元/份	20元/餐

酒店客房套票中的产品还可以使用第三方提供的外部产品。在制定包括外部产品的套票打包价格策略时,除了考虑合作伙伴的直接成本,还需要综合考虑交通、人力、安全保险等多种间接成本因素。例如,一些酒店推出的"水果采摘"套票,包括住宿、自助餐和水果采摘活动。在这种套票中,水果采摘活动需要与周边农场合作。其成本计算不仅包括农场的门票费用,还需要考虑客户的接送服务等多方面的间接成本。

总的来说,酒店产品与服务的打包旨在为客户提供更丰富的价值体验,从而促进整体经营收入的增长。在这个过程中,财务部门在产品推出的事先调研、事中的监控,以及事后销售额的评估与产品调整都发挥着重要作用。

任务小结

本任务重点学习酒店经营收入中产品的定价策略以及各类产品定价方法的差异性。酒店产品的定价策略是影响酒店经营收入的关键因素,直接决定酒店在市场竞争中的表现。酒店各部门不同类别产品价格的制定原则、影响因素、关键指标等均存在差异性,定价的方法也不尽相同。如客房产品定价方法应着重考虑市场导向、投入成本的分摊、不同房型、预订渠道、淡旺季

等因素;餐饮产品的定价则重点考虑市场导向、食品成本等因素;套票则是近年在体验经济下为带动酒店综合消费而设计的整合产品,套票产品的定价需要考虑打包内容的单项成本及市场导向。基于收益管理的策略指导酒店结合自身经营情况选用不同的定价方法,灵活运用。不论选择何种产品定价方法与策略,都应以市场为导向,以扩大酒店市场占有率为目的,从而进一步地提升酒店的经营收入。

训练题

一、问答题

1.酒店产品的战略性定价与战术性定价的总体目标有何不同?

2.酒店客房产品的定价方法主要包括哪几个方面?

3.酒店餐饮产品的定价应重点考虑哪些因素?

4.酒店套票产品的定价应重点考虑哪些因素?

二、讨论题

1.在酒店产品定价中,战略性定价和战术性定价都是关键因素。你认为在不同情况下,酒店应该更侧重于哪种定价策略?例如,在淡季与旺季之间,应该如何权衡长期策略与短期收益?请分享你的看法和观点。

2.你认为在餐饮定价中,需求导向与竞争导向定价法和成本导向定价法,哪种策略更适合酒店的餐饮定价?如何确保盈利性并吸引客户?

3.在网上找出三家商务型酒店与三家会议度假型酒店的套票产品进行比较,分析商务型酒店与会议度假型酒店在套票打包内容、推出时间、价格等各方面的差异性,请对其效果给出你的评估。

任务三　掌握酒店经营收入的风险控制措施

酒店经营收入的回款方式通常包括预收、现付和事后结算三种。每种方式都带有特定的风险和潜在的管理漏洞,因此酒店需要制定相应的流程和制度来有效控制这些风险。

一、酒店经营收入的收款方式

酒店经营收入的收款方式主要有以下三种。

（一）预收

预收款是指酒店在实际提供服务（如住宿、用餐等）之前,从客人处提前收取全部或部分费用。它通常以定金或押金的形式出现,主要用于确保客房预订、会议和团队

预订以及婚宴等宴会的预订。预收的支付方式多样,包括现金支付、向酒店公司账户进行汇款或使用信用卡担保。这种预先收款的做法不仅有助于酒店管理预订的可靠性,还能提前确保一部分收入,增强酒店的财务安全。

(二)现付

现付指的是客人在接受酒店提供的服务时支付费用,通常是在客人离店前结清所有费用。这种支付方式普遍适用于客房、餐饮、康乐等各个部门消费的散客,以及婚、寿宴等私宴消费者。客人可以选择多种支付方式,包括现金、信用卡、微信、支付宝等。现场付款方式便于客人根据实际消费进行支付,同时使酒店能够即时回款,有助于即时管理收入和支出。

(三)事后结算

事后结算即挂账,是指酒店在向客人提供服务以后,允许挂账客人在约定的时间内进行费用的支付。这种挂账制度通常适用于与酒店建立了长期合作关系、签订了合同且信誉良好的客户,如会务公司、政府单位、旅行社、招标中标单位、合作商务公司等。鉴于事后结算可能给酒店带来一定的收款风险,酒店需要对客户进行仔细的信用评估和审查。通常包括评估客户的财务状况、历史付款记录和合作历史等,以便在保持与重要客户的良好合作关系的同时,减少因信用问题导致的潜在财务风险。

二、酒店收入的风险控制

酒店财务部门针对经营收入的不同收费方式应建立相应的管理方法和风险控制制度,以保证结算的及时准确性,并尽快回收营业收入。对于预先收款方式,例如客人支付的预订定金,如客人在约定时间内未来消费,则按照合同约定定金不予退还;在现付的情况下,财务部门应对各个收银点进行严格管理,确保所有交易及时、准确地记录和入账;而对于采用事后结算的客户,应加强对账目的监控,及时办理结算。对于逾期的账款,应安排专人催收,以减少资金占用,确保资金流的良性循环。

(一)经营点收入流程

为加强对各部门收银点的监督,以及对各部门账单的管理,酒店应建立严格的收款流程,做到各营业点每项收入都能够实现账、物相符。以下主要描述酒店前厅部前台与餐饮部两大经营部门的收银制度。

1.前厅部的收银流程

前厅部的收款流程可以分为以下几个步骤,如5-2所示。

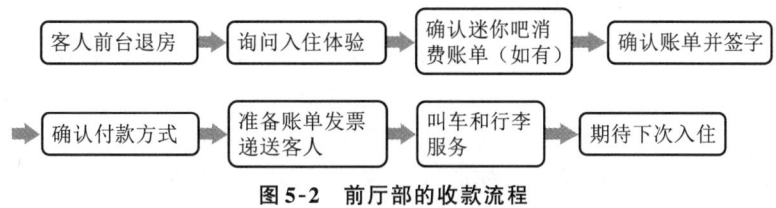

图5-2 前厅部的收款流程

　　为了确保住店客人在店内其他部门的挂账消费得到及时准确的处理,以及对团队等客人消费的有效管理,前厅收银工作需要各部门的密切配合。

　　(1)当住店客人在其他部门消费并希望挂入房账时,部门跟单服务员需要与前台收银确认后方可进行挂账,并将客人签字的表单存根交至前台收银。

　　(2)对于客人在房间产生的额外消费,如迷你吧、洗衣服务等,服务中心应及时、准确地记录费用,以避免发生少报、漏报等现象,造成账目的差错。

　　(3)针对团队或散客的集体结账,以及担保退结、保证金交纳、特殊房价处理等情况,销售部门需要及时跟进并与前台收银协作,设置相应的主账户,确保客人在离店前完成所有结算手续。

　　同时,前厅收银还需要注意对如下不同收款方式的特殊处理。

　　押金:相关负责人检查客人押金是否足额,根据客人入住天数及其他潜在费用来确定押金金额(例如,房价×天数＋特定金额×天数),可以通过现金、储蓄卡、信用卡预授权等方式支付。

　　高额记录:为预防客人消费超出信用限额,每日需要进行信用审核,如有超额情况,应及时与客人联系并要求补足。

　　第三方付款:如果有第三方客人为住店客人支付房费,前台将会要求支付款项的客人签署第三方付费授权表,并将相关支持文件与第三方授权表一起归档到住店客人档案中。

　　信用卡审批:在信用卡机上输入授权金额完成预授权。如果客人离店时使用其他付款方式,预授权必须由前台办理客人离店的员工取消,并将取消表随同其他文件归档。如实际金额超过预授权,值班经理需要获得额外授权补足差额。

　　公司/旅行社的退款:通过检查备忘录来决定何种收费能够被接受,收取被认可的数额;如客人提出挂账服务,必须跟进,确保在8小时内进行信用调查。完成信贷检查后,前台值班经理在高额记录上签字,并将记录转至信贷经理。在财务总监检查后,每日由信贷经理统一归档和跟进。

　　2.餐饮部的收银流程

　　在酒店餐饮部,当楼面服务人员将客人的消费单提交给收银员后,收银员需要核对菜品、规格和数量等信息,然后打印账单,并交由服务人员呈递给客人确认。完成确认后,客人可以通过以下几种方式结算费用。

　　1)直接支付

　　客人可以选择使用现金、银行卡或微信等电子支付平台直接结算账单。

　　2)签单挂账

　　如果客人希望签单挂账,收银员需要核实客人是否拥有在本酒店进行签单月结的权限。确认无误后,收银员应立即核对客人的签名是否与酒店预留的签名相符。

　　3)挂入房账

　　对于希望将消费挂入客房总账单的住店客人,餐厅收银员应联系前厅收银核实该客房是否允许挂账。得到允许后,收银员将账单交给客人签字确认,并将消费单的一份副本送至前厅收银核对签名模式后进行挂账处理。

　　餐饮收银员在下班前,必须核实收入报表、缴款单、投款簿,使三者一致,并对当班

所收现钞、信用卡、电子收款平台等各类结算交审计复核无误后,填写"投款明细单",将现金装袋投入保险箱。

(二)收入的财务稽核

为防止酒店各经营部门收银点出现差错或在经营过程有作弊等不正常行为的发生,并确保各部门收入的正确、完整和无误记录,财务部门应加强内部控制程序和措施,设置财务收入审计部门,负责酒店各部门营业收入的稽核和确认。财务稽核的核心任务是对酒店每日发生的所有收入相关事项(包括主营业务收入、其他业务收入以及营业外收入等)进行再度核算和认定,确保其真实性、完整性和及时性,并通过内部审计机制保障其安全与完整。审计工作可以根据工作时段划分为日审和夜审两种模式。日审主要负责白天的收入核算和确认,而夜审则处理夜间的收入事项。根据审计对象和范围,主要分为客房、餐饮和康乐等部门。这种分工确保了审计工作的覆盖面广泛且具体,有助于及时发现并纠正有关收入处理上的错误或不规范行为。

1.客房的财务稽核

客房审计的核心任务是对前台收银及各相关营业部门传递的原始单据、消费账单、报表和票证等纸质数据进行真实性和完整性的核实和验证。这包括对前台收银的早、中、晚三班所汇总的各收银员的报表、账单和票证进行细致审查,以确保实际账单与系统记录的一致性。通过这种详细的核对过程,客房审计确保所有的收入和费用都被准确记录和报告,预防和识别任何潜在的差错或不规范操作。为了确保酒店客房收入的准确性和完整性,审计流程包括以下关键步骤。

1)房租分析与入住登记单核对

财务夜审人员打印当日前台电脑系统的"房租入账报表"与前台收银的入住登记单进行核对,确认所有出租客房信息已准确录入电脑系统。

2)日结处理

核对无误后,完成"日结"操作,并打印"前台收益借贷总表"。采用"昨日余额＋今日消费＝今日收入＋今日余额"的核算方法,确保电脑系统中的收益试算平衡表余额为"0"。

3)三表合一交叉测试

对接待处的客房状况表、管家部的房间状态表和夜间稽核的房租过账表进行交叉符合性测试,确保数据一致性。

4)前台夜审核对

前台夜审人员需要汇总并核对酒店各收银点全天的所有账单和报表,确认各班次的投款数与报表显示的现金、信用卡、数字支付平台等金额是否一致。如有差异,必须立即与当班收银人员沟通,查明原因并进行及时的追投与补投。

5)特殊报告审核

对于客房收入折扣报告、零房价报告等,应确保有相应的批准单据作为支持文件。

通过上述这些细致的步骤,酒店可以确保收入数据的真实性和准确性,有效预防和识别任何潜在的账目错误或不规范操作,从而维护财务的稳定性和透明度。

表5-15至表5-18分别为某酒店房租入账表、入住登记单、宾客账单、收银入账报表。

单位：元

表 5-15　房租入账表

账号	房号	房类	姓名	团体/单位/旅行社/订房中心	抵达	离开	房价码	协议价	成交价	包价	理由	实过房租	入账日期
F2401110248	630	DGK	客户姓名		2024-01-11 22:45	2024-01-12	BOGN	457.20	457.20			457.20	2024-××-××
F2401110006	736	DGK	客户姓名		2024-01-11 14:17	2024-01-12	WKIN	508.00	508.00			508.00	2024-××-××
F2401110247	810	DGK	客户姓名		2024-01-11 22:29	2024-01-12	BOGN	457.20	447.04		004	447.04	2024-××-××
F2401090142	812	DGT	客户姓名		2024-01-09 20:44	2024-01-12	FIT	558.00	488.00	BFN2	099	488.00	2024-××-××
F2401090143	812	DGT	客户姓名		2024-01-09 20:44	2024-01-12	FIT	558.00	0.00			0.00	2024-××-××
F2401110243	816	DGK	客户姓名		2024-01-11 20:07	2024-01-12	BOGN	457.20	457.20			457.20	2024-××-××
F2401110244	830	DGK	客户姓名		2024-01-11 20:33	2024-01-12	HSE	0.00	0.00			0.00	2024-××-××
……			……										……

小计：　房数：　人数：　　　　　实过房租：

表 5-16　入住登记单

姓名			国籍			房号	
						日租	
性别		出生年月			证件种类		
					证件号码		
联系方式				抵店日期			
电子邮件				离店日期			
地址							
公司名称							
签证种类		签证机关			入境日期		签证号码	
签证有效期			入境口岸				接待单位	

(1)本人愿意承担在酒店内发生的一切费用;

(2)请将携带之贵重物品存放于房间或前台收银处设立的免费保险箱内,阁下如在房间或酒店公共场所损失任何物品,酒店不承担责任;

(3)入住时间为下午2时后;

(4)退房时间为中午12时前;

(5)所有入住酒店客人,均需实名登记证件,来访客人请在晚上11时前离开;

(6)离店时请交回钥匙。

付款方式

□现金　　　　　□信用卡　　　　　□公司支付　　　　　□其他

兹证实本人同意支付下述费用:

□房费　　　　　□餐费　　　　　□所有费用　　　　　□其他

受付房间号码　　　　　　　　　　　　　　　　　受付客人姓名

表 5-17　宾客账单

姓名：××× 公司： 团队： 账号：	房间号码：812 到店日期：2023/××/×× 19:07:55 离店日期：2023/××/×× 8:43:02 第 1 页　　共 1 页

日期		消费	付款
12/06	微信支付　[812](2023/12)	0.00	488.00
12/06	稽核房费　[812] 812 (2023-12-06)	488.00	0.00
	总额	488.00	488.00
	余额		0.00

本人愿承担账单最后所列尚未清付之欠款

客人签署

表 5-18　收银入账报表

酒店 A

打印时间：2024-××-×× 11:00

项目	基本费用	优惠	服务费	包价	其他	调加数额	调减数额	合计
稽核房费	7,775.00	2,399.32	0.00	0.00	0.00	0.00	0.00	10,174.32
洗衣费	334.10	0.00	0.00	0.00	0.00	0.00	0.00	334.10
迷你吧	28.00	0.00	0.00	0.00	0.00	0.00	0.00	28.00
房含早	0.00	0.00	0.00	0.00	0.00	0.00	0.00	0.00
租车费	5,200.00	0.00	0.00	0.00	0.00	0.00	0.00	5,200.00
合计	13,337.10	2,399.32	0.00	0.00	0.00	0.00	0.00	15,736.42

酒店 B

打印时间：2024-××-×× 11:00

项目	预收定金	结账收	结账退					合计
人民币现金	500.00	0.00	0.00	0.00	0.00	0.00	0.00	500.00
挂账	0.00	2,263.63	0.00	0.00	0.00	0.00	0.00	2,263.63
微信支付	1,004.00	2,108.10	0.00	0.00	0.00	0.00	0.00	3,112.10
合计	1,504.00	4,371.73	0.00	0.00	0.00	0.00	0.00	5,875.73

2.餐饮的财务稽核

餐饮审计的主要目标是验证各餐厅产生的消费原始单据、账单和报表票证等纸质数据的真实性和完整性,具体步骤如下。

1)收集数据

收集当日各餐厅的收银报表、账单和票证。

2)交叉核对

进行点菜单与账单的交叉核对,以及电脑报表与账单的交叉验证,确保点菜单与账单记录的一致性。

3)账单检查

根据账单的核对结果,检查账单上实际消费数量与收银记录的消费数量是否相符。

4)编制"餐饮收入借贷表"

根据核对后的账单信息,编制"餐饮收入借贷表"。

5)稽核收入类报告

审计部门还需要对各类收入减免报告进行审查,例如餐饮免单报告、餐饮折扣报告等,确保所有与收入相关的减免措施都获得了相应的授权并得到酒店授权人员的批准。

通过这些步骤,餐饮审计能够确保所有记录的准确性和完整性,有效预防可能的财务差错,同时保证酒店收入减免政策的合理性和规范性。

表5-19、表5-20为某酒店餐饮营业汇总表、餐厅结账单。

表5-19　餐饮营业汇总表

打印时间:2024-××-×× 10:00

营业日期:　2024-××-××　　　　　　　　　　　　　收银员:

项目	中餐包房	中餐大厅			西餐大厅	合计
班别	3	1	2	3	1	
食品	1,489.00	669.00	1,694.00	1,469.30	0.00	5,321.30
酒水	28.00		5.00			33.00
茗茶	75.00	70.00	25.00			170.00
茶位	50.00	50.00	205.00	105.00		410.00
其他	20.00	10.00	47.00	100.70		177.70
净额	1,662.00	799.00	1,976.00	1,675.00	0.00	6,112.00
赠送		12.00				12.00
整单优惠	0.00	0.00	0.00	48.40	0.00	48.40
总计	1,662.00	811.00	1,976.00	1,723.40	0.00	6,172.40
人民币现金		142.00				142.00
支付宝支付		91.00		320.00		411.00
微信支付	1,662.00	566.00	1,976.00	1,272.00		5,476.00
POS其他国内卡				83.00		83.00
实收小计	1,662.00	799.00	1,976.00	1,675.00	0.00	6,112.00
净收	1,662.00	799.00	1,976.00	1,675.00	0.00	6,112.00
事前折扣	0.00	12.00	0.00	48.40	0.00	60.40
总计	1,662.00	4,510.40			0.00	6,172.40
就餐人数	10.00	17.00	43.00	22.00	1.00	93.00
平均消费	166.20	47.71	45.95	78.34	0.00	338.20
桌数	2.00	7.00	13.00	7.00	1.00	30.00
开台率	0.15	0.05	0.09	0.05	0.01	0.36

表 5-20　餐厅结账单

结账单

单号：×××××××　　　　餐厅：中餐大厅　　餐台：ZC23
开台日期：2024-××-×× 09:10:38　　人数：2
工号：×××
结账日期：　　　　　　　　　　　打印时间：2024-××-××
备注：

菜名	数量	单位	价格	金额
茶位费	2	位	5.00	10.00
安虾咸水角	1	特点	18.00	18.00
罗汉上素肠	1	特点	18.00	18.00
泡椒凤爪	1	份	28.00	28.00
消费小计				74.00
应收小计				74.00
微信支付				74.00

3.康乐部门的财务稽核

康乐部门的审计重点在于验证KTV、运动、SPA等部门发生的消费原始单据、账单以及报表票证等纸质数据的真实性和完整性。鉴于KTV和SPA等业务的特殊性，审计过程需要针对不同部门采取不同的方法。

1)KTV审计

核对KTV账单上的人数、台号和消费明细是否与消费卡和Order单一致，确保没有少收或漏收的情况发生。

2)SPA审计

对于SPA部门，需要核实技师提供服务的实际时长是否与技师小费统计表中的总时间相符。如发现时间不一致，需要执行追加审计程序以确保数据的准确性。

通过这些针对性的审计措施，可以确保KTV、运动、SPA等康乐部门的收入和支出记录的准确性和完整性。

表 5-21、表 5-22、表 5-23 分别为某酒店康乐部营业汇总表、结账单、酒店每日试算平衡表。

表 5-21　康乐部营业汇总表

打印时间：2024-××-×× 09:03

营业日期：2024-××-××　　　　　　　　　　　　　　　收银员：

项目	KTV包房	SPA	运动中心	合计
班别	3	1	1	
食品	507.64			507.64
酒水	1,856.36			1,856.36
其他		340.00		340.00

续表

项目	KTV包房	SPA	运动中心	合计
会员卡			1,999.00	1,999.00
净额	2,364.00	340.00	1,999.00	4,703.00
赠送	520.00			520.00
总计	2,884.00	340.00	1,999.00	5,223.00
挂账			1,999.00	1,999.00
银联闪付	688.00			688.00
微信支付	1,676.00			1,676.00
POS-微信(不扫码)		340.00		340.00
实收小计	2,364.00	340.00	1,999.00	4,703.00
净收	2,364.00	340.00	1,999.00	4,703.00
事前折扣	520.00	0.00	0.00	520.00
总计	2,884.00	340.00	1,999.00	5,223.00
就餐人数	15.00	1.00	1.00	17.00
平均消费	192.27	340.00	1,999.00	2,531.27
桌数	3.00	2.00	2.00	7.00
开台率	0.25	0.05	0.10	0.40

表5-22 康乐部结账单

结账单

单号：××××××××　　　　餐厅：KTV包房　　餐台：V5
开台日期：2024-××-×× 20:19:00　　人数：11
结账日期：　　　　　　　　　　　打印时间：2024-××-××
备注：

项目	数量	单位	价格	金额
988元啤酒套餐	1	套	988.00	988.00
哈尔滨啤酒(打)[含]	2	打	260.00	260.00
688啤酒套餐	1	套	688.00	688.00

消费小计　　　　　　　　　　　　　　　　　　　　2,196.00
包含　　　　　　　　　　　　　　　　　　　　　　 −520.00
应收小计　　　　　　　　　　　　　　　　　　　　1,676.00

微信支付　　　　　　　　　　　　　　　　　　　　1,676.00

表5-23 酒店每日试算平衡表

	项目	金额
10	酒店上日余额	141,686,638.64
♯	10.客房收入	10,519.78
1000	稽核房费	4,957.68
1701	洗衣费	334.10

续表

项目		金额
1801	迷你吧	28.00
2520	租车费	5,200.00
♯	20.餐饮收入	6,530.00
1910	房含早餐	418.00
3002	中餐包房－食品	1,489.00
3012	中餐包房－酒水	28.00
3014	中餐包房－茗茶	125.00
3032	中餐包房－其他	20.00
3102	零点餐厅－食品	3,832.30
3112	零点餐厅－酒水	5.00
3114	零点餐厅－茗茶	455.00
3132	零点餐厅－其他	157.70
♯	30.运动中心	1,999.00
5012	运动中心－会员卡销售	1,999.00
♯	40.健康中心	340.00
5118	健康中心－其他	340.00
♯	50.娱乐中心	2,364.00
5202	KTV包房－食品	507.64
5204	KTV包房－酒水	1,856.36
合计		21,752.78
9000	人民币现金	642.00
9002	挂账	4,262.63
9127	银联闪付	688.00
9131	支付宝支付	411.00
9132	微信支付	10,264.10
9419	POS其他国内卡	83.00
9441	POS-微信(不扫码)	340.00
合计		16,690.73
总计		5,062.05
00	客账余额	－103,592.32
20	实际余额	－103,592.32
30	差额	0.00

三、酒店回款的控制

酒店的回款包含两部分:一是酒店挂账到财务部的应收账款;二是因各种原因暂时未结清仍搁置在酒店运营系统中的各类账目。为了有效管理这些款项,酒店需要建立相应的流程和管理制度,对这些待回款项进行严密和系统性的追踪。这包括定期审

查应收账款、监控未结账目的状态，以及实施有效的催收措施。这样的措施能够确保酒店在合理的期限内收回款项，减少坏账的风险，维护酒店的财务稳健性。

为了有效控制酒店的回款，财务部可以指定一名信贷经理或根据酒店规模设置类似职责的岗位，负责回款工作，具体的流程包括如下几点。

（一）定期催收和跟进

信贷经理或回款负责人应从会计月度的第一天开始，针对60天、90天、120天、150天等不同时间段的应收账款进行定期催收和跟进。所有的催收记录应及时更新，并在每月的酒店信贷会议中进行实时跟进。

（二）月度信贷会议

总经理、销售负责人、前厅部负责人、餐饮负责人、财务负责人以及信贷负责人应参加月度信贷会议，以确保及时沟通和更新对欠款的最新跟进情况。信贷负责人需要撰写会议纪要，记录每笔欠款的金额、状态、相关责任人等信息。

（三）款项跟进与催收

除了各部门回款负责人的跟进外，信贷负责人也应及时监控收款状况，并根据情况及时介入，以降低回款风险。必要时，可以通过电话、短信、电子邮件或上门等方式进行催收，所有相关记录应详细记录。

（四）复查与账目调整

定期复查未结清的款项，确保持续的跟进和催收。同时，审查并调整任何减账项目和账目错误，如多计房价、未冲减的佣金或有争议的账目等。

（五）难以回收款项的处理

对于难以回收的款项，应考虑联系催账公司或法律顾问进行进一步跟进。市场销售部门也应提供相关公司的信用风险评估和建议。

通过上述步骤，酒店能够确保回款工作的有效性，减少发生呆账，以降低坏账风险概率，促进财务资金正常循环，保障酒店经营高效率运营和高质量发展。

任务小结

在本学习任务中，重点学习了酒店经营收入存在的不同的回款方式、相对应的回款风险以及酒店财务部如何通过岗位的设置、相应的流程与制度对回款风险进行管控。酒店经营收入的回款方式通常包括预收、现付和事后结算等结款方式，不同的经营场所结账的时间、方式也不尽相同。酒店对不同的营业部门，如前台、餐厅、康乐等均会制定详细的收银流程制度，并且在财务部设置日审、夜审等审计岗位，负责不同经营部门收入的稽核与确认。对于挂账回款部分，酒店也有相应制度和岗位进行应收款项的监控与催收。

训练题

一、问答题

1.酒店经营收入的收款方式主要包括哪几种？

2.酒店前厅的收银流程主要包括哪几个步骤？

3.酒店餐厅服务员对于消费挂入房账客人的收款流程是怎样的？

4.酒店财务部如何做好挂账回款的管控？

二、讨论题

1.酒店不同的收款方式有哪些优点和风险？你认为哪种方式最适合酒店客房收入和餐饮收入？为什么？

2.酒店内部的前厅收银流程和餐饮服务员对于消费挂入房账的收款流程是否是最好的流程？这些流程在服务中会引起客户的不满吗？有优化的建议吗？

3.酒店应如何平衡预收、现付和事后结算三种收款方式，以最大限度地降低风险？你认为酒店在选择支付方式时应该考虑哪些因素？

任务四　掌握酒店目标利润管理的方法与步骤

一、酒店利润的概念

酒店利润是指在特定会计期间，酒店通过销售产品、提供劳务以及进行对外投资等活动获得的各种收入扣除了各项成本和费用后的余额。这代表了酒店在该会计期间内的经营成效。在酒店财务管理中，利润通常包含营业利润、利润总额、净利润三个主要指标。

（一）营业利润

营业利润是在主营业务利润的基础上，加其他业务利润，并减去营业费用、管理费用、财务费用后得出。其公式为：

$$营业利润＝主营业务收入－主营业务成本－主营业务税金及附加$$
$$＋其他业务利润－营业费用－管理费用－财务费用$$

例如，一家酒店的主营业务收入为 1,000 万元，主营业务成本为 600 万元，主营业务税金及附加为 50 万元，其他业务利润为 100 万元，营业费用为 100 万元，管理费用为 80 万元，财务费用为 20 万元，那么其营业利润计算如下：

营业利润＝1,000－600－50＋100－100－80－20＝250万元

这表明，该酒店在该会计期间，通过运营活动获得了 250 万元的利润。

（二）利润总额

利润总额是衡量酒店在一个会计周期内总体盈利能力的指标。它是在营业利润的基础上加上投资收益、补贴收入以及营业外收入，并减去营业外支出。利润总额的计算公式如下：

利润总额 ＝ 营业利润 ＋ 投资收益 ＋ 补贴收入 ＋ 营业外收入 － 营业外支出

例如，一家酒店的营业利润为300万元，投资收益为50万元，补贴收入为20万元，营业外收入为10万元，营业外支出为30万元，则其利润总额的计算如下：

利润总额 ＝ 300 ＋ 50 ＋ 20 ＋ 10 － 30 ＝ 350万元

这表明，在考虑了营业活动以外的其他收益和支出后，该酒店在该会计周期内的利润总额为350万元。

（三）净利润

净利润是指在利润总额的基础上扣除所得税费用后的剩余利润。其计算公式为：

净利润 ＝ 利润总额 － 所得税

酒店的利润表采用多步式结构，其计算步骤如下：

运算符　主营业务收入（运算起点）

减：　　　　　　主营业务成本

减：　　　　　　主营业务税金及附加

等于：　　　　主营业务利润（"－"填列亏损）

加：　　　　　　其他业务利润（"－"填列亏损）

减：　　　　营业费用

减：　　　　管理费用

减：　　　　财务费用

等于：　　　　营业利润（"－"填列亏损）

加：　　　　投资收益（损失以"－"填列）

加：　　　营业外收入

减：　　　营业外支出

等于：　　　　利润总额（"－"填列亏损）

减：　　　所得税

等于：　　　　净利润（净亏损以"－"填列）（运算终点）

表5-24为××酒店所获利润相关信息。

表5-24　××酒店利润表　　　　　　　　　　单位:元

项目	本月数	本年累计数
一、主营业务收入		
减：主营业务成本		
主营业务税金及附加		
二、主营业务利润（亏损以"－"填列）		

续表

项目	本月数	本年累计数
加：其他业务利润（亏损以"－"填列）		
减：营业费用		
管理费用		
财务费用		
三、营业利润（亏损以"－"填列）		
加：投资收益（损失以"－"填列）		
补贴收入		
营业外收入		
减：营业外支出		
四、利润总额（亏损总额以"－"填列）		
减：所得税		
五、净利润（净亏损以"－"填列）		

补充资料：

项目	本年累计数	上年实际数
1. 出售、处置部门或被投资单位所得收益		
2. 自然灾害发生的损失		
3. 会计政策变更增加（或减少）利润总额		
4. 会计估计变更增加（或减少）利润总额		
5. 债务重组损失		
6. 其他		

　　表5-25为××酒店在财务核算过程中，具体酒店利润考核表的体现。

表5-25　××酒店经营情况表　　　　　　单位：元

项目	当期	9月实际	去年同期	与上月差异	同比差异
一、收入总额	5,750,863.89	5,046,528.34	4,747,706.34	704,335.55	1,003,157.55
（一）营业收入	5,742,363.43	5,046,528.03	4,736,706.17	695,835.40	1,005,657.26
客房收入	2,183,270.44	1,453,961.68	1,547,637.32	729,308.76	635,633.12
餐饮收入	2,975,769.52	2,392,047.97	2,547,508.94	583,721.55	428,260.58
康乐部收入	517,182.76	594,328.10	395,889.22	−77,145.34	121,293.54
其他收入	66,140.71	606,190.28	245,670.69	−540,049.57	−179,529.98
（二）营业外收入	8,500.46	0.31	11,000.17	8,500.15	−2,499.71
二、成本费用总额	4,259,171.98	4,022,561.23	3,679,804.41	236,610.75	579,367.57
（一）营业成本	1,161,092.88	1,376,875.71	914,202.17	−215,782.83	246,890.71
客房成本	8,583.13	3,389.54	3,323.45	5,193.59	5,259.68

Note

续表

项　目	当期	9月实际	去年同期	与上月差异	同比差异
餐饮成本	1,027,556.19	812,387.53	739,730.60	215,168.66	287,825.59
康乐部成本	95,780.19	283,226.76	58,716.83	−187,446.57	37,063.36
其他成本	29,173.37	277,871.88	112,431.29	−248,698.51	−83,257.92
(二)营业外支出		5,000.00	915.35	−5,000.00	−915.35
(三)税费支出	18,995.99	6,755.50	22,676.44	12,240.49	−3,680.45
税金及附加	18,995.99	6,755.50	22,676.44	12,240.49	−3,680.45
(四)费用总额	3,079,083.11	2,633,930.02	2,742,010.45	445,153.09	337,072.66
人工成本	1,682,437.96	1,765,614.10	1,798,957.26	−83,176.14	−116,519.30
能源燃料费	350,289.07	385,453.97	379,333.00	−35,164.90	−29,043.93
市场推广费	284,792.86	27,162.76	16,908.95	257,630.10	267,883.91
物料低易品	267,960.36	205,143.28	179,590.93	62,817.08	88,369.43
办公及管理费	464,309.98	221,897.10	335,855.41	242,412.88	128,454.57
折旧摊销类费	29,292.88	28,658.81	31,364.90	634.07	−2,072.02
三、其他收益	25,960.87	27,886.86		−1,925.99	25,960.87
四、经营利润	1,517,652.78	1,051,853.97	1,067,901.93	465,798.81	449,750.85
五、租赁费	455,501.91	455,501.91	455,501.91	—	—
六、利润总额	1,062,150.87	596,352.06	612,400.02	465,798.81	449,750.85
七、所得税	392,039.28	412,381.95	161,631.61	−20,342.67	230,407.67
八、净利润	670,111.59	183,970.11	450,768.41	486,141.48	219,343.18
九、经营利润率 （经营利润/收入总额）	26.39%	20.84%	22.49%		

二、酒店目标利润的管理

(一)目标利润的确定

酒店目标利润管理的关键在于准确设定目标利润值。目标利润不仅是酒店在预算期内经营活动所期望达到的成果，而且是控制经营过程中各项成本、费用以及财务收支的主要依据。因此，科学且精确地制定目标利润对于酒店的整体经营管理至关重要。这要求酒店管理者深入了解市场环境、客户需求、竞争态势和内部资源能力，同时考虑历史业绩和未来发展趋势。目标利润的设定应基于实际可行的经营策略，并结合财务可持续性来综合考虑。这样，目标利润不仅作为衡量经营成果的指标，还将指导酒店的日常经营决策，帮助酒店实现长期的财务健康和业务增长。

酒店目标利润确定的常用方法如下。

1.利润率确定法

利润率确定法是指一种通过设定特定利润率来确定目标利润的方法。这种方法

通常使用销售利润率或资产利润率等关键财务指标。具体计算公式如下：

$$目标利润＝预计销售收入×目标销售利润率$$

或

$$目标利润＝预计总资产额×目标资产利润率$$

例如，某酒店的基年总资产为2,000万元，计划在新的财务年度投资300万元进行重新装修，并追加流动资产200万元。综合考虑酒店的历史业绩、当前经营状况以及同行业标准，假设设定的目标资产利润率为8％。那么，该酒店计划年度的目标利润可按以下公式计算：

$$目标利润＝(2,000＋300＋200)×8％＝200万元$$

2.直接计算法

酒店目标利润的确定也可以采用直接计算法。这种方法是基于预算期内各项营业收入，减去预算的成本、费用、税金及其他支出后得出的预期经营利润。具体计算公式如下：

$$目标利润＝预算营业收入－预算成本－预算费用－税金－其他支出$$

例如，某家酒店的预算营业收入为5,000万元，预算成本为3,000万元，预算运营费用为800万元，预计税金及其他支出为200万元，则其目标利润计算如下：

$$目标利润＝5,000－3,000－800－200＝1,000万元$$

3.因素测算法(递增率确定法)

因素测算法(递增率确定法)是指在确定基期利润(历史数据)的基础上，测定各项因素变化对利润的影响，从而编制预计利润表(根据酒店的基期利润和利润递增比率来确定目标利润)。

(二)目标利润的提升

制定目标利润之后，酒店管理层应通过增加销售收入、提高销售价格、降低成本与费用、调整收入结构等一系列经营举措来确保目标利润的实现。

1.增加销售收入

酒店利润的提升在很大程度上取决于产品和服务的销售额。销售额的增加直接带动销售利润的增长。为此，销售部门应采取多种促销策略来激发消费，如推出特别优惠、打包套餐、季节性活动或定制服务等。同时，财务部门的数据分析可以为销售策略提供科学依据，帮助酒店更有效地针对目标市场，扩大其市场份额。通过这些综合措施，酒店可以有效地增加销售收入，从而提高总体利润。

2.提高销售价格

酒店产品的价格调整，无论是提高还是降低，都会直接影响销售收入的变化。在考虑提升价格时，需要谨慎考虑到可能出现的销售量下降，这可能导致单位固定成本的相对增加。因此，在调整价格时，应基于精确的市场调研和数据分析。这包括对市场需求弹性的评估、竞争对手定价策略的分析，以及客户对价格变动的可能反应。此外，也应考虑到产品或服务质量与价格的匹配度，确保提价策略不会损害客户满意度和酒店的市场竞争力。通过这种综合和精准的分析，酒店可以更有效地实现价格策略

的优化,平衡收入增长与成本控制。

3.降低成本与费用

为增加酒店利润,有效控制成本和费用至关重要。在成本和费用管理方面,酒店需要关注以下两个主要类别。

1)变动成本和固定成本

变动成本:这部分成本随着销售量的变化而变动。例如,餐饮部门的直接材料成本会随着菜品销售量的增减而相应变化,客房的一次性客用品成本取决于出租率,清洁和维护人工成本也会随着需要清洁的房间数量而调整。对这些成本的有效管理,包括采购优化、库存控制和操作效率提升,是提高利润的关键。

固定成本:固定成本包括租金、固定员工工资和设备折旧等,在一定时期内通常保持不变,不受业务量的增减影响。尽管这些成本相对固定,但管理者可以通过谈判更优租赁条款、优化人员配置和设备维护等措施来尽可能地减少这部分开支。

2)费用管理

费用方面主要包括销售费用、管理费用和财务费用等。有效的费用管理策略包括精简不必要的支出、提高操作效率以及优化资金管理。通过综合这些策略,酒店可以在增加收入的同时减少不必要的支出,从而实现利润的最大化。

4.调整收入结构

酒店收入结构是指酒店通过销售各种产品和提供各类服务(如客房、餐饮、会议、康养及其他服务)所得收入在总销售额中的比例分布。不同类型的产品和服务具有不同的销售利润率,因此收入结构对酒店的总利润产生重要影响。

在总销售额一定的情况下,利润率较高的产品和服务占据的比重越大,酒店的整体利润就越高。例如,客房和会议服务通常因其较高的定价和较低的边际成本而具有较高的利润率。相比之下,某些餐饮和康养服务可能由于成本较高或定价较低,其利润率相对较低。因此,酒店管理者应重点关注优化收入结构,比如通过促销活动增加高利润产品的销售,或通过提高效率降低低利润产品的成本,从而提高整体利润率。

(三)目标利润的控制

为确保目标利润的实现,酒店可以通过分解目标、实时监控、评估与调整等步骤来完成对目标利润的控制。

1.目标利润的分解

确保酒店整体目标利润的实现,关键在于将总体目标利润合理分解到各个部门(如客房、餐饮、康乐等)以及不同的时间段。这种分解可以基于每个部门的营收能力、历史表现和市场潜力来进行。通过这样的分解,每个部门都可以清晰地了解自己对实现总体利润目标的贡献和责任。这不仅有助于提高各部门的目标意识和责任感,还能使管理层更有效地监控和评估整个酒店的经营绩效。例如,如果客房部门因其高利润率被分配了更高的利润目标,该部门可以通过提高出租率、优化房价策略等措施来实现这一目标。类似地,餐饮部门可能会专注于提升人均消费、每桌平均消费和提高服务效率。通过这种方法,每个部门都会根据自己的特点和市场条件,采取相应的策略

来共同实现酒店的整体利润目标。

2.目标利润的差异分析

在目标利润分解并付诸执行之后,酒店应定期进行实际利润与目标利润的对比分析,以识别和解析产生差异的原因。例如,如果财务部门注意到餐饮部门的实际利润与目标利润之间存在显著差异,并且这主要是由于原材料成本的上升导致,那么就需要进行进一步的细致分析。如果成本增加是由于原材料价格的上涨,那么采购部门应出具详细的价格变动分析报告;如果是由于使用量的异常增加导致,则需要由厨房部门(包括中厨、西厨等)出具相应的分析报告。通过这种针对目标利润差异的月度分析,酒店能够及时识别问题所在,并采取相应措施进行调整,确保目标管理的有效性和及时性。

3.目标利润的修正与调整

目标利润通常是作为酒店年度预算的一部分而确定的,因此应具有一定的稳定性。但如果在执行过程中,发现原来确定的目标利润没有考虑到的新情况发生或整体经营环境发生较大改变,造成目标利润的不合理,则需要对目标利润进行及时修正,以保证目标利润的科学与合理性,从而确保与之相对应的利润考核指标及激励机制能发挥有效作用。

举例来说,假设某度假酒店的康乐部门营业收入以其海边商场的收入作为主要的收益来源。如果由于当地政府海岸线控制政策的变化导致该商场被拆除,那么该酒店管理层就需要对康乐部门原预算中关于海边商场的收入预期进行调整。相应地,也应修改对相关部门的考核制度与指标,确保目标的合理性和可实现性。

任务小结

本任务学习的重点是酒店目标利润的管理,首先介绍了酒店利润的概念,并着重说明了酒店经营中的营业利润、利润总额、净利润三个主要指标。要做好酒店目标利润的管理,需要用正确的方法确定目标利润,并通过增加销售收入、提高销售价格、降低成本与费用、调整收入结构等方法提升酒店整体运营效益,对于酒店目标利润的实现过程管理,需要通过目标利润的确定、分解、过程监控、评估与调整等多个步骤来完成。

训练题

一、问答题

1.酒店经营过程中评估利润的三个关键指标是什么?

2.酒店经营利润的管控主要包括哪几个步骤?

3.将酒店平常卖350元一间的客房在旺季卖1,500元一间,这种做法是否有利于酒店的收益?

二、讨论题

1.酒店在对目标利润进行管控的过程中,通过实时监控,对目标利润进

行重新评估与调整是否会使全面预算管理成为空谈？目标利润的评估与调整存在什么利弊？

2.酒店通过降低成本费用来提升营业利润存在什么利弊？

任务五　进行酒店利润的考核与分配

一、酒店利润的考核

(一)利润考核的制定

为确保酒店目标利润的实现,制定一个全面的考核方案至关重要,这有助于激发不同岗位和职级员工的积极性,维护酒店的正常经营和服务质量。

酒店考核指标通常包括经营收入、目标利润以及质量的评分等方面。考核对象应涵盖酒店的不同管理层和部门,包括酒店总经理、副总经理、一线部门负责人(如客房部、餐饮部、康乐部门等)以及后勤支持部门(如人力资源、财务部门等)负责人。这样的全面考核可以确保每个部门和层级的工作都与酒店的整体目标保持一致,并促进跨部门之间的协作和沟通。

例如,为有效实施年度及月度考核,某酒店根据以下准则确定考核评定系数。

一是基于关键指标的完成率:考核系数应依据关键业务指标的完成情况来确定,包括收入、目标利润和服务质量等方面。这些指标反映了员工或部门在达成酒店核心业务目标方面的表现。

考核评定系数＝收入完成率×40％＋利润完成率×40％＋质量得分率×20％

质量得分率＝网络好评率×50％＋顾客满意率×50％

二是管理层级和部门差异化系数:考核系数还应考虑不同管理层级或部门的特点和责任范围。例如,总经理和副总经理的系数可能与部门总监的系数有所不同,反映他们在酒店运营中所承担的不同职责和影响力。同样,一线部门(如前台、餐饮服务)和后勤部门(如人力资源、财务部门)负责人的考核系数也应根据其职能和对酒店目标的贡献程度有所区别。

为了确保酒店收入和利润目标的实现,酒店根据年度及月度收入与利润的考核指标,按照各个经营部门(主要包括客房、餐饮、康乐等部门)细分后的完成率(见表5-26),计算各个部门管理人员的考评系数,并以此核定其绩效工资,通过制度的激励保证酒店收入与利润目标的完成以及品牌质量的维护。

表5-26　酒店月度考核指标完成率　　　　　　　　　　　　　单位:万元

项目	实际数		考核指标		完成率	
	收入	利润	收入	利润	收入	利润
本月总额	339.8	57.7	320.0	49.4	106％	117％

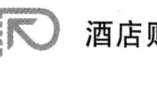

续表

项目	实际数		考核指标		完成率	
	收入	利润	收入	利润	收入	利润
房务	134.6	41.4	116.7	33.8	115%	123%
餐饮	176.3	12.2	174.9	10.6	101%	115%
运动	9.6	1.3	10.8	2.2	88%	59%
娱乐	11.5	2.2	8.2	1.6	140%	137%
健康	7.8	0.6	9.4	1.2	83%	50%

其中,酒店领导班子及后勤部门负责人的考核以整体收入与利润的完成率为基数测算考评系数,一线部门负责人的考核以所在部门的收入与利润的完成率为基数进行考核。

在酒店的绩效考核体系中,不同职能部门的考核标准应根据其对整体收入和利润目标的贡献度来区别对待。

酒店领导班子及后勤部门负责人:这一群体的考核应以整体酒店收入和利润的完成率作为考核的基准。这反映了他们在整体酒店运营管理、战略规划和资源配置等方面的综合表现。对于这些职位,他们的绩效考评系数将基于酒店总体的财务和运营目标的实现程度来计算。

一线部门负责人:如客房、餐饮和康乐部门的负责人,其考核则更加专注于所负责部门的收入和利润完成率。这种考核方式反映了他们在部门具体运营、客户服务和收益管理方面的表现。对于这些负责人,其绩效考评系数将基于他们所在部门的收入和利润目标的完成率来确定。

这种差异化的考核方法有助于确保各个层级的管理人员都能针对其职责范围内的具体目标进行努力,同时也鼓励他们对酒店整体目标的实现做出贡献。

(二)关键利润指标的分析

为了提升酒店整体的经营状况与效益,除了制定科学合理的全面预算与收入利润考核方案之外,还应采用科学的评价标准与方法对酒店整体的财务状况、经营成果等关键指标进行分析与对比,为酒店的管理者和投资者提供经营与决策的依据。具体可以通过以下几个关键的利润指标反映酒店的盈利水平。

1.人均利润额

人均利润额是酒店在一定时期内利润总额与酒店全体职工平均人数之间的比率,反映了一定时期内人均创造的利润额的高低,是衡量酒店员工劳动效率的重要财务指标,其计算公式为:

$$人均利润额 = \frac{利润总额}{职工平均人数}$$

例如,一家酒店在一个财务年度的利润总额为1,000万元,该年度的职工平均人数为200人,那么人均利润额的计算如下:

$$人均利润额 = \frac{1,000}{200} = 5万元/人$$

这个指标在一定程度上反映了酒店员工的平均劳动效率。一个高的人均利润额通常表明员工的工作效率较高,即少量的员工能创造较多的利润。这个数据对酒店管理层在进行人力资源规划和决策时提供了有价值的参考,尤其在考虑招聘、培训或优化工作流程等方面。通过分析和监控人均利润额,管理层可以更好地理解员工的贡献度,并据此制定相应的策略,以提高整体的经营效率。

2.营业收入利润率

营业收入利润率是反映酒店经营效率的一个重要财务指标,用于衡量酒店从每百元营业收入中获得的利润额。该指标的计算公式为:

$$营业收入利润率 = \frac{营业利润}{营业收入总额} \times 100\%$$

这个指标显示了营业利润与营业收入之间的比率,是评估企业盈利能力的关键指标。通过营业收入利润率,可以了解酒店在经营活动中的盈利效率。

例如,某酒店的年度营业利润为200万元,同期的营业收入总额为1,000万元,那么其营业收入利润率的计算如下:

$$营业收入利润率 = \frac{200}{1,000} \times 100\% = 20\%$$

这意味着该酒店每赚取100元的营业收入,就能从中获得20元的营业利润。通过监控和分析这一指标的变化,酒店管理层可以评估其在增加收入、控制成本、提高服务质量和效率等方面的成效。一个较高的营业收入利润率通常表明酒店经营高效,能有效转化销售收入为营业利润。反之,较低的营业收入利润率则可能提示管理层需要关注成本控制、定价策略或收入增长策略。

3.成本费用利润率

成本费用利润率是一个重要的财务指标,用来衡量酒店在一定时期内所获得的利润与其成本费用之间的比例关系。该指标的计算公式如下:

$$成本费用利润率 = \frac{利润总额}{成本费用总额} \times 100\%$$

这个指标说明了酒店每支出1元的成本费用所能产生的利润额,是判断酒店费效比和经营效率的重要依据。成本费用利润率越高,说明酒店在使用成本费用方面越有效率,经营状况越好。

例如,某酒店一年的利润总额为500万元,同期的成本费用总额为1,000万元,则其成本费用利润率的计算如下:

$$成本费用利润率 = \frac{500}{1,000} \times 100\% = 50\%$$

这意味着该酒店每支出1元的成本费用,能够产生0.5元的利润。通过分析这一指标,酒店管理层可以评估其成本控制和费用管理的有效性,并据此做出相应的经营策略调整。

4.总资产利润率

总资产利润率反映了酒店每占用100元资产所获得利润额的相对指标,是利润总额对总资产平均占用额的百分比。总资产利润率是衡量酒店资产获利能力的关键指标,它的计算公式为:

$$总资产利润率 = \frac{利润总额}{总资产平均占用额} \times 100\%$$

总资产利润率不仅反映了酒店利用其总资产所取得的盈利能力,而且是评估投资者投资效益和酒店可持续发展的重要指标。这个指标的提升通常表明酒店在增加收入、有效管理资本使用等方面表现良好,其资产运营的效率在提升。

例如,一家酒店的年度利润总额为600万元,其总资产平均占用额为3,000万元,则其总资产利润率计算如下:

$$总资产利润率 = \frac{600}{3,000} \times 100\% = 20\%$$

这表明该酒店每使用100元的资产就能产生20元的利润。20%的总资产利润率表明该酒店在资产使用方面相对高效,能够为投资者带来较好的投资回报。对于酒店管理层来说,持续提升这一指标意味着不断提高资产的利用效率和盈利能力,有助于酒店的长期健康发展。

二、酒店利润的分配

(一)酒店利润的分配程序

酒店利润的分配是对酒店所实现的利润或亏损进行分配和处理的过程,体现了酒店与国家、股东、员工个人及与其利益相关者之间的经济利益关系,应在兼顾各方利益的基础上给予合理的分配。按照国家有关法律法规及最新的酒店财务制度的规定,在缴纳企业所得税后的利润,应严格按下列顺序进行分配。

(1)支付被没收财务损失和各项税收的滞纳金、罚款。

(2)补偿酒店以前年度亏损(指超过用所得税前利润抵补亏损之外的金额)。

(3)归还贷款。

(4)提取法定盈余公积金,比例为当年税后利润(减弥补亏损)的10%,当法定盈余公积金已达注册资金的50%时,可不再提取。

(5)提取公益金,主要用于职工集体福利设施支出。

(6)向股东分配利润。酒店以前年度未向股东分配的利润,可以并入本年度分配,国家作为投资一方从酒店分得投资收益。

另外,对于股份制酒店在提取公益金后按下列顺序分配:①支付优先股股利;②按公司章程或股东会议提取任意盈余公积金;③支付普通股股利。

(二)酒店亏损的处理方法

如酒店发生亏损,可按规定在5年内延续用下一年的利润弥补。如发生严重亏损导致偿付危机时,则可依据《中华人民共和国企业破产法》申请宣告债务人破产。处理

破产的基本程序如下。

1.清理破产财产

破产财产是指破产酒店可用于分配给债务人的财产,已抵押担保出去的财产不能作为破产财产。

2.审核破产债权

破产债权是指能够参与破产财产分配的酒店债权,主要包括破产宣告前成立的未担保出去的债权,以及放弃优先索偿权的有财产担保的债权等。尚未到期的债权,应减去未到期的利息。

3.变卖破产财产

破产酒店财产要按清算方案中规定的办法估价出售,并本着不浪费资产及充分发挥资产使用价值的原则进行处理。

4.排列求偿顺序

在取得变卖现金之后,应对求偿顺序进行合理排序。一般来说,应按照以下顺序进行:首先支付破产财产的管理清算费用,然后支付所欠本酒店职工的工资和劳动保险,再补交所欠税款,最后支付破产债权的求偿额。

任务小结

本任务的学习重点是酒店如何通过全面考核方案来保证目标利润的实现,以及经营收入、目标利润与服务质量评分等考核指标在考核过程中的作用。酒店经营者在达成目标利润的过程中,应该关注如何通过人均利润额、营业收入利润率、成本费用利润率、总资产利润率等关键的利润指标评估酒店的盈利水平。本任务最后还概述了酒店利润的分配程序和酒店亏损时的处理方法。

训练题

一、问答题

1.人均利润额、营业收入利润率的定义是什么?成本费用利润率、总资产利润率的计算公式怎样的?

2.酒店利润的分配顺序是怎样的?

3.酒店处理破产的基本程序包括哪几个方面?

二、讨论题

1.酒店在进行目标利润管控的过程中,其考核对象是应涵盖一线部门(如客房部、餐饮部、康乐部门等)以及后勤支持部门(如人力资源、财务部门等),还是仅仅考核一线经营部门?为什么?请分析其各自的利弊。

2.假设某酒店前两年的成本费用率分别为46.2%和48%,你认为做新的一年预算的时候,投资者会给经营者定的成本费用率是多少?为什么?

项目六
酒店税务管理

 项目描述

  本项目包括计算和缴纳酒店增值税、计算和缴纳酒店企业所得税以及计算和缴纳个人所得税三个学习任务。在计算和缴纳酒店增值税的学习任务中，全面介绍了酒店增值税的税目和税率、计算和缴纳方式以及酒店发票管理方法，具体包括增值税的概念和计税原理、酒店的增值税应税税目和税率、酒店增值税的计算和缴纳方式以及酒店发票管理的方法。在计算和缴纳企业所得税的学习任务中，提供了酒店企业所得税的全面概述，着重介绍了企业所得税的概念、征收对象、税率以及酒店企业所得税的计算和缴纳方法。在计算和缴纳个人所得税的学习任务中，重点讲解了个人所得税的概念、税率标准以及计算方法，并指出根据国家对于个人所得税法的调整，员工年终奖个人所得税的计算和缴纳规则将会发生的变化。

 **项目目标**

知识目标

1.了解增值税的概念及计税原理。
2.了解酒店各类经营收入增值税的应税税目和税率。
3.了解一般纳税人和小规模纳税人的认定标准。
4.了解发票的领购、保管与发放方法。
5.了解企业所得税的概念、税率及征税对象。
6.了解个人所得税的概念和税率。
7.掌握一般纳税人和小规模纳税人增值税的计算方法。
8.掌握企业所得税的计算方法和缴纳要求。
9.掌握个人所得税的计算方法。
10.掌握年终奖个人所得税的计算方法。

能力目标

1.具备根据酒店不同业务类型核算增值税的基础能力。
2.具备发票领购、保管与发放的基础能力。

3.具备根据酒店业务需求开具发票的能力。

4.具备根据酒店经营收入确定所得税应纳税额的基础能力。

5.具备根据酒店员工实际情况申报个人所得税的基础能力。

素养目标

1.培养学生的大局观,坚定制度自信和道路自信,增强时代责任感和历史使命感。

2.培养诚实守信的职业道德以及严谨细致的工作作风,具备廉洁爱岗的优秀品质。

3.培养法治意识和担当意识,做一个遵纪守法、自觉纳税的好公民。

 知识框架

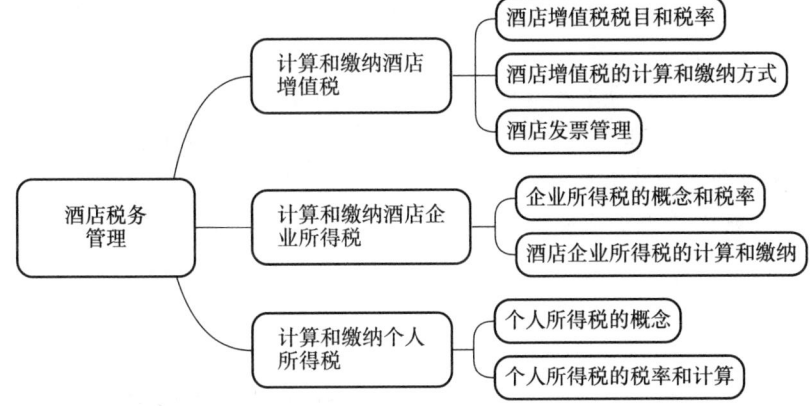

 教学重点

1.增值税的计税原理。

2.酒店各类经营收入增值税的应税税目和税率。

3.一般纳税人和小规模纳税人的认定标准。

4.增值税的计算方法。

5.酒店发票的管理措施。

6.企业所得税应纳税额的计算方法。

7.企业所得税的申报和缴纳要求。

8.个人所得税的征收方式和税率标准。

9.个人所得税的计算方法。

 教学难点

1.酒店各类经营收入增值税的应税税目和税率标准。

2.酒店增值税的计算方法。

3.酒店企业所得税应纳税所得额的确定标准。

4.酒店企业所得税的应纳税所得额的计算方式。

5.酒店员工个人所得税的计算方法。

6.酒店员工年终奖个人所得税的计算方法。

 思政学习

1.促进经济发展:税收是国家重要的财政来源,但税收取之于民用之于民,各类税种的合理征收有助于国家公共财政的稳定和经济的持续发展。

2.税收的公平性:政府通过对不同税种税率的合理设定和对不同类型纳税人的差异化管理,以及制定税收政策促进经济发展、促进社会公平。

3.经济责任和纳税意识:理解纳税是直接为国家和社会经济发展做出贡献,体现了企业和个人的经济责任,增强企业和公民的纳税意识和责任感。

4.规范管理:企业需要建立规范的财务管理系统,确保税务合规,反映企业的管理水平和透明度。

5.政策适应性:税法的不断调整和完善,要求公民,特别是企业家和财务从业者,不断提升自己的法律知识和专业技能,及时更新对税法的理解和适应,展现企业对国家政策变动的响应能力。

6.法治意识:强调遵守各类税法的重要性,体现对国家法律法规的尊重和遵循,展现法律的权威性和个人遵纪守法的责任,强化法治意识。

项目导入

任务一　计算和缴纳酒店增值税

增值税是以商品(含应税劳务)在流转过程中产生的增值额作为计税依据而征收的一种流转税。从其计税原理来看,增值税主要针对商品的生产、流通,以及劳务服务过程中产生的新增价值或商品的附加值进行征税(见图6-1)。这种税收采取的是价外税的形式,即由消费者承担。其核心原则是:只有当商品或劳务增值时才征税,若无增值则不征税。

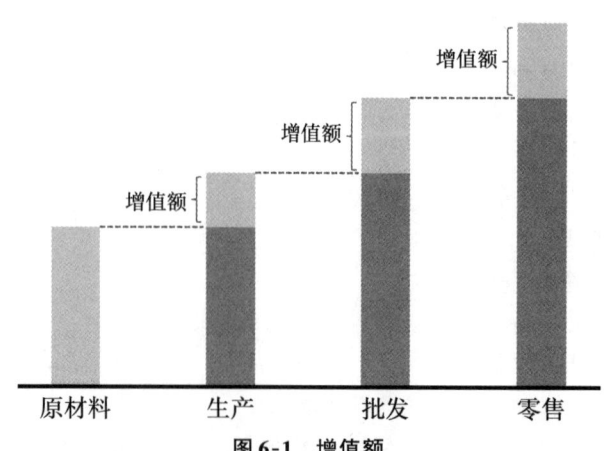

图6-1　增值额

中华人民共和国现行的增值税法规是根据2017年11月19日颁布的国务院令第691号《国务院关于废止〈中华人民共和国营业税暂行条例〉和修改〈中华人民共和国增值税暂行条例〉的决定》制定的。增值税已成为中国重要的税种之一,其收入占全国总税收的60%以上。国家税务总局负责增值税的征收工作,其中50%的税收归中央财政,另外50%归地方财政。进口环节的增值税则由海关征收,其收入全部由中央财政管理。

随着增值税在不同行业的广泛实施和持续更新,财政部和国家税务总局提议将《中华人民共和国增值税暂行条例》及相关政策上升为法律层面,并根据实际情况对某些内容进行必要调整,以贯彻税收法定原则。2022年12月27日,《中华人民共和国增值税法(草案)》首次在十三届全国人大常委会第三十八次会议上进行审议。此外,2022年12月30日至2023年1月28日,《中华人民共和国增值税法(草案)》向公众开放征求意见,以进一步完善法案内容。2023年8月28日至9月1日,十四届全国人大常委会第五次会议召开,《中华人民共和国增值税法(草案)》提请全国人大常委会二次审议。

在实践中,准确计算商品在生产和流通过程中产生的新增价值或附加值是具有挑战性的。因此,中国采用了国际上普遍实行的税款抵扣方法。这种方法是先根据销售商品或劳务的销售额,按照规定的税率计算出应缴纳的销售税额。接着,从这个销售税额中扣除购买该商品或劳务时支付的增值税,即进项税额。两者的差额即为应缴纳的增值税额,这种计算方式体现了根据商品或劳务增值部分征税的原则。这样的方法不仅简化了税收计算过程,而且有助于确保税收的公平和透明。

增值税的征收覆盖了生产、流通或消费过程中的各个环节,它是一种基于增值额或价差为计税依据的中性税种。理论上,增值税适用于包括农业(如种植业、林业、畜牧业)、采矿业、制造业、建筑业、交通及商业服务业等各个产业领域。此外,增值税也适用于原材料的采购、产品的生产制造、批发、零售以及最终的消费各个环节。

增值税税率指的是增值税税额相对于货物或应税劳务销售额的比例,它是用于计算货物或应税劳务的增值税税额的重要标准。中国目前实行的增值税采用比例税率制度,根据不同的应税行为,税率分为13%、9%和6%三个主要档次,以及5%和3%两个较低的征收率。

一、酒店增值税税目和税率

酒店经营收入的多样性造成酒店的增值税的应税税目和税率也同样具有多样性。具体按照酒店经营收入应税的税目和税率详见表6-1。

表6-1　酒店经营收入应税的税目和税率表

收入种类	明细	税率
主营收入	住宿收入、餐饮收入、娱乐收入	6%
服务收入	长包房、洗衣、商务中心的打印、复印、传真、秘书翻译、快递服务收入	6%
	美容、美发、按摩、桑拿、氧吧、足疗、沐浴	6%

续表

收入种类	明细	税率
服务收入	酒店送餐	6%
	专车接送（免费）	仅就实际取得的住宿费收入按6%的税率计税
	专车接送（另行收费）	按"交通运输—陆路运输服务"适用9%税率征税
	会务服务	提供场地，且包括整理、打扫、饮水等服务，应按照"会议展览服务"依据6%的税率计税
销售收入	酒店商品部、迷你吧的收入	按所售商品的适用税率计税
	避孕药品和用具	可免征增值税
	出售会员卡仅授予顾客会员资格的	6%
租赁收入	停车费收入	9%
	将场地出租给其他单位或个人的（不包括其他服务）	9%
其他收入	电话费收入	9%
	客人支付的物品损坏赔款收入	6%

二、酒店增值税的计算和缴纳方式

增值税是以商品（含应税劳务）在流转过程中产生的增值额作为计税依据而征收的一种流转税。因此，应交增值税是指纳税人进行货物销售或者提供加工和修理修配劳务活动的本期应缴纳的增值税。

（一）一般纳税人和小规模纳税人的认定

对于一般纳税人和小规模纳税人的界定如下。

1.小规模纳税人标准

根据国家税务部门的规定，增值税小规模纳税人是指年应征增值税销售额不超过500万元的纳税人。这里的年应征增值税销售额是指不包含增值税的销售额。

2.一般纳税人标准

年应征增值税销售额超过500万元的纳税人为一般纳税人。年应征增值税销售额指纳税人在连续不超过12个月或四个季度的经营期内的累计应征增值税销售额，这其中包括纳税申报销售额、稽查查补销售额、纳税评估调整销售额等。

即便年销售额未达到500万元的标准，但符合特定资格条件的纳税人，也可以选择登记为增值税一般纳税人。这些条件包括能够按照国家统一会计制度规定设置账簿、根据合法有效的凭证进行核算并能准确提供税务资料等。通过这样的规定，税务系统可以更精准地划分不同规模的纳税人，从而实现税收的合理征收和管理。

（二）应交增值税的计算方法

1. 一般纳税人的计算公式

纳税人为一般纳税人时，其计算公式为：

应交增值税额＝销项税额－（进项税额－进项税额转出－免抵退货物应退税额）

销项税额：指纳税人销售货物或提供服务时所产生的税收。它是根据销售额和相应的增值税率计算得出的。

进项税额：指纳税人在购买原材料或接受服务时支付的增值税。这部分税额可以从销项税额中抵扣。

进项税额转出和免抵退货物应退税额的扣除：在某些情况下，纳税人可能需要将已经计入的进项税额转出（比如用于非应税项目），或者针对退回的货物申请退税。这些金额需要从进项税额中扣除。

通过这种方法，只对增值部分征税，避免了重复征税的问题，确保了税制的公平性。另外需要注意，在计算该指标时应包括计征应税货物及劳务对应项目。

2. 简易征收办法下的一般纳税人

在增值税体系中，简易征收办法是一种特殊的计税方式，通常适用于那些难以准确计算销项税额和进项税额的行业或者小规模经营活动。对于执行简易征收办法的一般纳税人企业，可以直接根据"增值税纳税申报表"中的简易征收办法部分来计算当期应交的增值税额，并据此填报。

3. 实行税额减征的一般纳税人企业

如果一般纳税人企业符合财税部门规定的某些产品税额减征条件，在填报应交增值税额时，应从应纳税额中扣除相应的减征金额。

4. 小规模纳税人企业

对于小规模纳税人企业，其应交的增值税额可以直接根据"增值税纳税申报表"中的本期实际应纳税额进行计算和填报。

酒店业的大多数企业被归类为一般纳税人，这是由以下情况决定的。

营业额规模：一般纳税人通常是指年销售额超过规定标准的企业。酒店业的企业，尤其是大中型酒店，其年营业额通常超过这一标准，因此被归类为一般纳税人。

税务管理的便利性：酒店业务涉及多种服务和产品销售，包括房间出租、餐饮服务、会议服务等，这使得其增值税的计算相对复杂。作为一般纳税人，酒店能够更准确地计算和申报其销项税额和进项税额。

增值税抵扣机制：作为一般纳税人，酒店可以享受增值税的进项抵扣，这意味着它们可以从其应缴的增值税中扣除购买服务或商品时支付的增值税。这对资金密集型的酒店业尤为重要，因为它可以显著地降低运营成本。

三、酒店发票管理

为了适应酒店运营的特点并遵循相关法规，酒店财务部门会制定一套内部发票管理政策和程序。这是因为在酒店业，通常需要在客人消费结束时立即开具发票，而这

个过程往往无法完全由财务部专职人员负责。特别是随着电子发票的普及,发票管理的方式也需要与时俱进。

　　酒店内部的发票管理政策和程序是根据国家的相关法规制定的,包括《中华人民共和国发票管理办法》《中华人民共和国发票管理办法实施细则》和《网络发票管理办法》。这些政策和程序涵盖了发票的领购、开具、保管和发放等各个环节。通过这些措施,酒店能够有效防止发票管理中的问题,从而避免可能的行政处罚。同时,这也确保了酒店在发票开具和管理方面的合规性。

　　(一)发票的领购、保管与发放

　　为确保发票管理的规范性和安全性,酒店采取了一系列详细的发票管理措施。

　　1.发票领购

　　发票通常从国税局领购。领购时,需要提供公司营业执照、委托领购员工的身份证和公章。也可以通过国税网站领购。

　　2.发票持有量设定

　　前台及各营业点的标准空白发票持有量由财务部设定,并在每年年初根据实际用量进行调整。这一持有量必须经过财务总监和总经理审批。若短期需要增加发票量,必须获得财务总监的审批。

　　3.发票的统一领购和发放

　　酒店的发票由业主财务统一领购并发放至酒店。税务主管需要根据月用量及时向业主财务申领发票。

　　4.发票保管与登记

　　空白发票由税务主管保管,且必须建立空白发票存货日志。所有空白发票需要按号码顺序登记和发放,并由领票人签收。

　　5.发票抽查盘点

　　每月由收入审计对各收银员和各收银点的发票进行抽查盘点。

　　6.发票领用流程

　　申领发票时,领票人需要提供每日开票汇总记录。税务主管核实开票量及剩余量,并与系统核对。若数据一致,在电子发票管理系统(如百望系统,主要用于电子发票的生成、发送、接收和管理)中打印票据领用凭证,然后发放相应的发票。如数据不一致,领票人将无法领取发票。

　　7.发票专用章的管理

　　酒店发票专用章由税务主管保管。前台或餐饮店收银员申领的发票交由税务主管进行盖章,且发票专用章不得离开财务部办公室。

　　8.未使用发票的保管

　　前台或营业点申领的已盖章但未使用的发票,应由前厅部经理和各营业点经理保管,并锁在保险柜中。若有丢失,保管人需要承担全部责任。

（二）发票开具要求

为保证发票管理的规范和准确,酒店通常实行以下发票开具要求。

1.员工培训

前台及各营业点的收银员在获得开票权限前,必须接受有关发票政策与流程的专业培训。

2.开票规则

各业务部门员工必须在发生经营业务确认营业收入时开具发票,未发生经营业务一律不准开具发票。所开具的发票必须有账单支持,发票填写项目和金额必须和账单一致,发票金额不得超过客人消费金额,已开具发票的账单需要盖"已开发票"章。发票必须连号连续使用(按流水号顺序)。开票前要核对纸质发票号码是否与系统发票号码一致。在向客人交付账单前要核对账务,确保一致性和准确性,严禁虚开或多开发票。

3.开错发票和信息更正的处理

如因酒店原因开错发票抬头、金额或相关信息,应立即收回原发票并加盖"作废"章,并在发票系统上同时作废该发票,然后重新开具新发票给客人,并在附注上注明原开票号码。如因客人原因,造成错开发票抬头、金额或相关信息,由大堂经理或餐厅经理批准收回原发票,加盖"作废"章,同时开具新发票给客人,并在附注上注明原开票号码。

4.遗失发票的处理

如客人因遗失发票要求打印发票信息,可以提请财务总监批准复印记账联。不得再次开具发票给客人。

5.重复开具发票的处理

对于重复开具的发票,开票者要对重复开票负全责。如使用一键开票,第一开票者没有通过预订号开具发票信息且没有在酒店PMS管理系统中留下适当且清晰信息而导致重复开票的,则由第一开票者负全责。

6.特殊情况下的开票

因特殊原因客人当场未取得发票,该客人可以在消费当月内到酒店相关营业点凭账单或小单开具发票。客人在酒店多个营业点有消费,且已在其他营业点开具发票后要求换成一张发票的,只能在前厅部开具统一发票,并将客人其他发票原件收回作废。

（三）发票开具操作

1.发票开具基本流程

(1)前台和各营业点的收银员根据普通发票原则为客人开具发票,并将发票递交给客人。

(2)若开立专票,则需要交付抵扣联和发票联给客人。

(3)班次结束后,前台和各营业点的收银员打印自己的开票明细表,检查发票其余联次是否齐全,数量是否一致,核对无误后,将发票其余联次/报表放入现金投款袋一

起投到财务部总出纳保险柜。

(4)若是宴会,需要连同宴会事件订单(Banquet Event Order,BEO)或合同一起附在后面。电子发票只需要投递账单和发票开票明细。

2.发票的具体要求

(1)投递时应保持发票平整,不得折卷,发票不得有污损。

(2)前厅部可以选择开具酒店所有项目费用;各餐厅营业点只能选择开具"×餐饮服务×餐饮服务";健身中心开具"×体育服务×健身服务";水疗服务开具"×生活服务×水疗服务";零售商品开具"×保健休闲用品×水疗中心零售"或"×体育用品×其他体育用品";宴会可以选择开具"×餐饮服务×餐饮服务"或者"×会展服务×会议服务"。

(3)在发票附注中要求注明以下信息:各餐饮营业点须注明账单号;前厅须注明预订号以及客人姓名;健身中心及SPA水疗中心须注明账单号。如有任何余额转账交易,收银员必须同时在转入及转出房间内备注所有确认号码。

(4)发票必须按序开具并登记。

(5)发票如因错误开具需要退还,原发票联必须先从客人处收回,并加盖"作废"章。

(6)针对普票消费项目(除住宿、会务费外的其他项目)和个人消费不能开具专票。婚宴、寿宴、满月宴等以非公司名义签订合同的个人餐饮消费,个人抬头不得开具增值税专用发票,不得开具公司或者单位抬头的发票。

(7)前台或营业点收银员仅限于对现金及信用卡结账的款项,以及已转入前台客人账单里的汇款开具发票,所有后台挂账消费均由财务在信贷经理审核账单确认收入后负责开具。

(8)开具发票应当使用中文。

(9)收取客人的押金不予开发票。

(10)对有折扣的项目或者买赠的项目,"价格"处选择含税,必须先在发票中体现全额账单项目(账单总含税金额+折扣额),然后在系统中选择"新增折扣"项,将折扣金额输入(不用输入比例"%")。确保最后发票合计数是和账单一致的金额。确保在发票上的税额与账单上的税额一致。

任务小结

在本学习任务中,全面介绍了酒店增值税的税目和税率、计算和缴纳以及酒店发票管理方法。增值税是以商品(含应税劳务)在流转过程中产生的增值额作为计税依据而征收的一种流转税。其核心原则是:只有当商品或劳务增值时才征税,若无增值则不征税。增值税税率是增值税税额相对于货物或应税劳务销售额的比例,是用于计算货物或应税劳务的增值税税额的重要标准。中国目前实行的增值税采用比例税率制度,酒店经营收入的多样性造成酒店的增值税的应税税目和税率也同样具有多样性。如酒店的主营业务住宿、餐饮和娱乐收入的税率为6%,而酒店提供停车场获得的停车费收入税

率则为9%。国家税务部门按照年应征增值税销售额将纳税人分为小规模纳税人和一般纳税人,对其应交增值税采用不同的计算方法,从而实现对不同规模企业税收的合理征收和管理。此外,为了适应酒店运营的特点并遵循相关法规,酒店还应制定一套内部发票管理政策和程序,确保酒店在发票开具和管理方面的合规性。

训练题

一、问答题

1. 一般纳税人和小规模纳税人在应交增值税的计算上有什么不同?

2. 酒店业的大多数企业被归类为一般纳税人的理由是什么?

二、讨论题

1. 某酒店为增值税一般纳税人,酒店内设有4个接待房,免费提供给来访贵宾住宿,全年共免费提供38间(次)接待房。对于该部分业务,财务认为酒店并未获得收入,不用缴纳增值税,因此一直未确认这部分的收入。请讨论该酒店财务的做法是否合适,并说明理由。

2. 某酒店是增值税一般纳税人,除提供住宿服务外,酒店内还设有会议室和KTV。年底,当地的一家公司来该酒店举行了2天的会议,酒店为该公司提供了住宿、会议、餐饮和KTV娱乐服务,并且将该公司消费的会议、餐饮和KTV娱乐服务费用并入住宿费用,一起开具了增值税专用发票。请讨论这样做是否合理,并说明理由。

任务二 计算和缴纳酒店企业所得税

一、企业所得税的概念和税率

企业所得税是对我国境内的企业和其他取得收入的组织的生产经营所得和其他所得征收的税种。我国现行的《中华人民共和国企业所得税法》是由全国人大立法的税收法律,自2008年1月1日起施行,并于2018年12月29日进行了第二次修正。

应缴企业所得税的企业类型如表6-2所示。

表6-2 应缴企业所得税的企业类型

类型	判定标准
居民企业	在中国境内成立
	依照境外法律成立但实际管理机构在中国境内
非居民企业	依照境外法律成立且实际管理机构不在中国境内,但在中国境内设立机构、场所的,或者在中国境内未设立机构、场所,但有来源于中国境内所得

企业所得税的征税对象从内容上看,包括生产经营所得、其他所得;从范围上看,包括来源于中国境内和境外的所得。

（一）征税对象——从内容上

企业所得税的征税对象从内容上看,包括生产经营所得、其他所得。即应纳税所得额的确定,是企业的收入总额减去成本、费用、损失以及准予扣除项目的金额。

1.收入总额

企业以货币形式和非货币形式从各种来源取得的收入为收入总额。包括:

（1）销售货物收入。

（2）提供劳务收入。

（3）转让财产收入。

（4）股息、红利等权益性投资收益。

（5）利息收入。

（6）租金收入。

（7）特许权使用费收入。

（8）接受捐赠收入。

（9）其他收入。

收入总额中,不征税的收入包括:财政拨款、依法收取并纳入财政管理的行政事业性收费、政府性基金;国务院规定的其他不征税收入。

2.成本费用

成本费用是纳税人为生产、经营商品和提供劳务等所发生的各项直接耗费和各项间接费用。企业实际发生的与取得收入有关的、合理的支出,包括成本、费用、税金、损失和其他支出,准予在计算应纳税所得额时扣除。

（1）成本是纳税人为生产、经营商品和提供劳务等所发生的各项直接耗费。

（2）费用是指纳税人为生产经营商品和提供劳务等所发生的销售费用、管理费用和财务费用。

（3）损失是指纳税人生产经营过程中的各项营业外支出、经营亏损和投资损失等。

（4）除此以外,在计算企业应纳税所得额时,对纳税人的财务会计处理和税收规定不一致的,应按照税收规定予以调整。企业所得税法定扣除项目除成本、费用和损失外,税收有关规定中还明确了一些需要按税收规定进行纳税调整的扣除项目。比如,以下项目需要进行应纳税所得额调整,不予在所得税前列支。

① 企业发生的公益性捐赠支出,在年度利润总额12％以内的部分,准予在计算应纳税所得额时扣除;超过年度利润总额12％的部分,准予结转以后三年内在计算应纳税所得额时扣除。

② 向投资者支付的股息、红利等权益性投资收益款项。

③ 税收滞纳金;罚金、罚款和被没收财物的损失。

④ 赞助支出;未经核定的准备金支出。

⑤ 与取得收入无关的其他支出。

⑥ 不符合所得税法规定的固定资产折旧、无形资产摊销、长期待摊费用。

⑦ 企业纳税年度发生的亏损,准予向以后年度结转,用以后年度的所得弥补,但结转年限最长不得超过五年。

国家税务总局每年在企业应做企业所得税汇算清缴时会发出纳税通知,并对新的政策进行解读。酒店财务部门在做企业所得税年度汇算清缴时,应特别关注对于国家税收政策的了解和更新,以确保企业合法纳税,避免出现错误和罚款。

(二)征税对象——从范围上

企业所得税的征税对象从范围上看,包括居民企业和非居民企业。

1.居民企业

居民企业应就其来源于中国境内、境外的所得缴纳企业所得税。

2.非居民企业

非居民企业分为两种情况:对于在境内设立机构、场所的非居民企业,应就其来源于境内及发生在境外但与境内所设机构、场所有实际联系的所得缴纳企业所得税;对于在境内未设立经营机构、场所的非居民企业,或者虽设有机构、场所但取得的所得与其所设机构、场所没有实际联系的,应就其来源于中国境内的所得缴纳企业所得税。

(三)税率

企业所得税的基本税率是25%,非居民企业取得上述相关所得,适用税率为20%。其他符合相关减免税收政策的企业按照政策分别执行不同的税率。

二、酒店企业所得税的计算和缴纳

按照企业所得税法规定,企业在计算应缴所得税时,按照应纳税所得额再乘以相应税率来计算和缴纳。因此,应纳税所得额是企业所得税的计税依据。

(一)企业在计算应纳税所得额时的两种方式:直接法和间接法

直接法:

应纳税所得额＝收入总额－不征税收入－免税收入－准予扣除项目金额
－允许弥补的以前年度亏损

间接法:

应纳税所得额＝会计利润＋纳税调整增加额－纳税调整减少额

从上述的计算方式可以看出,酒店财务报表上的利润并不是应纳税所得额。财务报表上的利润是会计核算口径,而应纳税所得额是税法口径的概念。

(二)企业所得税的申报期限和缴纳

企业所得税需要按月度申报,按季度预缴。企业所得税纳税人应当在月份或季度终了后15日内,向其所在地主管税务机关报送会计报表和预缴所得税申报表。

企业所得税需要按年度做汇算清缴。企业所得税纳税人应当于年度终了后45日内,向其所在地主管税务机关报送会计决算报表和所得税申报表。自2008年1月1日起,除另有规定外,纳税人应在纳税年度终了后5个月内,向主管税务机关报送中华人

民共和国企业所得税年度纳税申报表和税务机关要求报送的其他有关资料。并且在规定的纳税申报期限内,纳税人发现年度所得税申报有误的,还可以在年度纳税申报期内即5月底以前重新办理纳税申报。

非正常情况的纳税申报。纳税人在年度中间发生解散、破产、撤销及其他情形依法终止纳税义务的,应当在停止生产、经营之日起60日内,向当地主管税务机关办理企业所得税申报。

企业所得税的计算申报和缴纳是由酒店财务部门负责跟进和完成的。为避免酒店因申报延迟或者税收计算问题造成税务部门对酒店的处罚,酒店通常会专门聘请外部的税务师事务所在每年的第一季度对酒店上一年度的所得税计算申报和缴纳进行专项审计,以确保酒店合法合规纳税。

表6-3、表6-4为××酒店的利润表和纳税申报表。

表6-3 ××酒店利润表 单位:元

项目	行次	上年数	本年数
一、主营业务收入	1	78,135,535.85	85,988,052.90
减:主营业务成本	2	16,456,528.24	18,050,749.67
主营业务税金及附加	3	4,304,218.33	1,803,095.00
二、主营业务利润(亏损以"—"填列)	4	57,374,789.28	66,134,208.23
加:其他业务利润(亏损以"—"填列)	5	0.00	0.00
减:营业费用	6	23,522,419.24	24,143,411.30
管理费用	7	39,268,823.13	30,498,568.99
财务费用	8	3,048,732.98	3,217,303.17
三、营业利润(亏损以"—"填列)	9	−8,465,186.07	8,274,924.77
加:投资收益(损失以"—"填列)	10		
补贴收入	11		
营业外收入	12	1,020,754.60	250,560.00
减:营业外支出	13		
四、利润总额(亏损总额以"—"填列)	14	−7,444,431.47	8,525,484.77
减:所得税	15		
五、净利润(净亏损以"—"填列)	16	−7,444,431.47	8,525,484.77

表6-4 ××酒店纳税申报表

企业名称: 所属:××××年 单位:元

项目	行次	报表填列数	调整数	审定数	备注
利润总额	1	8,525,484.77		8,525,484.77	
加:纳税调整增加额	2	1,500,034.67		1,500,034.67	
其中:1.超支业务招待费	3	277,840.63		277,840.63	
2.开办费摊销	4	0.00		0.00	
3.坏账准备	5	0.00		0.00	
4.其他各项减值准备	6	0.00		0.00	

续表

项目	行次	报表填列数	调整数	审定数	备注
其中:存货跌价准备	7	0.00		0.00	
5.各项税收的滞纳金和罚款	8	0.00		0.00	
6.违法经营的罚款和被没收财物损失	9	0.00		0.00	
7.未经税务机关核批的各项资产损失	10	0.00		0.00	
8.超支职工福利费	11	843,260.55		843,260.55	
9.资本性利息支出和超标部分	12	0.00		0.00	
10.非公益性救济性捐赠	13	0.00		0.00	
11.固定资产实际折旧年限短于税法规定年限	14	0.00		0.00	
12.长期股权投资损失	15	0.00		0.00	
13.资本公积中接受捐赠	16	0.00		0.00	
14.资本公积中不需支付款项转入	17	0.00		0.00	
15.佣金	18	103,747.23		103,747.23	
16.商业保险	19	275,186.26		275,186.26	
17.其他	20	0.00		0.00	
减:纳税调整减少额	21	0.00		0.00	
其中:1.长期股权投资收益	22	0.00		0.00	
2.国库券利息收入	23	0.00		0.00	
3.开办费摊销转回	24	0.00		0.00	
4.固定资产折旧转回	25	0.00		0.00	
5.坏账准备冲回	26	0.00		0.00	
6.股票投资红利	27	0.00		0.00	
减:弥补以前年度亏损	28	7,444,431.74		7,444,431.74	
应纳税所得额	29	2,581,087.70		2,581,087.70	
应纳税所得额调增(减)额—技术开发费	30	0.00		0.00	
实际应纳税所得额	31	2,581,087.70		2,581,087.70	
实际适用税率	32	25%		25%	
应纳所得税额	33	645,271.93		645,271.93	
国产设备抵免所得税额	34	0.00		0.00	
实际应纳所得税额	35	645,271.93		645,271.93	

填表时间：　　　　　　　　　注册会计师：

任务小结

　　在本学习任务中,提供了酒店企业所得税的全面概述,着重介绍了企业所得税的概念、征收对象、税率以及酒店企业所得税的计算和缴纳方法。企业所得税是对我国境内的企业和其他应得收入的组织的生产经营所得和其他所得征收的税种,用于居民企业(在中国境内成立或其实际管理机构在中国境内)和非居民企业(在境外成立,但在中国境内有业务活动)。按照企业

所得税法规定,企业在计算应缴所得税时,按照应纳税所得额再乘以相应税率来计算和缴纳。因此,应纳税所得额是企业所得税的计税依据。应纳税所得额的确定,一般是指企业的收入总额减去成本、费用、损失以及准予扣除项目的金额。税率一般为25%,并根据具体情况有所变化。企业所得税需要按月度申报,按季度预缴,并在年度结束后进行汇算清缴。国家税务总局每年在企业做企业所得税汇算清缴时会发出纳税通知,并对新的政策进行解读。酒店财务部门在做企业所得税年度汇算清缴时,应特别关注对于国家税收政策的了解和更新,以确保企业合法纳税,避免出现错误和罚款。

训练题

一、问答题

1.酒店在计算所得税时应如何确定应纳税额?

2.国家对于企业所得税的申报期限和缴纳规则是如何规定的?

二、讨论题

1.某酒店是增值税小规模纳税人,酒店部分客人通过App或微信等线上渠道办理订房和结账时未向酒店索要发票。2022年第一季度,该酒店实际开具发票金额为100万元,线上渠道订房未开发票金额为12万元,但在办理季度申报时,该酒店仅申报销售收入100万元,对于线上渠道未开票的订房收入则未计入收入,也没有申报增值税和企业所得税。请分析上述做法是否合理,并说明理由。

2.某酒店是增值税一般纳税人,甲企业为该酒店的老客户,住宿费通常以签单形式挂账消费,按年结算。2022年,甲企业在该酒店共消费8万元,酒店也开具了相应金额的发票。但甲企业直到2023年7月仍未结算2022年的费用,酒店也未将该笔款项计入销售收入,没有及时申报缴纳增值税和企业所得税。请讨论酒店的做法是否合适,并说明理由。

任务三　计算和缴纳个人所得税

一、个人所得税的概念

个人所得税是用于调整税务机关与自然人(包括居民和非居民)之间在个人所得税的征收、缴纳和管理过程中发生的社会关系的一套法律规范。个人所得税的纳税义务人包括居民纳税人和非居民纳税人。居民纳税人需要对其在中国境内和境外赚取的全部收入缴纳个人所得税。相反,非居民纳税人仅需对其在中国境内赚取的收入缴纳个人所得税。

个人所得税是国家对本国公民、居住在本国境内的个人的所得和境外个人来源于本国的所得征收的一种所得税。在人均国内生产总值较高的国家中,个人所得税不仅是重要税源之一,而且税源广泛,能够保证稳定的财政收入。随着经济的发展,社会贫富差距可能加剧,成为影响社会稳定的潜在因素。通过对个人所得实行累进税率,可以减轻社会不公平的分配程度,从而缓解社会矛盾。

2019年,中国实施了个人所得税法的重大改革,这被认为是自个人所得税立法以来最大的变革。这次改革的显著特点包括将个人所得税起征点从每月3,500元提高到5,000元,并新增了六项专项附加扣除。此外,中国历史上首次引入了综合与分类相结合的个人所得税制。2020年3月到6月,中国首次开展了个人所得税综合所得的年度汇算工作。之后,每年2月初,国家税务总局都会发布《关于办理上一年度个人所得税综合所得汇算清缴事项的公告》(简称《公告》),在其中明确了相关的办理事项。《公告》指出了三种年度汇算的办理方式:个人自办、单位代办和委托他人办理。年度汇算的办理时间设定为3月1日至6月30日。为了提高办税效率和优化纳税体验,税务部门还推出了预约办税服务。3月1日至3月15日间需要办理年度汇算申报的纳税人,可以通过个人所得税手机App提前预约。从3月16日起,则可以直接办理,无需预约。

二、个人所得税的税率和计算

(一)个人所得税税率

在中国,个人所得税的税率分为两种:超额累进税率和比例税率。这意味着纳税人的税率会随着其收入的增加而增加(超额累进税率),或者对某些特定类型的收入以固定比例征税(比例税率)。

个人所得税的征收方式主要包括两种:源泉扣缴和自行申报。其中,源泉扣缴是主要的征收方式。源泉扣缴指的是税款在纳税人收到收入时,由支付方(如雇主或支付者)直接从收入中扣除并代为缴纳给税务机关的过程。这种方式使得税款的收取更加及时和准确。至于缴纳税金的时间,可以分为按月计征和按年计征。按月计征是指每个月根据收入计算并缴纳税款,而按年计征则是在每个年度结束时,根据全年总收入计算并缴纳税款。

在中国的个人所得税制度中,适用超额累进税率的主要包括两种类型的所得:个人综合所得和个人经营所得。个人综合所得,涵盖了工资、薪金所得、劳务报酬所得、稿酬所得和特许权使用费所得等,按月计算应纳税额,并采用七级超额累进税率进行征税,其中税率从最低的3%开始,至最高的45%。而个人经营所得,主要指个体工商户的生产经营所得及对企事业单位的承包或承租经营所得,这部分所得按年计算应纳税额,但纳税人需要分月预缴,适用五级超额累进税率,税率范围为5%—35%。这样的税率结构旨在根据个人收入的不同水平,征收相应比例的税款,确保税收的公平性和合理性。

对个人的利息、股息、红利所得,以及财产租赁所得、财产转让所得、偶然所得和其他所得,按次计算征收个人所得税,适用20%的比例税率。

（二）个人所得税计算方法

目前,中国的个人所得税起征点设定为5,000元,即只有当个人月收入超过5,000元时,才需要缴纳个人所得税。在计算应纳税所得额时,除了基本免税额外,个人缴纳的社会保险(即"三险":养老保险、医疗保险、失业保险)和住房公积金("一金")以及国家规定的其他专项附加扣除,也需要从收入中扣除。这些扣除项目的考虑,旨在确保个人所得税的计算更加公平合理,反映个人实际可支配收入的情况。个人所得税计算公式如下:

税率细分
标准

$$应纳税所得额＝月度收入－5,000元(免征额)－专项扣除(三险一金等)$$
$$－专项附加扣除－依法确定的其他扣除$$

中国个人所得税的专项附加扣除(2023年标准)包括以下几项,具体明细可参见国家对个税专项附加扣除的最新规定。

（1）3岁以下婴幼儿照护:纳税人的子女若为3岁以下婴幼儿,可以按每个子女每月2,000元的标准进行扣除。

（2）子女教育:纳税人的子女若接受全日制学历教育,可以按每个子女每月2,000元的标准进行扣除。

（3）继续教育:纳税人在国内接受学历(学位)继续教育时,可按每月400元扣除,最长不超过48个月。若参加技能人员职业资格或专业技术人员职业资格继续教育并取得证书,则可在取得证书的年度一次性扣除3,600元。

（4）大病医疗:即纳税年度内,纳税人自付的基本医疗保险范围内医药费用超过15,000元的部分,可以在80,000元限额内据实扣除。

（5）住房贷款利息:纳税人或配偶的首套住房贷款利息支出,可按每月1,000元扣除,最长不超过240个月。每位纳税人仅限享受一次扣除。

（6）住房租金:在没有自有住房的主要工作城市租房的纳税人,可按以下标准扣除:直辖市、省会城市等特定城市每月1,500元;市辖区户籍人口超过100万的城市每月1,100元;市辖区户籍人口不超过100万的城市每月800元。

（7）赡养老人:纳税人赡养老人的支出,独生子女每月可扣除3,000元;非独生子女需分摊每月3,000元,每人最多可扣除1,500元。分摊可协商确定或由被赡养人指定,并且分摊方式和额度在一个纳税年度内不得变更。

例如,小沈是一位酒店成本经理,他已婚,工作地点在广州,月收入为1.1万元。在计算个人所得税时,他需要考虑以下几项扣除。

①"三险一金"专项扣除:小沈每月的"三险一金"扣除额为2,684元。

②住房租金扣除:由于在广州租房,小沈可以享受每月1,500元的住房租金扣除。

③子女教育扣除:他有一个孩子在幼儿园上学,因此可以享受每月2,000元的子女教育扣除。

④赡养老人扣除:小沈的父母已经超过60岁,他与姐姐分摊赡养老人的扣除额,每人可以享受1,500元的扣除。

因此,小沈的月应纳税所得额计算如下:月收入1.1万元减去起征点5,000元,再减去2,684元的"三险一金"专项扣除、1,500元的住房租金扣除、2,000元的子女教育扣

除和1,500元的赡养老人扣除,最终的应纳税所得额为负数(-1,684元),这意味着小沈本月不用缴纳个人所得税。

(三)员工年终奖个人所得税的计算和缴纳

员工从企业获得的年终奖金是个人所得税的征税对象,由于年终奖通常是一次性发放且金额较高,其个人所得税的计算和缴纳方式与常规月薪所得不同,采用单独的计算方法。根据《关于个人所得税法修改后有关优惠政策衔接问题的通知》(财税〔2018〕164号)和《国家税务总局关于调整个人取得全年一次性奖金等计算个人所得税方法问题的通知》(国税发〔2005〕9号),以及财政部税务总局公告2021年第42号的规定,直至2023年12月31日,年终奖金不并入当年的综合所得计算。全年一次性奖金的所得税计算方法是:将奖金收入除以12个月,按照相应的综合所得税率表(即月税率表)来计算税率。然而,自2024年1月1日起,年终奖金将纳入当年综合所得,与其他收入一起计算缴纳个人所得税。

任务小结

在本学习任务中,重点讲解了个人所得税的概念、税率标准以及计算方法,并指出根据国家对于个人所得税法的调整,员工年终奖个人所得税的计算和缴纳规则将会发生变化。个人所得税是国家对本国公民、居住在本国境内的个人的所得和境外个人来源于本国的所得征收的一种所得税。在国内,个人所得税通过超额累进税率和比例税率两种形式征收,即根据个人的不同收入水平或收入类型确定税率。适用超额累进税率的主要包括两种类型的所得:个人综合所得和个人经营所得。个人综合所得,涵盖了工资、薪金所得、劳务报酬所得、稿酬所得和特许权使用费所得等;而个人经营所得,主要指个体工商户的生产经营所得及对企事业单位的承包或承租经营所得。2019年,中国实行了个人所得税法重大改革,将个人所得税起征点提高至5,000元,并新增了多项专项附加扣除,使得税制更加合理。个人所得税的计算方法包括综合所得和经营所得的超额累进税率,以及对特定所得,如利息、股息等的比例税率。此外,年终奖金的个人所得税计算采用特殊方式,直至2023年12月31日,年终奖金不并入当年综合所得计算,但自2024年1月1日起,年终奖金将纳入当年综合所得,与其他收入一起计算缴纳个人所得税。

训练题

一、问答题

1.个人所得税的征税对象有哪些?

2.请简述个人所得税的计算方法。

二、讨论题

1.某酒店是位于一线城市市中心的一家商务酒店,酒店会为员工提供多

种多样的福利和成长机会。如酒店每年都会统一组织员工进行体检,并由酒店支付体检费用。同时,酒店也鼓励员工学习和进修,凡是考取跟岗位职责所需的资格证书或参加有助于工作效率提升的培训课程,经公司审批,上述费用均可报销。请查询国家个税法及实施条例,讨论上述福利费用是否需要并入员工的"工资、薪金所得"缴纳个人所得税,并说明理由。

2.甲公司与自然人孙某约定由孙某为甲公司提供劳务,报酬为1万元,增值税及附加税费由孙某自行负担,个人所得税由企业负担。孙某在劳务完成后在税务部门代开发票,开票金额1万元。甲公司向孙某支付了报酬1万元,并以1万元为应税所得,代为扣缴孙某个人所得税。请讨论孙某和甲公司的做法是否合理,并说明理由。

项目七
酒店经营预算编制与管理

 项目描述

  本项目是酒店经营预算编制与管理的学习任务。全面预算管理是企业实现财务稳健、运营效率和长期可持续发展的关键工具。本项目通过对酒店经营预算编制与管理的全面概述,介绍了酒店预算管理的基本概念和原则、主要内容和预算的作用、预算的编制流程、预算编制的组织结构、酒店年度经营收入预算的具体编制方法和内容、酒店经营成本预算的编制方法和内容,以及酒店财务成本预算的编制方法。最后,还指出了酒店全面预算管理的落实执行、结果分析、考核方式等内容。

 **项目目标**

知识目标

1.了解酒店年度经营预算的相关知识,理解酒店预算的概念和作用。
2.理解酒店年度经营预算制定包含的内容和作用。
3.了解酒店年度经营预算制定的流程。
4.知晓酒店年度经营预算的编制方法,包括酒店营业收入预算、酒店经营成本费用预算以及酒店财务费用预算等。
5.知晓酒店预算如何实施和实施的监督与优化。

能力目标

1.具有对酒店预算作用、预算编制与实施的基础认知能力。
2.具备对预算编制方式和内容的基础认知能力。
3.具备解读不同部门预算报表的能力。
4.具备解读预算指标与实际运营结果对比的能力。
5.具备对预算实施结果监督和考核过程优化调整的能力。

素养目标

1.职业素养:通过对酒店经营预算编制与管理的学习,培养用数据做计划和制定准确目标的目标指导工作的职业素养。

2.数字与逻辑思维:以目标为导向,理解不同部门经营数据之间的关系和相关逻辑。

3.结果导向:以预算实现的经营数据为考评结果,指导对过程的监督和经营中面对变化不断的改进与优化的思考。

4.创新思维:以目标为导向,鼓励在酒店预算编制和预算实施过程中运用创新思维,探索提升酒店营业收入和节约成本的新方法。

 知识框架

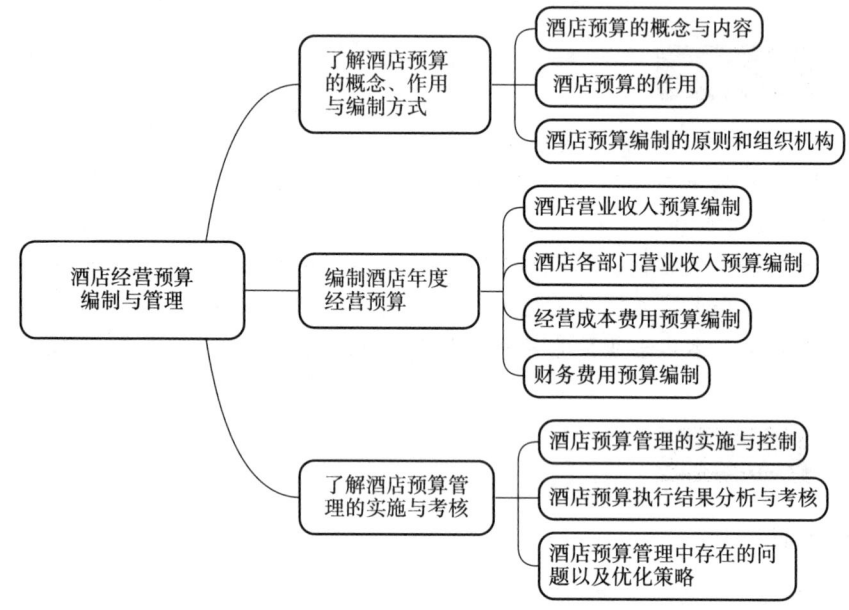

 教学重点

1.酒店经营预算的概念和作用。

2.酒店经营包含的具体内容。

3.酒店年度经营预算的编制方法。

4.酒店经营预算的实施管理。

5.酒店经营预算执行结果分析。

 教学难点

1.酒店客房营业收入预算的编制。

2.酒店餐饮营业收入预算的编制。

3.酒店各部门经营成本费用的预算编制。

4.酒店经营预算执行结果的分析。

思政学习

1. 目标感：建立目标并为实现目标整个团队一起努力，需要团队的每一位成员在共同目标的指导下全力以赴。

2. 面对困难与问题，不断解决与修正：市场和环境是在不断变化的，在实现目标的过程中，面对困难与问题，需要勇于正视，不断解决与修正，并进行创新，才能最终实现目标。

3. 学会全面和关联性地看待问题：为实现一个大目标，需要一个一个小目标先实现。过程中可能某个小目标实现不了，但只要坚持和永不放弃，最后大目标是可以实现的。

4. 团队的力量是巨大的：团队是实现目标的完成者，个体在实现目标过程中起着每个位置的作用，不论大小，只要每个个体都有担当和努力，整个团队团结合作就可以实现最终目标。

项目导入

任务一　了解酒店预算的概念、作用与编制方式

一、酒店预算的概念与内容

（一）酒店预算的概念

酒店预算是一种以货币为计量单位的综合规划，对未来一定时期内的企业经营活动和资源分配进行预期规划、测算和分配的数值说明。为了便于企业在预算执行期内对经营管理进行有效的分析、评价和考核，预算编制通常与会计年度保持一致，采用公历年一年作为一个完整的预算期。

在酒店管理中，预算扮演着至关重要的角色，它不仅是确保酒店日常运营顺畅的关键工具，也是实现长期战略计划的重要支撑。这是因为：

（1）酒店的战略计划为预算编制提供基本框架，是确立未来发展方向的出发点和落脚点；

（2）预算编制是将酒店战略计划转化为可执行的、具体的财务行动计划的工具，确保日常运营与长期战略目标保持一致；

（3）预算管理应与酒店的长期战略和年度运营计划紧密相连，确保预算活动既支持总体目标，又能灵活适应市场变化。

（二）酒店预算的内容

酒店预算是由经营预算、成本费用预算和财务费用预算这三大部分组成。经营预算中需要包括营业收入预算、市场营销部预算、餐饮部预算和人力资源部预算。成本

Note

费用预算又包括直接成本预算和间接费用预算。财务预算主要包括现金流量表预算、资产负债表预算和资本性支出预算等,如图7-1所示。

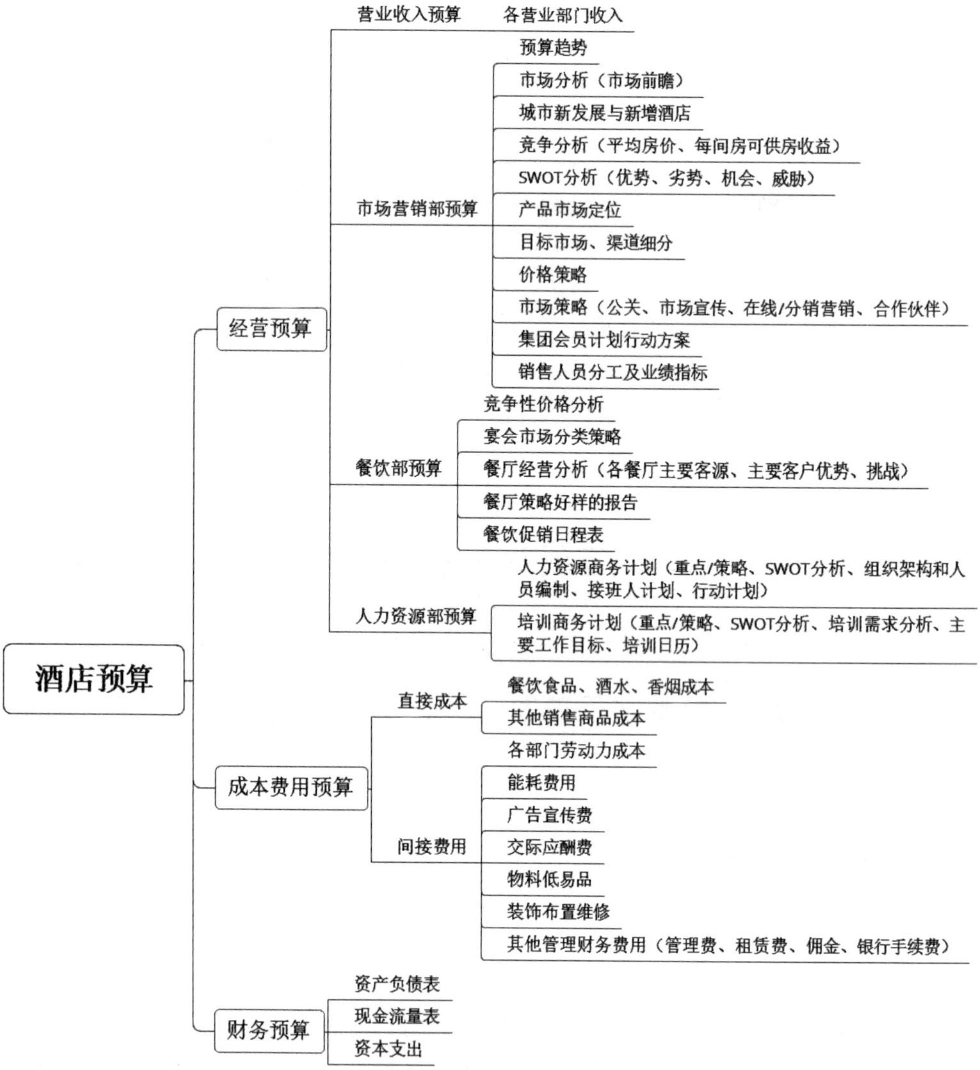

图7-1　酒店预算的内容

结合图7-1和表7-1,可以看到酒店需要制定预算的主要指标如下。

(1)客房和餐饮经营指标:可出租客房间夜数、出租率、平均房价、RevPAR、收益生成指数及其排名。

(2)收入预算指标:客房收入、餐饮收入、租赁收入、其他收入、营业总收入。

(3)盈利能力指标:客房利润及利润率、餐饮利润及利润率、经营利润、毛利率。

(4)费用指标:客房和餐饮的人力成本、各种类别的其他费用(如IT、销售和市场推广、能源)。

表7-1为某酒店2023年财务概述,仅以此酒店的内容做相应数据的对比解读和分

析,不同的酒店会有一些不同,但主要的指标是相同的。

表7-1 某酒店2023年财务概述 单位:万元

	2023年预算	2022年预测	2021年实际	2019年实际	2023年VS 2022年	2023年VS 2021年	2023年VS 2019年
可出租客房间夜数/间	125,195	125,195	125,195	125,195	0.0%	0.0%	0.0%
出租率	48.0%	37.6%	45.8%	46.2%	10.4 pp	2.2 pp	1.8 pp
平均房价/元	389	362	377	441	7.4%	3.0%	−11.8%
平均每间可供出租客房收入	187	136	173	204	37.1%	7.9%	−8.3%
收益生成指数	1	1	1	1	18.5%	17.1%	7.9%
客房收入	23,380	17,134	21,660	25,506	36.5%	7.9%	−8.3%
餐饮收入	26,140	22,796	26,305	30,414	14.7%	−0.6%	−14.1%
租赁收入	—	—	—	—	0.0%	0.0%	0.0%
其他收入	480	456	507	305	5.2%	−5.3%	57.6%
营业总收入	50,000	40,386	48,473	56,225	23.8%	3.2%	−11.1%
客房利润	17,252	11,896	16,070	19,365	45.0%	7.4%	−10.9%
客房利润率	73.8%	69.4%	74.2%	75.9%	4.4pp	−0.4pp	−2.1pp
客房人力成本率	14.7%	17.5%	14.3%	14.1%	−2.8pp	0.4pp	0.6pp
客房其他费用率	11.5%	13.1%	11.5%	10.0%	−1.6pp	0.0pp	1.5pp
客房盈利分析指标	—	—	—	—	85.7%	68.8%	0.6%
餐饮利润	9,617	7,651	9,210	12,791	25.7%	4.4%	−24.8%
餐饮利润率	36.8%	33.6%	35.0%	42.1%	3.2pp	1.8pp	−5.3pp
餐饮人力成本率	24.1%	24.5%	24.3%	20.4%	−0.5pp	−0.3 pp	3.6pp
餐饮食品成本率	38.9%	40.9%	41.1%	39.3%	−2.1pp	−2.2pp	−0.4pp
餐饮其他费用率	6.6%	7.1%	6.7%	4.7%	−0.5pp	−0.1pp	2.0pp
餐饮盈利分析指标	—	—	—	—	58.8%	346.0%	25.7%
经营利润	10,297	5,176	10,293	11,850	98.9%	0.0%	−13.1%
经营利润率	20.6%	12.8%	21.2%	21.1%	7.8pp	−0.6pp	−0.5pp
总营业盈利分析指标	—	—	—	—	53.3%	0.2%	75.0%
其他分析指标	—	—	—	—	—	—	—
酒店人力成本合计	17,778	16,126	17,389	19,368	10.2%	2.2%	−8.2%

续表

	2023年预算	2022年预测	2021年实际	2019年实际	2023年VS2022年	2023年VS2021年	2023年VS2019年
酒店总人力成本率	35.6%	39.9%	35.9%	34.4%	−4.4pp	−0.3pp	1.1pp
行政其他费用	1,710	1,307	1,491	2,071	30.8%	14.7%	−17.4%
行政其他费用率	3.4%	3.2%	3.1%	3.7%	0.2pp	0.3pp	−0.3pp
市场销售其他费用	699	492	470	1,006	42.2%	48.7%	−30.5%
市场销售其他费用率	1.4%	1.2%	1.0%	1.8%	0.2pp	0.4pp	−0.4pp
工程维修费用	2,505	1,702	1,570	2,319	47.2%	59.5%	8.0%
工程维修费用率	5.0%	4.2%	3.2%	4.1%	0.8pp	1.8pp	0.9pp
能源成本	3,950	3,701	3,964	5,509	6.7%	−0.4%	−28.3%
能源费用率	7.9%	9.2%	8.2%	9.8%	−1.3pp	−0.3pp	−1.9pp
管理费合计	1,200	829	1,146	1,268	44.8%	4.8%	−5.4%
合计管理费比率	2.4%	2.1%	2.4%	2.3%	0.3pp	0.0pp	0.1pp

从表7-1中可见,酒店预算为酒店各个部门指出了明确的经营指标,并对比了过去的业绩表现,使得管理层能够进行明确目标,根据预算做好经营计划。

二、酒店预算的作用

酒店预算的目的是为酒店经营管理设立一个目标和行动方向。在酒店运营执行过程中,量化的预算指标与日常工作紧密结合,使得管理层能够围绕预算指标对经营工作进行规划。预算也是酒店管理层在分配资源和控制成本时的参考依据,便于找到经营过程中存在的差距和问题,强化酒店绩效管理能力。酒店预算的主要作用如下。

(一)目标设定与行动导向

酒店预算对出租率、平均房价、RevPAR、营业收入、客房利润及利润率、餐饮利润及利润率、总经营利润等关键经营指标提出了具体的预期数值,这为酒店各部门和全体员工提供了一个清晰的工作目标与行动导向,使他们能集中精力,共同推动酒店向着设定的经营目标努力。

如图7-2所示,分别展示了酒店的客房利润率和餐饮利润率在不同年度的季度比较,包括2021年和2022年的实际数据以及2023年的预算数据。客房和餐饮部门作为酒店的两大主要收入来源,稳定和提高这些部门的利润率对于整体财务健康至关重要。管理层需要确保实施的策略不仅能够提升经营收入,还要有效控制或降低成本,以实现预算中设定的利润目标。

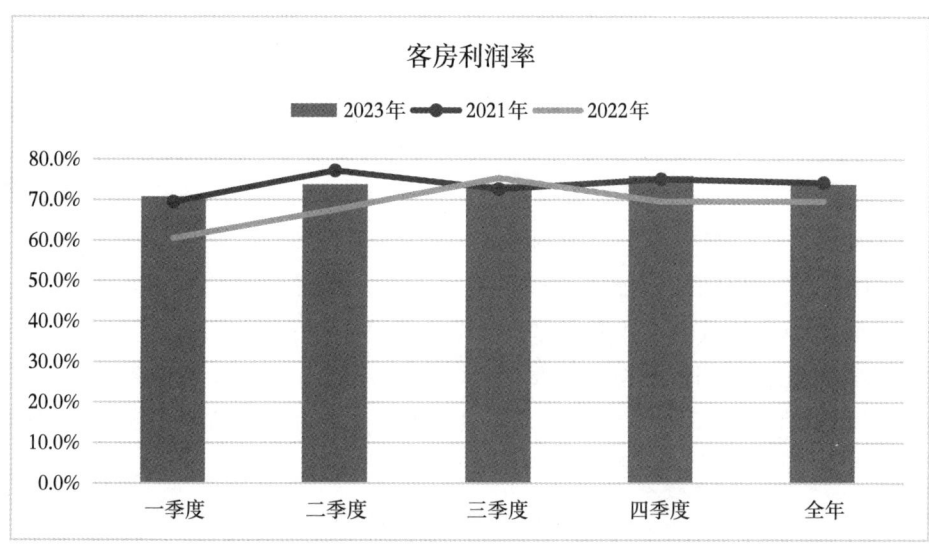

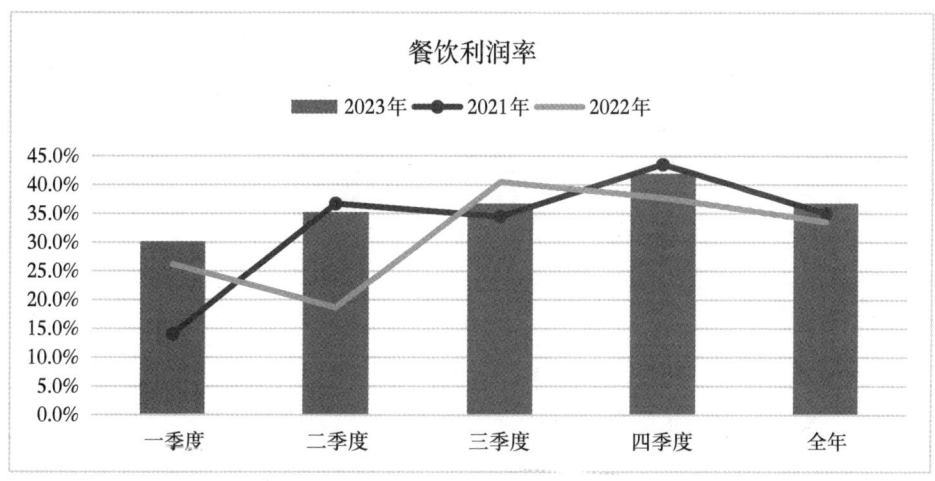

图7-2 客房利润率和餐饮利润率不同年度季度对比

（二）经营活动的测算和规划

通过预算,酒店管理人员可以对预算期内的经营活动进行细致的测算和规划。这个过程包括预期收入的生成、成本的控制以及现金流的管理,确保所有计划的活动都能在预算限制内高效执行。

管理层在做经营活动预测时,需要考虑市场条件、竞争对手的行为、季节性因素或其他可能影响业绩的外部因素。这些市场调研有助于酒店确定未来的定价策略、活动内容、成本控制等计划。比如广州广交会2023年的新对外政策,让广州接待酒店能对广交会的市场预测、交易会前中后的价格策略、交易会期间的服务项目、交易会期间的交通服务等进行规划,从而根据这次大活动而进行相应的预算计划,包括不同业务的营业收入、成本费用预算、人力资源的安排等,以确保收入和服务达到预算要求。

(三)资源配置和成本控制

　　酒店预算为酒店在人力、物资等资源的有效分配提供了具体的指导,包括对客房和餐饮部门的人力成本率、食品成本率及其他费用率的控制。此外,通过对行政、信息技术、市场销售、工程维修以及能源等费用的管理,酒店可以在保证服务质量的前提下优化成本结构。

　　例如,人力资源是酒店运营中重要的资源之一,可以表明酒店在提高员工生产率、优化工作流程或实施数字化转型等方面取得的进展。对于管理层来说,保持人力成本在一个合理的比例范围内是至关重要的,这需要平衡员工满意度和财务效率。表7-2是某酒店分部门的2023年预算与2022年实际人员编制和人力成本对比,以便管理层在预算年度进行人力成本控制。

表7-2　某酒店人员编制和人力成本对比表　　　　　　　单位:万元

分部门	当前人数/人	2022年编制/人	2023年预算编制/人	2023年人力成本预算合计	2022年全年预测合计	编制/人 2023年VS 2022年	人力成本 2023年VS 2022年
房务部	52	55	46	296.00	275.39	-9	20.61
健身中心	0	0	0	—	—	0	—
前厅	19	18	19	105.49	89.52	1	15.97
行政楼层	0	0	0	—	—	0	—
客户服务	2	2	2	13.09	10.85	0	2.24
预订	1	1	1	10.30	9.36	0	0.94
餐饮行政	3	3	3	49.40	45.02	0	4.38
商务中心	0	0	0	—	—	0	—
中餐厅	12	16	11	71.30	63.19	-5	8.11
西餐厅	16	17	14	84.00	90.07	-3	-6.07
大堂吧	2	2	2	9.30	9.15	0	0.15
宴会	8	10	8	56.80	46.11	-2	10.69
客房服务	0	0	0	—	—	0	—
厨房行政	0	0	0	—	—	0	—
管事	10	11	10	57.20	51.25	-1	5.95
中餐厨房	23	25	23	181.65	155.01	-2	26.64
宴会厨房	0		0	—	—	0	—
西餐厨房	9	12	10	92.25	79.21	-2	13.04
糕点厨房	3	4	3	27.20	20.03	-1	7.17
行政办公室	6	6	6	160.80	160.01	0	0.79
财务	8	11	10	93.50	80.58	-1	12.92
IT	1	1	1	7.32	5.86	0	1.46

分部门	当前人数/人	2022年编制/人	2023年预算编制/人	2023年人力成本预算合计	2022年全年预测合计	编制/人 2023年VS 2022年	人力成本 2023年VS 2022年
人事	5	6	6	53.81	48.17	0	5.64
安全	13	16	13	86.39	84.80	−3	1.59
市场销售	11	10	12	117.84	90.39	2	27.45
工程	17	16	17	146.86	143.32	1	3.54
员工厨房	8	8	8	57.30	55.28	0	2.02
				—	—		
汇总	229	250	225	1,777.80	1,612.57	−25	165.23

(四)绩效评估与管理

酒店预算不仅是一种管理工具,更是一个关键的绩效评估工具。管理层需要定期将实际的经营数据与预算进行对比,以此作为对各级管理层及员工业绩的考核标准。这种对比有助于及时发现偏差,采取纠正措施,确保酒店的经营活动能够符合预定的经营战略和财务目标。

食品成本率是餐饮业务利润率的关键决定因素,因此,管理层需要密切监控这一指标,并采取相应的策略来优化。表7-3是某酒店集团对旗下各成员酒店在某个月份按照星期统计的食品成本率,并和当月预算进行了对比。集团还进行了不同酒店之间食品成本控制的相对比较和排名。如果一个酒店的排名上升,这意味着相对于同期其他酒店,它在食品成本控制方面做得更好。排名的下降可能表明其在食品成本管理上的表现不如其他酒店,需要通过批量采购折扣、与供应商谈判更好的价格、改善库存管理、减少厨房浪费等多种方式来更好地控制食品成本。

表 7-3　某酒店集团旗下成员酒店某个月份食品成本率统计

酒店	成本率	本月预算	差异	第1周	第2周	第3周	第4周
四川C	36.2%	36.9%	−0.7%	第1名	第1名		
华中A	37.2%	38.5%	−1.3%	第4名	第2名		
四川B	37.8%	37.0%	0.8%	第2名	第3名		
广东B	38.9%	38.3%	0.6%	第6名	第4名		
广东A	39.1%	38.4%	0.7%	第3名	第5名		
四川A	39.2%	38.9%	0.3%	第11名	第6名		
华北A	39.3%	40.2%	−0.9%	第5名	第7名		
华东B	39.7%	39.9%	−0.2%	第10名	第8名		
广东C	39.7%	40.4%	−0.7%	第7名	第9名		
华北B	39.9%	40.7%	−0.8%	第8名	第10名		
华东A	40.2%	40.5%	−0.3%	第9名	第11名		

续表

酒店	成本率	本月预算	差异	第1周	第2周	第3周	第4周
华东C	38.0%	35.5%	2.5%				

三、酒店预算编制的原则和组织机构

基于财务预算的编制依据、编制程序与方法等因素,酒店通常于本年度的第四季度之前即开始编制下一年度的全面财务预算,预算内容需要涵盖酒店各部门的经营收入、成本、利润等各项指标。

(一)酒店预算编制的原则

酒店预算的编制是为了对酒店在预算期的资源和经营活动进行合理安排,以实现酒店的经营目标。因此,酒店预算编制需要有一定的原则作为指导,酒店编制的原则如下。

1.与酒店中长期发展规划相衔接

预算实施要围绕酒店的战略目标和经营计划有序衔接与开展,平衡长期目标与短期目标的关系,以确保中长期战略的实现。

2.科学性与可实现性结合

预算应基于合理的数据,对内外部环境进行科学的分析和预测。预算指标既要有挑战性,但也需要确保预算目标的科学性和可实现性。这是确保制定一个有效、可行和可执行预算的关键。

3.明确性与责任性

预算应确保目标的完成有明确的责任归属,详细落实到酒店各个部门,与部门的目标责任制相结合,并且分解到每一个季度和月份。

4.整体与局部平衡

预算要统筹兼顾,并要处理好局部与全部的关系,树立酒店整体概念,各部门的综合平衡应该服从酒店的总体平衡。

5.动态管理与调整

在预算实施过程中,通过及时监控和分析,把握预算目标的实现进度并实施有效的评价,预算管理应该融入酒店运营管理活动的各个领域、层次和环节。当内外环境发生重大变化时,可以调整预算,并针对例外事项进行特殊处理。

6.激励与约束

将预算与目标责任制及奖惩机制相结合,确保预算的刚性约束力,达到激励员工完成预算目标的目的。

(二)酒店预算编制的依据

酒店年度经营预算编制需要掌握五大方面的内容,并以此作为编制预算的依据:第一,研究市场环境动态变化;第二,了解竞争形势动态变化;第三,本酒店规模和服务

设施项目的变化;第四,统计酒店同比/环比历史数据;第五,了解投资者与业主的期望和要求。

1.研究市场环境动态变化

市场环境影响客户需求和消费行为。了解市场趋势、消费者偏好和经济状况的变化对于预测酒店的收入和调整服务至关重要。这有助于预算更加贴近实际市场情况,从而提高预算的准确性和实用性。

2.了解竞争形势动态变化

酒店业是高度竞争的行业。了解竞争对手的策略、价格变动、服务创新等,能够帮助酒店制定有效的市场定位和营销策略,从而在竞争中保持优势。

3.酒店规模和服务设施项目的变化

酒店的规模扩展或服务设施的升级可以显著影响运营成本和收入。预算应反映这些变化,以确保资源被有效分配,并预测新服务或设施带来的潜在收入。

4.统计酒店同比/环比历史数据

历史数据提供了业绩的基准,帮助酒店理解业务的周期性和趋势。同比和环比数据分析能够揭示业务的增长模式或异常变化,这对于制定现实和可行的预算至关重要。

5.了解投资者与业主的期望和要求

投资者和业主的期望对酒店的财务目标和战略方向有重要影响。理解他们的要求有助于确保预算符合他们的回报预期,同时也能确保获得必要的资金支持。

综合上述五个方面的内容,酒店能够制定出更全面、精准并符合各方利益的经营预算,从而有效地指导未来的经营活动和策略制定。

（三）酒店预算编制的组织和流程

酒店预算编制一般按照"上下结合、分级编制、逐级汇总"的程序进行,采取自上而下、自下而上的编制程序循环,如图7-3所示。

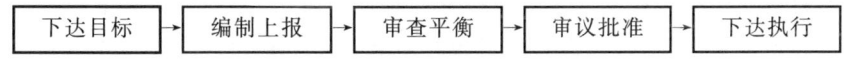

下达目标 → 编制上报 → 审查平衡 → 审议批准 → 下达执行

图7-3 酒店预算编制程序循环

1.酒店预算编制的组织人员

酒店的预算管理工作通常由酒店总经理负责,并设立专门的机构来负责酒店预算的编制、审核、调整、执行和控制。例如,有的酒店会成立预算委员会和预算工作小组来负责预算编制和实施;有的酒店会成立以总经理为首,部门负责人为成员的预算组织。这里以有预算委员会和预算小组为例,列出预算委员会和预算工作小组的主要工作。

（1）预算委员会:成员通常由总经理、总监以及部门经理等管理人员组成。它的主要职责是根据酒店年度经营战略提出预算编制的方针和指导思想,处理预算编制中出现的重大问题。预算委员会要审查并确定最后预算汇总的各项指标,也需要根据会计年度中出现的重大变化确定预算调整方案,并且需要定期与不定期检查、监督各项预

算的执行和控制情况。

(2)酒店预算工作小组:根据预算委员会确定的预算编制方针和指导思想,将编制任务下达给酒店各个部门。预算工作小组负责对各部门草拟的计划进行汇总整理,并在测算平衡后将结果反馈回酒店各部门。预算工作小组要指导督促各部门的预算编制工作,并且汇总、编制总预算,检查、控制各项预算的执行和预算考核工作。

2.酒店预算编制流程

(1)酒店总经理召集并主持预算管理委员会会议,根据酒店的经营方针、计划及发展方向提出预算大纲和指导思想。

(2)酒店预算工作小组根据预算委员会提出的预算大纲及指导思想,将预算编制任务分解并下达给酒店各部门。

(3)酒店各部门编制预算草案,交酒店预算小组审阅。

(4)酒店预算小组汇总各部门预算,经过测算、平衡和审核后将预算初稿提交预算委员会。

(5)酒店预算委员会收到预算初稿后开会进行讨论并提出修改意见。

(6)酒店预算工作小组收到预算委员会的修改意见后,将修改意见下达给酒店各相关部门落实。

(7)酒店各部门修改相关预算后,再次提交给酒店预算工作小组。

(8)酒店预算小组再次汇总部门修改后的各项预算,并且在编制汇总酒店总的经营预算后,呈报给酒店预算委员会审阅。

(9)酒店预算委员会认真讨论审核后通过总预算,由总经理负责在新的财政年度内组织各部门执行。

任务小结

在本学习任务中,全面介绍了酒店预算的概念与内容、作用、编制的原则和组织机构。酒店预算是一种以货币为计量单位的综合规划,对未来一定时期内的企业经营活动和资源分配进行预期规划、测算和分配的数值说明。酒店预算通常由经营预算、成本费用预算和财务费用预算这三大部分组成。在酒店管理中,预算扮演着至关重要的角色,它不仅是确保酒店日常运营顺畅的关键工具,也是实现长期战略计划的重要支撑。酒店在编制预算时,需要综合考虑市场环境动态变化、竞争形势动态变化、本酒店规模和服务设施项目变化,统计酒店同比/环比历史数据以及了解投资者与业主的期望和要求等,才能够制定出更全面、精准并符合各方利益的经营预算,从而有效地指导未来的经营活动和策略制定。

训练题

一、问答题

1.什么是酒店的预算? 为什么它在酒店经营中非常重要?

2.酒店预算的内容包括哪些部分？

3.编制酒店预算的原则有哪些？

二、讨论题

1.请讨论酒店预算对于酒店经营中的目标设定和行动导向的重要性。

2.请以酒店客房为例，讨论编制客房预算的流程和组织人员，以确保预算的准确性和有效性。

任务二　编制酒店年度经营预算

酒店年度经营预算分为营业收入预算、成本预算和费用预算三个部分。经营预算是酒店日常发生的各项基本活动的预算。酒店应当加强对预算编制环节的控制，基于编制依据、编制程序、编制方法等做出明确的规定，确保预算编制依据合理、程序适当、方法科学。

一、酒店营业收入预算编制

（一）酒店营业收入预算的计算

营业收入预算在酒店运营中扮演着至关重要的角色，它不仅是撬动整体经营的重要杠杆，还是酒店经营规模与资源配置平衡的关键点。一个合理设定的营业收入预算能够为酒店经营管理者提供明确的运营方向，并在可控的资源环境中实现最优的经营效果。在这一预算中，销售预算是最核心的部分，而其他成本和费用的预算则根据销售预算确定的业务量按月进行编制。例如，2022年某酒店的全年营业总收入为1,000万元，2023年假定全年收入增幅为5%，那么2023年的全年营业总收入为1,050万元（1,000×1.05＝1,050）。确定了2023年全年营业总收入后，管理层可以按月把营业收入分解到每个月。

酒店营业收入预算公式为：

$$酒店营业收入＝房费收入＋非房费收入$$

酒店预算编制团队需要遵循上述公式来计算酒店营业收入，并明确区分房费收入与非房费收入。除房费外的其他收入，如客人的早餐费用和客房饮料消费，应被归类为非房费收入。对于提供会议室、SPA、宴会服务等其他服务项目的酒店，这些服务的收入应单独记录并进行独立核算。这种做法便于追踪预算的执行情况，同时允许将关键预算指标细分到各个部门。另外，对于那些有租赁或其他类型收入的酒店（如将酒店大堂出租给便利店所得的租金），这些收入不应计入营业收入，而是应当归入酒店的其他收入类别。这样的财务分类有助于确保收入的正确归属和更有效的财务管理。

酒店年度营业收入预算编制的重点如下。

(1)将计划的RevPAR分解到每个月,做出每月"销售预测/计划表"。

(2)估算每月的非客房收入(如餐饮、商品、礼品卡收入)。

(3)根据计划的利润率,参考同类酒店、历史数据、分摊各项费用比例和费用额。

(4)合计全年RevPAR和营业收入、经营利润和经营利润率,比较计划指标值。

(5)每年10月份左右制定下一年度的"经营预算",按月将RevPAR、经营利润和经营利润率分解。

(二)酒店经营预算编制前的市场分析

在编制酒店的营业收入预算时,预算团队应首先全面分析和研究即将到来的预算年度的整体市场状况,并对其进行综合归纳和总结。这些分析工作包括如下几个方面。

1.研究本酒店上一年的经营数据

首先,酒店预算编制团队要研究本酒店上一年的经营数据,具体步骤如下。

1)分析上一年度的经营数据

预算团队需要详细审查酒店上一年的经营成果,包括实际的经营数据和预算数据。这两个数据分析将作为下一年度预算制定的基础,帮助团队理解并调整即将到来的预算。

2)比较实际与预算数据

团队应评估过去一年中实际的经营数据与预算目标之间的差异。这包括识别是否超额完成了预算目标或者未能达到预期目标,并探究其中的原因。

3)差异原因分析

识别任何偏离预算目标的关键因素,并对这些因素进行深入分析。找出影响经营结果的主要问题点,这不仅有助于为下一年度的预算制定提供方向,而且对于细分市场的评估也可以提供重要的参考依据。

2.了解酒店在下一年是否有装修升级的计划

预算团队应考虑酒店在下一年是否计划进行装修升级。通常情况下,如果酒店计划进行这类改造,那么整体年度预算的增长幅度应相应提高。这是因为在保持一定出租率的前提下,升级后的客房可以以更高的价格出租。因此,在预算中应当考虑这种装修或升级对客房均价的潜在影响,并据此调整收入预期。

3.掌握国家和本地区经济发展情况

在编制酒店预算时,国家和本地区的经济发展状况直接影响酒店接下来一年的经营。这些用于分析的数据来源如下。

1）政府工作报告

每年的政府工作报告都会详细描述并分析过去一年的城市经济发展情况，并展望未来的经济走向及政府规划。这些信息对于理解本地市场动态和政策变化，以及预测对酒店业的潜在影响很有帮助。

2）国际组织报告

国际货币基金组织（IMF）等国际组织的报告提供了对全球经济环境的见解，以及第三方对国家经济前景的预测。这种宏观经济视角有助于预测可能影响酒店业的国际趋势和事件。

3）当地旅游局数据

通过旅游部门公布的市场数据可以分析过去一年的市场趋势（如上升或下滑）以及这些趋势可能对酒店未来一年的经营产生的影响。

4）宏观经济指标

酒店市场营销部在制定预算时，应参考政府对下一年度的GDP和CPI等主要经济指标的预测。这些宏观经济指标将直接影响酒店业，可以作为预算增幅的重要指标。

4.参考酒店业年度浮动标准和基准点

在制定酒店预算时，还应考虑行业内的年度浮动标准。一些酒店会在完成当年业绩的基础上设定增幅，通常在5%－10%。新开业的酒店可能会设定约8%的增幅，而运营5年或以上的酒店可能会考虑较为保守的5%增幅。然而，这些数字只是大致的参考值，实际的预算设定还需要基于多方面数据的综合分析。具体的增幅应根据酒店的实际运营情况来定。同时，也需要考虑可能影响预算的特殊情况，如大型国际国内会议、经济危机等因素。

有些酒店集团在为下属酒店编制年度预算时，要求向行业基准点靠拢，预算比率在基准点上下10%内。如图7-4至图7-8所示可以作为这些行业基准点的一些参考。

分类	经营利润率
国际5星	31.7%
国际4星	27.6%
所有3星	33.9%
国内5星	27.8%
国内4星	29.4%
一线城市5星	37.5%
二线城市5星	28.4%
三线城市5星	20.0%

图7-4 经营利润率基准点

分类	客房利润率
国际5星	77.0%
国际4星	75.0%
所有3星	75.0%
国内5星	74.0%
国内4星	74.0%

图7-5　客房利润率基准点

分类	食品成本率	饮料利润率
5星酒店	37.9%	27.5%
4星酒店	42.0%	47.1%
3星酒店	47.0%	56.5%

图7-6　餐饮成本率基准点

分类	餐饮利润率	人均餐饮消费/元
国际5星	33.8%	185
国际4星	26.9%	113
所有3星	21.1%	52
国内5星	33.0%	137
国内4星	23.5%	100

图7-7　餐饮利润率与人均餐饮消费基准点

分类	餐饮利润率	人均餐饮消费/元
国际5星	29.8%	1.15
国际4星	33.2%	0.68
所有3星	37.8%	0.45
国内5星	32.7%	1.17
国内4星	38.6%	0.81

图7-8　人工成本率与每间可供出租房分摊员工数基准点

5.分析本地周边同档次竞争酒店情况

在制定预算时,分析本地区同等级别的竞争酒店情况是必不可少的步骤。这包括深入了解本酒店周围同等档次的竞争对手的经营状况,以及市场份额的变化情况。通过这种分析,可以对未来一年的市场趋势有一个更全面的理解。

分析的过程不仅包括竞争对手的收益情况,还要细致研究其客源结构,目的是准确掌握本地区的客源分布。这种信息有助于酒店更好地制定市场策略。

此外,酒店市场营销部门应常态化地收集并分析这些数据。每个月都应对周边同等级别的竞争对手进行详细分析,包括其收益状况、客源结构、渠道来源等。运用SWOT分析方法(即分析优势、劣势、机会和威胁)来比较和对照,可以帮助酒店更好地理解竞争环境,并据此制定有效的市场策略。

6.对当地新增酒店情况进行考察

在制定下一年度的预算时,销售部门需要详细调查当地新增酒店的情况。这包括了解周边3公里范围内现有酒店是否有装修或升级计划,是否有新酒店开业的计划,以及周边区域是否有地铁、高铁站点、会展中心或即将举办的大型体育活动等重要设施和事件。这些市场信息对于酒店的RevPAR和整体收入都至关重要。它们可以为酒店提供制定收入预算的关键信号,有助于提高预算的准确性和针对性。

7.分析下一年度节事活动对酒店经营的影响

在制定下一年度的预算时,掌握当地节庆活动的情况很重要。节庆活动通常会促进城市的经济发展,并为酒店带来来自不同市场的客源群体,从而直接增加酒店的收益。因此,在制作收入预算时,收集和理解未来一年城市将举办的所有重大活动和节庆活动信息是必不可少的。大多数酒店每年都会有几个重点节庆活动,如产品促销、周年庆典、暑期活动和其他节日庆祝活动。其中一些活动可能与电商平台的大型促销活动(如双"11"、双"12"、"6·18"等)同步进行。例如,某酒店集团在给下属酒店下发年度预算指引中指出,2023年全国性活动和主要市场的市场活动需要关注以下活动。

(1)2022年延期举办的亚洲运动会将于2023年9月在杭州举行。

(2)华东地区:预计中国国际进口博览会、车展、F1中国大奖赛将在上海回归,杭州亚运会将影响大部分浙江酒店。

(3)华南地区:预计广交会、广州车展、武汉国际智能控制和计算大会将影响酒店需求。

(4)华北地区:预计全国人大政协会议将影响酒店需求。

了解这些节事活动不仅有助于预测特定时期的客流量和收益潜力,也为酒店提供了调整营销策略和优化服务的机会,从而使得酒店能够更精确地制定和调整预算,以最大限度地利用这些活动带来的商机。

二、酒店各部门营业收入预算编制

在编制营业收入预算时,首要步骤是预测酒店各营业部门的收入及相关影响因素的变化。这一预测任务通常由各个经营部门负责完成。具体来说,包括酒店的市场营销部、餐饮部和客房部等关键部门。他们各自负责预测和规划自己部门的销售收入,以确保整体营业收入预算的准确性和可行性。

(一)客房营业收入预算

酒店的预算编制过程始于收入预算的制定,其中客房收入预算是核心环节。这一预算基于对客房销售的细致分析,涉及预测客房出租率、散客、团队、长住房、会议等不同客源的销售比例和平均房价。因此,客房销售预算是整个酒店预算编制中的关键环节。在所有预算项目中,客房销售预算总是最先制定,因为它不仅是酒店收入的主要来源,也是驱动其他收入(如餐饮、会议等)的基础。客房销售预算的准确性直接影响

到客房经营费用预算、餐饮经营预算以及其他营业收入预算的准确性。为了确保预算的精准性,需要准确预测不同房型和客源的出租率及平均房价。通常,这一预算由市场营销总监和收益经理共同负责编制。他们需要结合市场趋势、历史数据和即将面临的市场条件来制定客房销售预算,为整个酒店的经营策略提供坚实的基础。在编制客房营业收入预算时,不仅要与过去的经营情况或预算进行比较,还需要清楚地了解酒店在竞争市场中的位置。有时,尽管酒店的表现超越了历史记录,但可能仍落后于整个市场的发展。

客房营业收入预算计算公式为:

　　客房部某类客房预算营业收入=该类客房可供出租的客房数×预计出租率
　　　　　　　　　　　　　　　×预计名义房价×预计折扣率×预计营业天数

在客房营业收入预算编制中,三个核心指标至关重要,即平均房价、出租率和RevPAR,因为这些指标共同决定了酒店的财务绩效和运营效率。以下是具体每个指标的具体重要性。

1.平均房价(ADR)

这一指标反映了酒店客房的平均售价。平均房价是编制客房收入预算的基础,因为平均房价的高低直接影响总收入,并且是定价策略和市场定位的重要反映。

2.出租率(OCC)

出租率是指酒店的房间被租用的比例,它直接关系到酒店收入的多少。高出租率意味着酒店利用率高,可以带来更多的收入。长期的过高出租率也可能导致服务质量下降,因此需要找到最佳平衡点。

3.RevPAR

将RevPAR作为目标的理由是,它反映了酒店在现有资源下产生收入的能力。RevPAR是通过将酒店的总客房收入除以可供出租的房间数来计算的。它考虑了平均房价和出租率两个关键指标,提供了每个可出租房间的平均收入。RevPAR是衡量酒店运营效果的关键指标,因为即便是高出租率,如果平均房价过低,也可能导致RevPAR不理想。同样,高平均房价在低出租率时也不能产生预期的收入。设定RevPAR目标时,需要基于市场展望,并根据市场需求和竞争状况调整价格和营销策略,同时考虑达到盈亏平衡点的需要。

如表7-4所示,表格提供了某酒店2019年、2022年的实际客房收入数据和2023年的预算数据,包括每月的可用房间数、售出房间数、客房收入、出租率、平均房价和RevPAR。表格右侧还比较了2022年和2023年的数据与2019年同期数据的变化比率。这对于管理层进行经营活动规划和财务决策至关重要。比如,可以识别出收入增长的月份,或是需要改进的方面,如特定月份的低出租率或下降的出租率。负数值通常表示不利的变化,比如出租率下降或平均房价减少。在分析这些数据时,管理层需要考虑市场条件、竞争对手的行为、季节性因素或其他可能影响业绩的外部因素。这些信息有助于酒店确定未来的定价策略、促销活动、成本控制措施以及其他可能影响预算实施结果的策略。

表7-4　某酒店客房营收预算测算　　　　　　　　　　　　　　单位:元

年度	月份	可售客房数/间	已售房/间	客房收入	出租率	平均房价	RevPAR	与去年的差异率		
								出租率	平均房价	RevPAR
2019年	1月	10,633	3,671	1,804,745	34.5%	492	170			
2019年	2月	9,604	4,312	1,926,472	44.9%	447	201			
2019年	3月	10,633	4,739	2,154,266	44.6%	455	203			
2019年	4月	10,290	4,552	2,114,782	44.2%	465	206			
2019年	5月	10,633	5,063	2,329,249	47.6%	460	219			
2019年	6月	10,290	3,578	1,632,190	34.8%	456	159			
2019年	7月	10,633	4,654	2,018,609	43.8%	434	190			
2019年	8月	10,633	5,129	2,264,146	48.2%	441	213			
2019年	9月	10,290	4,239	1,799,219	41.2%	424	175			
2019年	10月	10,633	7,123	2,877,087	67.0%	404	271			
2019年	11月	10,290	5,991	2,517,472	58.2%	420	245			
2019年	12月	10,633	4,829	2,067,944	45.4%	428	194			
2022年	1月	10,633	3,263	1,217,029	30.7%	373	114	−11.1%	−24.1%	−32.6%
2022年	2月	9,604	3,009	1,148,578	31.3%	382	120	−30.2%	−14.6%	−40.4%
2022年	3月	10,633	2,260	882,240	21.3%	390	83	−52.3%	−14.1%	−59.0%
2022年	4月	10,290	1,199	465,315	11.7%	388	45	−73.7%	−16.5%	−78.0%
2022年	5月	10,633	3,528	1,298,409	33.2%	368	122	−30.3%	−20.0%	−44.3%
2022年	6月	10,290	4,006	1,511,964	38.9%	377	147	12.0%	−17.3%	−7.4%
2022年	7月	10,633	6,680	2,382,787	62.8%	357	224	43.5%	−17.8%	18.0%
2022年	8月	10,633	6,672	2,391,865	62.7%	358	225	30.1%	−18.8%	5.6%
2022年	9月	10,290	3,368	1,005,016	32.7%	298	98	−20.5%	−29.7%	−44.1%
2022年	10月	10,633	3,260	1,200,000	30.7%	368	113	−54.2%	−8.9%	−58.3%
2022年	11月	10,290	6,997	2,512,000	68.0%	359	244	16.8%	−14.6%	−0.2%
2022年	12月	10,633	6,592	2,379,000	62.0%	361	224	36.5%	−15.7%	15.0%
2023年	1月	10,633	3,875	1,529,000	36.4%	395	144	18.8%	5.8%	25.6%
2023年	2月	9,604	3,850	1,520,000	40.1%	395	158	27.9%	3.4%	32.3%
2023年	3月	10,633	5,010	1,893,000	47.1%	378	178	121.7%	−3.2%	114.6%
2023年	4月	10,290	4,734	1,832,000	46.0%	387	178	294.8%	−0.3%	293.7%
2023年	5月	10,633	5,954	2,233,000	56.0%	375	210	68.8%	1.9%	72.0%
2023年	6月	10,290	4,483	1,695,000	43.6%	378	165	11.9%	0.2%	12.1%

续表

年度	月份	可售客房数/间	已售房/间	客房收入	出租率	平均房价	RevPAR	与去年的差异率		
								出租率	平均房价	RevPAR
2023年	7月	10,633	6,174	2,392,000	58.1%	387	225	−7.6%	8.6%	0.4%
2023年	8月	10,633	4,253	1,656,000	40.0%	389	156	−36.3%	8.6%	−30.8%
2023年	9月	10,290	4,873	1,827,000	47.4%	375	178	44.7%	25.6%	81.8%
2023年	10月	10,633	6,486	2,697,000	61.0%	416	254	99.0%	13.0%	124.8%
2023年	11月	10,290	5,351	2,097,000	52.0%	392	204	−23.5%	9.2%	−16.5%
2023年	12月	10,633	5,098	2,009,000	47.9%	394	189	−22.7%	9.2%	−15.6%
	2019年	125,195	57,880	25,506,181						
	2022年	125,195	50,834	18,394,203						
	2023年	125,195	60,141	23,380,000						

平均房价、出租率和RevPAR这三个指标分别提供了不同的目标,它们的共同作用,综合反映了酒店客房业务的整体经营状况,因而对收入预测起着决定性作用,使酒店能够全面评估预算指标。同时,酒店在编制预算时,也应设定收益生成指数和经营利润率的目标。

1)收益生成指数

收益生成指数(RGI)用于比较酒店的收入表现与其竞争集群(通常是相似市场位置和产品类型的其他酒店)的平均表现,用来衡量酒店在相对市场中的竞争力。计算收益生成指数的公式是:

$$收益生成指数 = \frac{酒店的RevPAR}{竞争集群的RevPAR} \times 100$$

如表7-5所示,如果收益生成指数大于100,则意味着酒店的收入表现优于其竞争集群的平均水平。如果收益生成指数小于100,则表明酒店的收入表现落后于其竞争集群。

表7-5 收益生成指数分析

年度	出租率			平均房价			RevPAR		
	本酒店	竞争群	指标	本酒店	竞争群	指标	本酒店	竞争群	指标
2019年	46.2%	52.0%	88.9	440.7	385.0	114.5	203.7	195.2	104.4
2020年	43.9%	49.9%	87.9	385.6	364.0	105.9	169.1	164.2	103.0
2021年	45.9%	55.7%	82.3	377.4	345.0	109.4	173.0	180.3	96.0
2022年累计	36.3%	45.0%	80.6	362.0	331.0	109.4	131.4	135.2	97.2

Note

2)经营利润

经营利润指的是从总收入中扣除成本、人工费及部门经营性费用之后的利润。经营利润计算公式为：

$$经营利润＝酒店营业总收入－酒店营业总支出$$

经营利润率通常以百分比的形式表示，公式如下：

$$经营利润率＝\frac{经营利润}{营业总收入}\times100\%$$

经营利润率显示了酒店每赚取一单位收入后能保留多少作为毛利。这个指标对于评估酒店的运营效率和盈利能力非常重要，因为它反映了酒店在产生收入的同时如何控制成本。如图7-9所示，是某酒店2021年和2022年实际经营利润率以及2023年预算年的预计经营利润率比较。

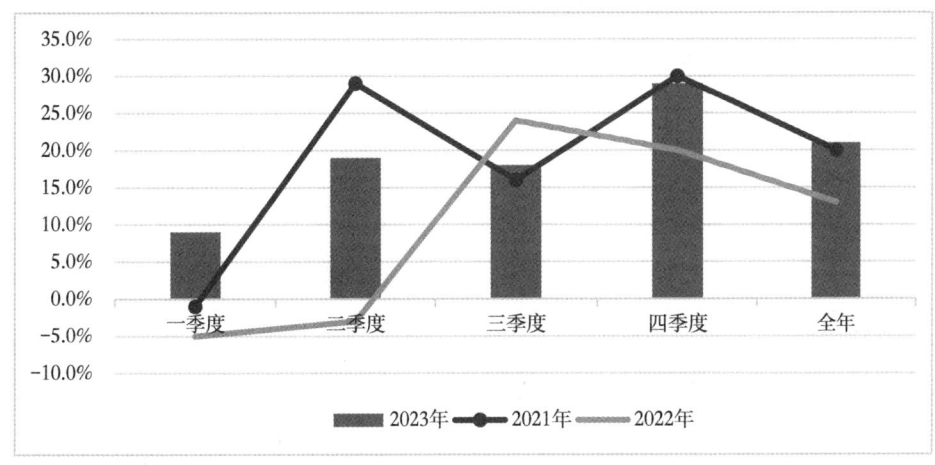

图7-9　经营利润率对比

(二)餐饮营业收入预算

1.餐饮营业收入预算的构成和影响因素

餐饮营业收入是酒店营业收入的另一个主要来源。如表7-6所示，餐饮营业收入包括食品收入、饮品收入、服务费、场租收入和其他收入。

表7-6　餐饮营业收入的构成

项目	1月	2月	3月	4月	5月	6月	7月	8月	9月	10月	11月	12月	全年合计
营业收入													
食品收入													
饮品收入													
服务费													
场租收入													

续表

项目	1月	2月	3月	4月	5月	6月	7月	8月	9月	10月	11月	12月	全年合计
其他收入													
营业收入合计													
统计													
消费食品和饮料人数合计													
食品和饮料账单平均(元/人)													
食品账单平均(元/人)													
饮料酒水账单平均(元/人)													

为了准确地做好餐饮营业收入预算,需要充分考虑一下影响餐饮营业收入的因素。

1)客源分析

深入分析不同类型的客人,如住店客人、非住店客人、参加宴会或婚庆的客人等。了解这些不同客源的需求和偏好,有助于制定更针对性的餐饮服务和营销策略。

2)客人的口味和消费心理变化的调研

深入掌握客人的口味偏好、消费心理和消费习惯,对于设计菜单、设定价格以及提供个性化服务至关重要,这有助于提升客人满意度和促进消费。

3)就餐人数和消费水平预测

合理预测不同餐厅和餐次的就餐人数、平均消费水平(包括食品和饮料)及平均上座率,这对于确保餐饮部门高效运营和盈利至关重要。

4)节庆和特殊日子的确定

熟悉各种节庆日、假期等对于抓住特殊时段的商机至关重要。在这些日子里,餐饮需求通常会增加,酒店可以通过特别活动或促销来吸引更多客人。

5)促销策略

在制定餐饮收入预算时,需要结合预测的就餐人数、人均消费额以及各种促销手段(如特别套餐、折扣、主题晚餐等)来综合考虑。

6)时段性收入预测

由于不同餐饮时段的客流量和消费行为可能存在差异,餐饮部门应根据不同的就餐时段(如早餐、午餐、晚餐等)进行详细的收入预测和预算编制,然后再进行总体汇总。

例如,某酒店在编制餐饮预算的时候,对宴会和餐厅营销策略分别进行了如下考量。

(1)宴会营销策略:①通过有竞争力的套餐价格及菜单增加满月酒、乔迁宴、生日宴等宴会市场;②举办酒店婚宴秀和婚礼沙龙来推动婚宴市场;③通过与政府建立更

加密切的关系,以带来更多的宴会及会议活动。

（2）餐厅营销策略:①通过推广每月厨师推荐菜式来吸引客人;②与本地知名银行信用卡合作吸引客人;③通过增加本地特色产品来增加收入;④关注小型团队聚会、家庭聚会及生日聚会,增加用餐客人;⑤加大媒体宣传并通过网络平台销售餐饮产品。

2.餐饮营业收入的计算公式

餐饮营业收入的计算公式为:

$$某一餐厅的预算营业收入＝餐厅座位数×座位周转率×人均消费额$$
$$×预算期营业天数$$

$$宴会厅收入＝宴会厅数量×预算期天数×宴会厅利用率$$
$$×平均就餐人数×人均就餐标准$$

$$零点收入＝零点餐位数×预算期天数×平均就餐人数×人均消费额$$

如表7-7所示,是某酒店2023年的餐饮收入和利润的预算,信息涉及2019年实际、2021年实际、2022年预测和2023年预算的数据。

表7-7　某酒店2023年的餐饮收入和利润的预算　　　　　单位:万元

宴会	餐饮总计				差异		
	2019年	2021年	2022年	2023年	2023年 VS 2019年	2023年 VS 2021年	2023年 VS 2022年
宴会餐饮收入	1,676	1,344	1,317	1,510	−9.9%	12.4%	14.7%
宴会餐饮利润	705	470	445	556	−21.2%	18.1%	24.8%
宴会餐饮利润率	42.1%	35.0%	33.8%	36.8%	−5.3pp	1.8pp	3.0pp
宴会餐饮盈利分析指标		29.5%	7.4%	57.0%			

中餐厅	餐饮总计				差异		
	2019年	2021年	2022年	2023年	2023年 VS 2019年	2023年 VS 2021年	2023年 VS 2022年
中餐厅餐饮收入	596	568	447	512	−14.1%	−9.9%	14.6%
中餐厅餐饮利润	251	199	148	188	−24.8%	−5.3%	27.0%
中餐厅餐饮利润率	42.1%	35.0%	33.2%	36.8%	−5.3pp	1.8pp	3.6pp
中餐厅餐饮盈利分析指标		−87.2%	58.4%	61.2%			

西餐厅	餐饮总计				差异		
	2019年	2021年	2022年	2023年	2023年 VS 2019年	2023年 VS 2021年	2023年 VS 2022年
西餐厅餐饮收入	747	706	500	582	−22.0%	−17.6%	16.5%
西餐厅餐饮利润	314	247	166	214	−31.8%	−13.4%	29.0%
西餐厅餐饮利润率	42.1%	35.0%	33.2%	36.8%	−5.3pp	1.8pp	3.6pp
西餐厅餐饮盈利分析指标		−64.9%	60.6%	58.5%			

续表

酒吧	餐饮总计				差异		
	2019年	2021年	2022年	2023年	2023年 VS 2019年	2023年 VS 2021年	2023年 VS 2022年
酒吧餐饮收入	—	—	—	—	0.0%	0.0%	0.0%
酒吧餐饮利润	—	—	—	—	0.0%	0.0%	0.0%
酒吧餐饮利润率	0.0%	0.0%	0.0%	0.0%	0.0pp	0.0pp	0.0pp
酒吧餐饮盈利分析指标		—	—	—			

其他(如客房送餐/迷你吧)	餐饮总计				差异		
	2019年	2021年	2022年	2023年	2023年 VS 2019年	2023年 VS 2021年	2023年 VS 2022年
其他餐饮收入	23	12	17	10	−56.7%	−21.4%	−41.1%
其他餐饮利润	10	4	6	4	−62.1%	−17.4%	−34.8%
其他餐饮利润率	42.1%	35.0%	33.2%	36.8%	−5.3pp	1.8pp	3.6pp
其他餐饮盈利分析指标		49.3%	27.8%	71.9%			

餐饮部合计	餐饮总计				差异		
	2019年	2021年	2022年	2023年	2023年 VS 2019年	2023年 VS 2021年	2023年 VS 2022年
餐饮收入合计	3,041	2,631	2,280	2,614	−14.1%	−0.6%	14.7%
餐饮利润合计	1,279	921	765	962	−24.8%	4.4%	25.7%
餐饮利润率合计	42.1%	35.0%	33.6%	36.8%	−5.3pp	1.8pp	3.2pp
餐饮盈利分析指标合计		12.9%	55.6%	58.8%			

(三)其他营业收入预算编制说明

1.洗衣收入

大多数高星级酒店都设有固定的洗衣服务收费标准,为客人提供便捷的洗衣选项。而越来越多的中端酒店和经济型酒店为客人配备免费的自助洗衣设施。

2.商务中心

商务中心提供翻译、复印、传真和上网等服务,并按照既定标准收费。但随着越来越多客人自带电脑,商务中心的使用频率逐渐下降,一些酒店甚至选择关闭此项服务。

3.康体中心

在许多酒店中,康体中心对住宿客人免费开放,同时也向外部客户出售健身卡。为避免拥挤,确保客人满意度,康体中心应合理划分使用时间段,如周末与工作日,或白天与晚上,并设定不同的收费标准。

4.车队收入

设有车队以及提供车辆接送和租赁服务的酒店,可以参照竞争对手的价格或酒店历史数据及出租率等编制收入预算。

5.烟草收入

酒店的烟草销售统一核算,不计入任何单个餐饮点的收入。烟草的定价参考竞争对手价格或酒店的历史数据。

6.租金收入

酒店可以将部分场所出租给第三方经营,从而获得租金收入。这些场所的出租提供了额外的收入来源,同时增加了客户服务的多样性。

7.电话收入

大多数酒店现在对本地电话不收费,仅对长途电话(DDD或IDD)收费。这导致许多酒店的电话通信收入较低,难以抵消电话费用。尽管如此,电话服务作为高星级酒店的基础设施,仍然是必不可少的。

三、经营成本费用预算编制

酒店经营成本费用预算编制主要包括直接成本预算和间接费用预算两大方面。如表7-10所示,直接成本预算包括餐饮成本和其他成本的预算。例如,客衣洗涤成本、商务中心复印等成本、便利店销售商品成本(包括直销成本、代销成本)、酒店车辆使用成本(如燃料、维修、汽车租金等)的预算。另外一部分为间接费用预算,包含税金及附加、销售费用、管理费用、财务费用等预算。

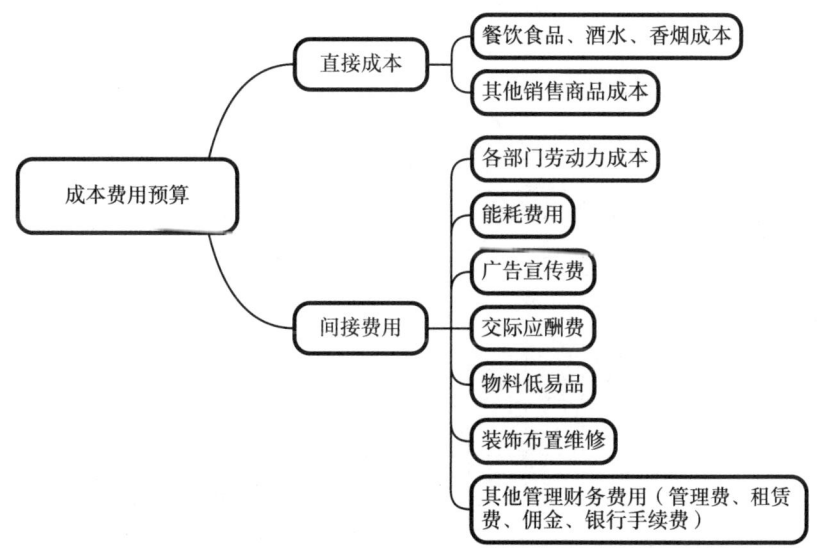

图7-10 酒店成本费用预算的构成

成本预算的编制通常基于销售收入预算,并结合上一年度的成本率进行。在这个过程中,还需要考虑通货膨胀率等可能导致成本上升的因素,以便对预算期内的成本进行合理预测。营业成本和费用预算是对酒店各部门的运营成本、费用以及相关因素变动的预测。在制定这些成本和费用预算时,关键在于将预算细化到酒店的主要部门,这有助于实现预算的有效执行,并确保各部门承担相应的责任。

在制定预算时,需要特别注意人力成本、能源消耗成本以及各类生产材料和物品

的消耗,这些成本费用占据总成本的较大比例。与酒店的固定成本相比,变动成本提供了更多的优化和改进空间,因为固定成本通常是经营者难以控制的。为了在增加收入的同时使利润与收入同比增长,管理者需要在不牺牲服务品质的情况下,努力降低这些变动成本。这意味着需要找到提高效率和减少浪费的方法,同时确保维持或提升客户满意度。

对于那些直接与出租率相关的成本费用(如洗涤费、早餐费、能源成本等),为了提高预算的准确性,可以在核算成本时采用与出租率直接相关的系数。这种方法有助于更准确地反映成本费用与营业表现之间的关系,从而使预算更加精准和有效。

(一)客房营业成本费用预算

客房经营费用涉及前厅部和客房部两个关键部门。表7-8中列举了客房部的主要费用内容。

表7-8　客房部主要费用内容

项目	1月	2月	3月	4月	5月	6月	7月	8月	9月	10月	11月	12月	全年合计
经营费用													
人工成本													
洗涤费													
制服费													
布草													
清洁用品													
服务用品													
印刷及文具													
瓷器													
玻璃器皿													
银器													
通信费													
旅行社佣金													
预订费用													
差旅费													
交通费													
电视及娱乐													
装饰费													
其他													
经营费用合计													

在编制客房部的营业成本费用预算时,应该根据客房出租率,分固定费用和变动费用分别计算预计的发生额,并将它们汇总,以得出客房部营业成本费用预算。

固定费用是那些不随客房出租率变化而变化的费用,如工资及福利费、折旧费、大型维修费、员工服装费和保险费、合同清洁和杀虫服务费等。这些费用可以平均分配到每个月,以平衡整个年度的成本。对于金额较小的项目,可以选择在实际发生时将其计入当月的相关费用。

变动费用会随着客房出租率的变化而相应变化,包括燃料费、洗涤费、水电费、物料用品消耗、修理费、预订费、客用品、赠送客人的服务以及佣金等。这些费用与客房入住量直接相关,计算这些变动费用的方法是将每月出租房间数乘以单位成本,从而确定各月的相关费用。计算公式为:

客房部年度预算变动费用 = 每间客房日变动费用消耗额 × 客房数 × 出租率 × 天数

对于那些无法直接归属于特定部门的费用,如公共区域使用的水电费等,需要采用合理的标准,将这些费用分摊到各个部门。一种常见的分摊方法是基于各部门营业收入占酒店总收入的比重。通过这种方式,可以更公平地分配共同成本费用,确保每个部门承担其相应份额的费用。分摊的计算公式如下:

$$部门本期应分摊的费用 = 该项费用总额 \times \frac{该营业部门的收入}{酒店总收入}$$

(二)餐饮部营业成本费用预算

餐饮部的营业费用预算可以细分为固定费用和变动费用两大类。固定费用的计算方式与客房部相似,而变动费用则包括燃料费、低值易耗品、水电费、物料消耗等,这些费用需要结合餐饮成本一同编制成弹性预算。餐饮经营费用主要包括员工制服、营运用品、装饰费、菜单酒单制作费、餐饮推广费、音乐及娱乐表演费、设备租赁、低值易耗品摊销等,如表7-9所示。

表7-9 餐饮部主要成本费用内容

项目	1月	2月	3月	4月	5月	6月	7月	8月	9月	10月	11月	12月	全年合计
营业成本													
食品成本													
饮品成本													
其他成本													
营业成本合计													
直接费用													
人工成本													
音乐和娱乐													
洗衣和干洗													
员工制服													
布件和毯子													
清洁费和清洁用品													

续表

项目	1月	2月	3月	4月	5月	6月	7月	8月	9月	10月	11月	12月	全年合计
宾客用品													
文具和印刷													
菜单和饮料单													
瓷器、玻璃器皿和厨房器皿													
银器和盛器													
燃料和冰													
督导费													
电话、邮资													
差旅费/交通费													
装饰费													
招待费													
杂项													
直接费用合计													
总费用合计													

餐饮营业成本预算公式为：

$$餐饮预算直接成本 = 餐饮预算营业收入 \times (1 - 预算餐饮毛利率)$$

（三）其他费用预算编制

1.行政管理费用预算编制

行政管理费用中,除信用卡佣金之外,大多数费用属于固定费用。信用卡佣金作为变动费用,其计算方法是根据营业收入的35%－45%乘以综合信用卡佣金率(通常约为2%)来估算。另外,坏账准备也是一种变动费用,它根据应收账款的账龄进行计提和调整。通常,酒店会根据酒店的规定按营业收入的一定比例来做预算,比如6%或其他。其他行政费用,如文具和印刷品、行政办公室开支、差旅费等,也需要做相应的预计支持。

2.营销与公关费用预算编制

营销与公关费用主要属于固定费用,通常由市场营销部负责编制。这部分费用的多少根据不同酒店自己的规定或算法做支出预计,比如有些酒店这部分预算会占酒店总营业收入的5%左右。这些费用包括所有与市场推广和公共关系活动相关的开支,如广告费、活动组织费、媒体宣传费等。

3.维修保养费用预算编制

维修保养费用预算主要由工程部基于酒店的具体维修保养计划负责编制。对于与供应商签订的维修保养合同,例如电梯、锅炉、消防设施和空调设备等,预算应根据

合同金额确定。需要注意的是,维修保养费用预算仅涉及费用性支出,不包括资本性支出。对于新开酒店而言,由于某些设备可能处于供应商提供的免费保修期内,因此其维修费用通常相对较低。通常情况下,维修保养费用占酒店总营业收入的5%—7%。而对于新开酒店,这一比例通常在3%左右。

4.能源费用预算编制

能源费用包括水、电、煤、油、气等,应基于多个因素进行预算编制,这些因素包括客房出租率、能源单价、实际用量以及季节性变化。同时,还需要考虑能源价格可能的上涨。能源费用的预算由工程部负责制定,且应确保其合理性,避免过高的能源开支。一般而言,能源费用大约占酒店总营业收入的5%—12%。合理控制能源费用不仅有助于降低酒店的运营成本,还对环保和可持续经营有积极作用。表7-10为某酒店能源费用预算表。

表7-10 工程部主要费用内容

项目	1月	2月	3月	4月	5月	6月	7月	8月	9月	10月	11月	12月	全年合计
能源费用													
水费													
电费													
燃气费													
能源费用合计													
设备设施维护保养费用													
照明和灯泡													
场地和游泳池保养													
机电维修													
建筑物修理													
家具及固定装置维修													
维修服务合同													
IT设备													
消防设备													
特殊维修													
设备设施维护保养费用合计													
总费用合计													

5.工资及福利预算编制

人力资源部负责编制工资及福利预算,需要综合考虑各部门和各岗位的员工人数、工资等级、工资增长比例、升职加薪、加班工资、年终奖金、各类津贴、带薪假期、往

返交通费用、社会保险和住房公积金等因素,如表7-11所示。这些元素通过特定公式相互关联,从而能够准确计算出各部门的工资及福利预算。此外,还需要编制其他人力资源相关费用的预算,包括员工培训费用、员工餐厅经营成本、宿舍费用、员工福利活动等。这些费用对于保持员工满意度和提高工作效率至关重要。

表7-11　人力资源相关费用内容

项目	1月	2月	3月	4月	5月	6月	7月	8月	9月	10月	11月	12月	全年合计
工资及薪金													
基本工资													
加班(公共假期、其他)													
补助													
奖金													
其他													
工资薪金小计													
员工福利及杂项													
养老保险													
工伤保险													
失业保险													
医疗保险													
工会经费													
员工膳食													
员工福利													
其他福利													
福利小计													
其他人力成本													
临时工													
承包劳务													
其他人力成本小计													
人力成本合计													

6.酒店管理费用预算编制

管理费用的预算编制可以采用零基预算法。这种方法从零开始,不考虑以往会计期间所发生的费用项目及数额,而是完全基于实际需求。在这种方法下,每一项费用都需要单独审查,以确定其在预算期内的合理性和必要性。此外,零基预算法还要求考虑预算期内节约成本的潜力和相关因素,对不同的费用项目进行单独的财务预算编制。这种方法鼓励对每一笔支出进行仔细的分析和评估,确保所有预算分配都是基于当前和未来的实际需求。

（四）费用分摊编制的时间和对策

通常,预算编制工作会在每年9月左右开始。由于此时当前年度的实际数据仅覆盖到9月,因此需要将这9个月的实际数据与接下来3个月的预测数据相结合,以估算全年的完成情况。这种方法结合了已知的实际情况和对未来的合理预测,从而为下一年度的预算编制提供一个更为合理和可行的基础。例如,在处理费用类项目时,可以将已知的9个月费用总额除以9,然后乘以12,来估算整个年度的总费用。这样得到的年度总费用估算值可以作为编制下一年度该类费用预算的参考依据。

综上所述,为了提高成本费用预算的精准性,酒店需要综合考虑自身的具体情况。首先,应结合上一年的成本数据和预计下一年的收入增长来制定预算。成本费用可以简单地划分为固定成本和变动成本两大类。在预算编制过程中,重点应放在比重较大且可控的成本和费用上,如人力成本、能源消耗和物资耗费等。这些成本费用应随着客房出租率的变化而相应调整。其次,提前进行成本费用规划尤为重要,特别是对于金额较大的项目。例如,如果酒店计划在下一年新增一个200平方米的中型会议室,这不仅会带来额外的收入,也会产生相关的成本费用。这就需要提前估计会议室投入使用的具体时间,并相应地将这些成本费用纳入相应月份的预算中。通过这些方法,酒店能够更准确地预测和控制成本,同时充分利用新资源带来的收入潜力。这种全面和前瞻性的预算编制策略有助于优化成本管理,从而提升整体的财务表现。

四、财务费用预算编制

（一）酒店现金预算编制

现金预算是对酒店未来一段时间内的现金收入、现金支出和现金结余的合理预测。制定现金预算的方法主要有两种,选择哪种方法取决于预算期的时间长度。

1.现金收入和支出法（直接法）

这种方法直接预测预算期内酒店的各项现金收入和支出,用于平衡财务收支。它适用于短期预算,如季度、月度,甚至以周或天为单位。

2.净收益调整法（间接法）

这种方法适用于长期的现金预算编制,更多地反映了管理部门对较长时间内现金流的预测和估计。它考虑了酒店的内部和外部资金来源,如日常营业净收益、所得税、折旧费用等,以及外部资金来源,如银行贷款、固定资产销售等。现金使用方面则涉及应收账款、固定资产购买、原材料及其他存货的购买等。这种方法特别强调了应收账款、存货及流动资金负债的变化,对于应收账款多、存货资金占用较大的酒店尤为重要。

在编制采购预算时,应根据生产预算提出的材料消耗量、期初和期末库存情况来确定采购数量,并根据预计的材料单价计算所需的采购资金。同时,还需要考虑前期应付材料款的偿还和本期购料款的支付情况,以预计预算期间的材料采购现金支出额。

（二）酒店资产负债表预算编制

资产负债表预算也称为预计资产负债表，是一种综合反映预算执行单位期末财务状况的预算报表，其内容和格式与实际的资产负债表相同。这种预算通常基于预算期初实际的资产负债表，结合销售或营业预算、生产预算、采购预算、资本预算和筹资预算等相关数据进行编制。

预计资产负债表提供了酒店预算期末的财务状况概览，是一种总结性的预算。在编制预计资产负债表时，除了已知的上一年度期末数据外，其他项目应基于前述的各项预算分析而填写。它展示了计划期末资金的相对静态状况。

编制预计资产负债表的基础是当前期末的资产负债表，以及预算期内的各种业务预算、现金预算和资本预算的相关数据。此外，预计资产负债表还基于预计损益表和预计现金流量表进行编制，确保各类财务报告之间的一致性和准确性。通过这种方式，酒店能够对其财务状况进行全面的预测和规划，为未来的经营决策提供重要依据。

（三）酒店资本性支出预算编制

资本性支出与收益性支出或成本性支出相对，主要指那些效益跨越两个或以上会计年度的支出。这类支出通常涉及固定资产、无形资产、递延资产等的购置或构建。例如，购买运输设备的支出就属于资本性支出，因为这种设备通常会在多个会计年度内使用，因此其支出应计入"固定资产"科目。在制定酒店的资本性支出预算时，对于下一会计年度中预计涉及较大金额的设备和设施，需要提前进行充分的沟通和规划。这些规划应当明确反映在预算中，以确保资本支出的合理性和有效性。

酒店在制订固定资产更新计划时，应根据实际需求并遵循节约和高效利用的原则。在审核和制订预算年度内计划更新的固定资产时，应优先考虑那些严重影响客户感知和满意度或者可能损害酒店品牌形象的资产。原则上，那些折旧尚未满足的固定资产不应该被更新。对于已经满足折旧年限但仍处于可用状态的固定资产，酒店应尽可能采取"维修并继续使用"的策略，以延长其使用寿命。对于预算表中提及的未满折旧年限的资产更新项目，其残值应由酒店从当年的经营利润中列支承担。同时，酒店还应考虑客户的在线评价和反馈，对顾客反映问题较多的固定资产项目考虑更换或改进。此外，固定资产的更新预算应与酒店的经营预算同步完成，以确保财务规划的一致性和全面性。

酒店财务费用预算并不是一经制定就固定不变的，因为这些预算的编制基于一系列预测，这些预测可能会随着时间和市场条件的变化而变得不再准确，因此财务预算具有一定的局限性。在实际执行预算的过程中，如果发现与原定预算存在较大偏差，酒店管理层应及时对财务预算进行适当的调整和修正。这样的调整和修正旨在确保财务预算能够反映当前的经营状况与市场环境，从而提高其在酒店经营管理中的实用性和指导作用。

任务小结

在本学习任务中,提供了编制酒店年度经营预算的全面概述,着重介绍了酒店总营业收入预算、各部门营业收入预算、经营成本费用预算以及财务费用预算的编制方法。酒店年度经营预算分为营业收入预算、成本预算和费用预算三个部分。营业收入预算在酒店运营中扮演着至关重要的角色,一个合理设定的营业收入预算能够为酒店经营管理者提供明确的运营方向,并在可控的资源环境中实现最优的经营效果。酒店成本费用预算是对酒店各部门的运营成本、费用以及相关因素变动的预测。在制定这些成本和费用预算时,关键在于将预算细化到酒店的主要部门,这有助于实现预算的有效执行,并确保各部门承担相应的责任。而财务预算则需要从酒店现金预算、资产负债预算以及资本性支出预算几个角度考虑。酒店在编制年度经营预算时,应当加强对预算编制环节的控制,基于编制依据、编制程序、编制方法等做出明确的规定,确保预算编制依据合理、程序适当、方法科学。

训练题

一、问答题

1.什么是酒店的预算?为什么它在酒店经营中非常重要?

2.某酒店2023年客房营业收入为1,000万,2024年预计需要销售收入增加8%。请计算2024年客房营业收入预算为多少?

3.简述哪三个指标的共同作用综合反映了酒店客房业务的整体经济状况,并对收入预测起着决定性作用。

4.通常,为了酒店能够全面评估客房收入预算指标,酒店会设定收益生成指数和经营利润的目标。请写出这两个指标的计算公式。

5.在做成本费用预算时,除了客房成本费用、餐饮成本费用外,还有哪些费用需要做成本费用预算?

6.某酒店在编制费用预算时,表中的能源消耗费用占比为20%,你认为合理吗?为什么?应该从几个方面分析?

二、讨论题

1.如何确定酒店合理的目标利润?

2.对于水电能耗这样的费用,你认为是统一核算为酒店经营费用好,还是将其按相应的核算方法分摊到不同的部门好?为什么?

3.以酒店客房为例,讨论编制客房预算的流程和组织人员,以确保预算的准确性和有效性。

任务三　了解酒店预算管理的实施与考核

一、酒店预算管理的实施与控制

（一）预算执行

一旦酒店的预算获得正式批准并下达,就必须在整个会计年度内积极组织并执行。这涉及将预算目标详细拆分,并具体分配到各个部门、业务环节和岗位,从而形成一个全面的预算执行责任体系。作为预算期间组织和协调各项经营活动的基础,预算可以根据管理需求进一步细化为月度和季度预算。这样的做法有助于更好地监控进度,确保业务活动与预算目标保持一致。

各执行预算的部门需要建立完善的预算管理记录系统。这包括根据预算的各个项目,详细记录预算额、实际发生额、差异额,以及它们的累计值等关键经营数据。这些记录对于评估部门的财务表现和及时调整操作策略至关重要。如果在预算执行过程中遇到任何异常情况,各部门的管理人员应迅速查明原因,并提出有效的解决方案。

表7-12、表7-13、表7-14是某酒店集团对各酒店月度的经营收入、经营利润、利润总额等关键指标与预算相比的完成率的统计和排名。通过对比实际情况与预算,可以及时识别并纠正偏差,确保酒店沿着既定的经营目标稳步前进。

表 7-12　某酒店集团经营收入排名表　　　　　单位:万元

排名	酒店	经营收入	指标	指标完成率	指标差异	预算	预算完成率
第1名	华北A	1,592	1,200	132.67%	392	1,200	132.67%
第2名	华北B	443	414	107.00%	29	414	107.00%
第3名	广东C	446	420	106.19%	26	420	106.19%
第4名	四川A	551	526	104.75%	25	526	104.75%
第5名	广东A	594	585	101.54%	9	585	101.54%
第6名	四川B	500	494	101.21%	6	494	101.21%
第7名	广东B	633	664	95.33%	−31	664	95.33%
第8名	四川C	393	452	86.95%	−59	452	86.95%
第9名	华东A	524	651	80.49%	−127	651	80.49%
第10名	华中A	358	453	79.03%	−95	453	79.03%

表7-13　某酒店集团经营利润排名表　　　　　　　　单位:万元

排名	酒店	经营利润	指标	指标完成率	指标差异	预算	预算完成率
第1名	华北A	485	172	281.98%	313	172	281.98%
第2名	四川A	151	128	117.97%	23	128	117.97%
第3名	广东C	77	67	114.93%	10	67	114.93%
第4名	华北B	-38	-39	102.56%	1	-39	102.56%
第5名	广东A	149	155	96.13%	-6	155	96.13%
第6名	广东B	197	243	81.07%	-46	243	81.07%
第7名	四川B	60	96	62.50%	-36	96	62.50%
第8名	华东A	-7	163	-4.29%	-170	163	-4.29%
第9名	华东B	-28	134	-20.90%	-162	134	-20.90%
第10名	华中A	-57	85	-67.06%	-142	85	-67.06%

表7-14　某酒店集团利润总额排名表　　　　　　　　单位:万元

排名	酒店	利润总额	指标	指标完成率	指标差异	预算	预算完成率
第1名	华北A	288	-33	1072.73%	321	-33	1072.73%
第2名	广东C	28	17	164.71%	11	17	164.71%
第3名	四川A	64	42	152.38%	22	42	152.38%
第4名	广东A	133	127	104.72%	6	127	104.72%
第5名	华北B	-122	-125	102.40%	3	-125	102.40%
第6名	广东B	118	160	73.75%	-42	160	73.75%
第7名	四川B	47	74	63.51%	-27	74	63.51%
第8名	华东A	-20	150	-13.33%	-170	150	-13.33%
第9名	华中A	-95	22	-431.82%	-117	22	-431.82%
第10名	华东B	-183	-22	-631.82%	-161	-22	-631.82%

　　为了有效执行预算管理制度,酒店应按照预算内容规划各项工作,并对预算内的成本费用开支进行管理。酒店可以按照成本费用控制权限的标准执行这些管理工作。对于超出预算范围的支出,如果在经营者的管理权限范围内,可以由酒店总经理和财务总监通过会签的方式共同控制和管理。如果面临重大的预算变动,这些变动需要提交至酒店预算委员会进行讨论并获得通过。此外,对于超出经营者管理权限范围的重要预算变动,需要进一步提交给董事会进行审批。

（二）预算控制

酒店的财务部门承担着监督预算执行过程的重要职责。对于预算中未能预见的费用，如果在预留的预备数额范围内，可以由酒店总经理进行直接控制和决策。酒店预算委员会和财务部应密切关注预算执行过程中出现的新问题和数额较大的偏差，及时查明造成偏差的具体原因，并提出相应的改进措施。

财务部应有效利用财务报表来监控预算的执行进度、偏差情况及其对预算目标的影响。这一监控的目的是确保酒店能够实现预定的预算目标。原则上，酒店的费用预算应严格遵守相关规定，不允许在不同预算项目之间进行资金调拨。

在特殊情况下，如确有必要调整费用预算时，应事先提出申请并说明原因。只有在得到酒店总经理的批准之后，才能将其列入预算内的不可预见费用。

二、酒店预算执行结果分析与考核

（一）预算执行分析

酒店应定期举行预算执行情况的分析会议（如月度经营分析会），以便通过计量和对比，及时发现实际与预算之间的差异，并分析造成这些差异的原因。此外，酒店还需要采取相应的措施，以确保预算目标的实现。

酒店各部门应负责完成月度、季度和年度的预算执行总结。总结报告应包括各项预算的执行情况、实际完成情况与目标之间的差异、差异产生的原因，以及具体的改进措施。

财务部负责制作酒店月度、季度和年度经营分析报告。这些报告应对预算执行过程中出现的各种问题进行深入分析，并提出改进措施和建议，供总经理和具体部门参考决策和执行指导。

表7-15、表7-16为某酒店月度经营业绩表和对月度经营业绩进行的全面总体分析，从中可以看到当月的经营预算与实际的差异和完成比率，也可以分析出每一个具体部门在本季度和本年度累计的数据以及完成比例。同时，也需要分析同比和环比的对比数据。但是，还需要对成本方面做出月度分析，例如员工薪酬福利费用、能源消耗费用、物料消耗费用等。通过对各类经营数据的比较，可以让管理层一目了然地全面掌握酒店的经营情况以及与预算执行的差异情况，便于管理者及时采取相应措施，确保预算目标的完成。

表 7-15　某酒店月度经营业绩表

单位:万元

序号	项目	分项	全年预算	季度预算(第四季度)	本月预算	本月实际	本月实际完成比率	本季度累计数量	本季度累计比率	本年度累计数量	本年度累计比率	环比	同比
1	营业收入	客房	2,934.0	817.4	293.7	264.0	89.9%	264.0	32.3%	1,647.2	56.1%	24.8%	-8.2%
		餐饮	3,427.0	1,061.8	399.6	472.6	118.3%	472.6	44.5%	1,876.0	54.7%	46.3%	24.2%
		其他收入	39.0	13.4	7.2	2.9	39.7%	2.9	21.4%	15.6	40.1%	12.9%	99.7%
		合计	6,400.0	1,892.6	700.5	739.5	105.6%	739.5	39.1%	3,538.9	55.3%	37.7%	10.43%
2	经营利润		1,728.0	648.1	249.4	310.6	124.5%	310.6	47.9%	913.8	52.9%	61.0%	16.3%

表 7-16　某酒店月度经营分析表

单位:万元

序号	项目	分项	本月预算	本月实际	差额	月度分析
1	营业收入	客房	293.7	264.0	-29.7	本月客房出租共 6,442 间,出租率为 60.58% 平均房价为 406.18 元(不含早)
		餐饮	399.6	472.6	73.0	本月餐饮部总收入 472.6 万元,共接待 30,837 人,人均消费 153.26 元 中餐厅收入 371.33 万元,就餐人次 24,620 人,人均消费 150.82 元 其中:多功能厅收入 143.79 万元,就餐人次 9605 人 包厢零点收入 84.11 万元,就餐人次 4,195 人 宴会厅收入 89.25 万元,就餐人次 6,452 人 演讲厅收入 25.63 万元,就餐人次 1,930 人 贵宾厅收入 8.95 万元,就餐人次 472 人 会议室收入 19.62 万元,就餐人次 1,886 人 西餐厅收入 89.66 万元,就餐人次 5,501 人,人均消费 162.99 元 其中:自助早收入 53.9 万元,就餐人次 508 人 房包早收入 30.9 万元,就餐人次 508 人 客房送餐收入 4.76 万元,就餐人次 105 人 酒吧收入 0.1 万元,就餐人次 5 人 大堂吧收入 11.02 万元,就餐人次 636 人,人均消费 173.27 元 迷你吧收入 0.58 万元
		其他收入	7.2	2.9	-4.3	
		合计	700.5	739.5	39.0	餐饮:10 月份中餐毛利率 71.51%,西餐毛利率 69.59%,中餐毛利率 63.06%,综合毛利率 69.59%
2	经营利润		249.4	310.6	61.2	

（二）预算执行考核

在酒店会计年度结束后，由总经理组织相关的预算负责人及时对预算的执行情况开会进行总结分析，包括基于预算完成情况和审计结果对酒店各部门的绩效进行评估。同时，根据酒店预算执行的相关绩效制度，做对应的工作绩效评估和考核。

为了确保预算考核的有效性，酒店需要在预算颁布前制定预算考核方法，例如薪酬激励制度、预算实现考核制度和人才培养计划等。这些考核办法应将预算目标具体分解到各责任中心或责任人，并有相应的考核体系，定期检查预算执行的结果。通过及时实施考核政策，并持续激励管理团队，确保酒店目标的实现，甚至超额完成预定的预算目标。

三、酒店预算管理中存在的问题以及优化策略

（一）提高对全面预算管理的重视程度

全面预算管理是一种综合性的企业管理工具，它涉及利用预算来分配、考核和控制企业内部各部门与单位的财务资源及非财务资源。这种管理方式的核心目的是有效地组织和协调企业的生产和经营活动，以实现既定的经营目标。通过全面预算管理，酒店能够确保资源的合理分配，同时监控和调整业务执行过程，确保业务活动与战略目标保持一致。这不仅涉及财务指标的控制，如收入、成本和利润，还包括对非财务性能的监控，如客户满意度、市场份额和员工绩效等。

总体而言，全面预算管理是企业实现财务稳健、运营效率和长期可持续发展的关键工具。通过这种全面的预算控制和管理，企业能够更好地应对市场变化，提高竞争力。为了充分发挥全面预算管理在酒店经营中的作用，酒店管理层需要主动掌握与全面预算管理相关的理论知识和成功案例，并深刻理解其对酒店经营的积极影响。同时，还要加强酒店内部宣传和员工的职业技能培训，这对于提高全体员工对全面预算管理重要性的认识至关重要。员工应充分意识到自己在全面预算管理中的角色，并能积极参与其中。这不仅可以提高员工的参与度和责任感，也能够为全面预算管理的顺利实施提供坚实的基础。

对酒店来说，销售预测是全面预算管理中的关键环节。销售预测应基于酒店所处的具体市场环境和自身的运营状况，同时结合历史经验进行综合分析。准确的销售预测能够帮助酒店更好地规划资源，合理安排成本和支出。

（二）对管理组织架构进行完善

为了有效实施全面预算管理，酒店需要建立一套完善的组织机构，通常包括决策机构、工作机构和执行机构。

1.决策机构

决策机构负责从整体和战略的角度进行预算的部署和决策。这一机构通常由高层管理者组成，其职责包括制定预算方针、确定预算目标和审批最终预算。

2.工作机构

工作机构负责预算的具体编制、协调、审查和核算工作,以及预算的分析、考评和反馈。这个机构通常由财务部门或专门的预算部门负责,还负责实施奖惩制度,确保预算目标的实现。

3.执行机构

执行机构由酒店内部的各成本和利润中心组成,负责执行预算,并在日常运营中实现预算目标。

在全面预算管理实施之前,酒店管理层需要确保这些内部组织机构的完整性和有效性,制定配套的制度规范体系,确保各个机构在执行预算管理过程中的独立性和权责明确。

(三)对酒店内部控制系统进行定时更新

酒店全面预算的制定是一个长期渐进的过程,其持续周期较长,在不同的发展阶段,需要根据前期发展状况制定未来阶段的目标,并对未来商业环境进行预测。内部控制系统的功能是确保整体预算的有效执行,具体方式是对预算执行情况进行监测评估,根据监测评估结果决定是否进行调整。在酒店经营的过程中,当地行业市场是处于不断变动之中的,各项市场因素的变动必然会对酒店的营销工作产生影响,因此酒店也应对内部控制系统进行适应性调整。内部控制系统的调整应围绕酒店所处经营环境的变化来进行,结合酒店业的宏观经济环境以及市场竞争格局,并且适应行业未来的发展趋势,促进预算效果的充分发挥。

(四)对预算体系考核指标进行完善

在预算执行过程中,为确保预算目标的有效实现,酒店需要建立一套与预算体系相配套的综合考核指标体系。这一体系的建立首先要从制度规范入手,涵盖业务预算、成本预算、资金预算、投资预算等多个方面,形成一个全面、多层次的预算考核体系。通过定期的考核评估,酒店需要检查各项指标在运营的各个阶段的应用情况,并记录指标的落实和执行效果。这样的做法不仅可以强化预算管理的主动性,也可以提升管理实施的成效。通过这种精细化的考核机制,酒店可以确保预算执行的适时调整和优化,进而实现预定的经营目标,提高整体运营效率。某酒店2024年预算主要经营指标如表7-17所示。

(五)构建数字化预算管理系统

随着酒店业步入信息时代,酒店在实施全面预算管理的过程中,也应积极建立数字化管理系统,以制定更高效、更简洁的管理流程。通过积极推进数字化建设,酒店可以将其业务处理流程与数字化系统紧密结合,从而更好地满足酒店的实际运营需求。

数字化管理系统的实施将极大地提高酒店内部各部门之间的沟通和交流效率。这种系统能使数据采集和分析过程更加迅速和准确,实现数据的共享,可以为管理层提供更为全面和精确的决策支持。通过这种数字化的管理方式,酒店不仅能够提高其

管理效率,还能增强对市场变化的快速响应能力,从而提升整体竞争力。

表 7-17　某酒店 2024 年预算主要经营指标

单位:万元

项目	2024年预算	2023年预测	2022年实际	2021年实际	2020年实际
客房收入	2,572.0	2,338.0	1,839.4	2,166.0	2,122.7
客房利润	1,936.5	1,686.7	1,306.6	1,607.0	1,613.2
客房利润率	75.3%	72.1%	71.0%	74.2%	76.0%
餐饮收入	2,966.0	2,614.0	2,303.7	2,630.5	2,526.5
餐饮利润	1050.5	906.2	767.9	921.0	1,050.4
餐饮利润率	35.4%	34.7%	33.3%	35.0%	41.6%
其他收入	62	48.0	48.5	50.7	27.5
总营业收入	5,600.0	5,000.0	4,191.6	4,847.2	4,676.7
人力成本	1,936.8	1,917.9	1,622.0	1,738.9	1,426.1
人力成本率	34.6%	38.4%	38.7%	35.9%	30.5%
能耗费用	425.0	400.0	376.9	396.4	399.8
能耗费用率	7.6%	8.0%	9.0%	8.2%	8.5%
营业利润	1,259.5	881.0	615.9	1,029.3	1,362.5
营业利润率	22.5%	17.6%	14.7%	21.2%	29.1%
出租率	46.2%	48.0%	40.6%	45.8%	43.9%
平均房价	433.5	388.8	360.0	372.0	382.7
RevPAR	200.4	186.8	146.2	170.6	167.8
食品成本率	39.3%	38.9%	40.1%	41.1%	39.7%
饮品成本率	27.9%	28.0%	31.4%	29.2%	22.5%

任务小结

　　在本学习任务中,重点描述了酒店预算管理的实施与控制、预算执行结果分析与考核,以及预算管理中存在的问题及其优化策略。酒店年度经营预算在获得正式批准并下达之后,就必须在整个会计年度内积极组织并执行。具体来说,就是要将预算目标详细拆分,如可以根据管理需求进一步细化为月度和季度预算,并具体分配到各个部门、业务环节和岗位,这样有助于更好地监控进度,确保业务活动与预算目标保持一致。在执行预算的过程中,酒店应定期举行预算执行情况分析会议,以便及时发现实际与预算之间的差异,并分析造成这些差异的原因。此外,酒店还需要采取相应的措施来确保预算目标的实现。对于预算管理中存在的问题,则应提高对全面预算管理的重视程度,通过全面的预算控制和管理,让酒店能够更好地应对市场变化,提高竞争力。

训练题

一、问答题

1.酒店预算管理的核心目标是什么？为什么预算管理在酒店经营中如此重要？

2.在酒店经营过程中,应如何有效分析预算执行情况？

3.,在酒店会计年度结束后,应如何对预算执行结果进行考核和激励？

二、讨论题

1.酒店预算如何才能得到执行？

2.你认为在月度或季度分析和评估预算执行情况时,通常会发现哪些问题？应该用哪些方法解决？

项目八
酒店经营数据解读与分析实训任务

 项目描述

  本项目是完成酒店财务管理相关知识的七个项目学习后,设立的实训任务项目,以达到通过实践环节加深理论知识的理解和完成实践任务的能力。本项目包括五个实训任务,内容包含酒店客房、餐饮和酒店总经营收入,以及餐厅经营的食品和饮品成本、酒店人力资源成本费用、酒店各种能源耗费等的解读和分析。实训的内容既有具体指标的计算,也有不同内容报表的合并,还有整体报表的解读和相关内容的可视化展示与解读分析。在完成不同任务的同时,可以了解这些报表的制作原理和逻辑关联,学会相关知识的迁移与运用,并能系统理解相关报表在酒店运营中的重要作用。

 **项目目标**

知识目标

1.掌握酒店不同报表表达的内容和意义。
2.掌握不同报表相关数据的逻辑关系和制作逻辑。
3.掌握相关报表在酒店运营中的重要作用。

能力目标

1.培养学生具备认识酒店经营中不同报表的能力。
2.培养学生具备解读酒店经营中不同报表的能力。
3.培养学生具备从不同报表和报表的数据差异分析酒店经营情况的能力。

素养目标

1.职业素养:通过实训任务的学习,培养严谨求真、结果导向、真实诚信的职业素养。
2.数据和可视化思维:通过完成实训任务,培养数据思维和将数据可视化,以支持业务解读和分析的数字素养能力。
3.问题解决与责任担当:通过报表分析,培养敢于面对问题并解决问题的责任担当和职业素养。

知识框架

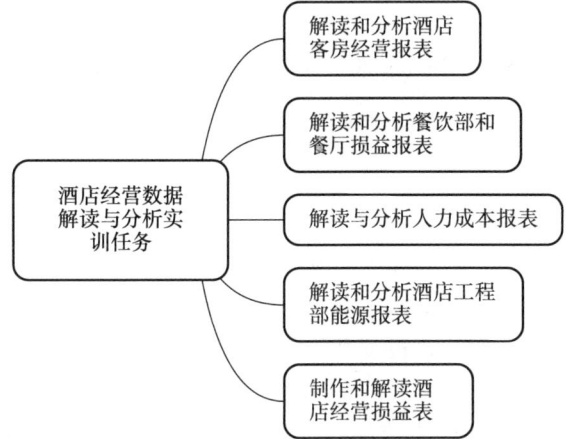

酒店经营数据解读与分析实训任务
- 解读和分析酒店客房经营报表
- 解读和分析餐饮部和餐厅损益报表
- 解读与分析人力成本报表
- 解读和分析酒店工程部能源报表
- 制作和解读酒店经营损益表

 教学重点

1. 根据流程完成相关报表的制作。
2. 理解流程设计的逻辑及考核重点。
3. 理解任务设计的知识点和相关逻辑关系。
4. 理解报表制作结果在酒店经营中的作用。
5. 理解报表制作并将其形成可视化图表的意义。
6. 学会用报表和可视化图表进行解读分析,并了解两者的不同和作用。

 教学难点

1. 任务设计的逻辑和任务报表里相关数据的逻辑关系。
2. 报表的解读与分析。
3. 报表数据差异和异常数据的解读分析与修正。

思政学习

1. 坚持实事求是的思想:财务数据是酒店经营最真实的反映,容不得半点虚假,要遵循数据来源真实、计算结果真实,以及发现问题求真查实并确保没有误差的严谨思维和行动标准。
2. 坚持细节和全面的思维:细节决定成败,一个小数点会导致全面结果的错误;全面思维保证目标达成,累计数据的分析可以更全面地发现问题。

任务一 解读和分析酒店客房经营报表

（一）任务目的

本任务需要根据酒店收入和酒店预算中所学的相关知识，通过实训平台提供的酒店运营数据，从酒店销售和酒店客房经营的实际工作出发，从月度总结工作任务要求角度，进行相关收入的计算，并根据预算和历史数据进行收入与预算和收入与同期进行相关运营数据的对比。

通过本任务的学习，让学生能够：掌握计算酒店客房月收入的指标和计算方法；知道酒店客房经营分析时需要分析的报表和相关数据内容；知道解读对比报表的数据结果并知道从什么维度去解读；了解如何根据对比报表的解读维度对报表进行经营分析。

（二）任务背景和要求

酒店提供的客房服务是基于特定的时间范围之内的，一旦没有在界定的时间内被出售，便永远失去了收入。即当天没有出售的房间，第二天及以后也不可能再出售当天的房间了，当天的收入也就没有了。酒店客房产品的不可储存性，决定了酒店管理者必须关注客房每日的收入，而影响客房营业收入的基本因素也就成了酒店管理者每天必须掌握的核心数据。酒店客房经营报表是酒店经营管理中非常重要的报表内容之一，也是酒店做经营分析的核心内容。酒店市场营销部每年的下半年都会做下一年的酒店经营预算和计划。在实际运营中，每月的月度经营报表是酒店做经营分析的数据核心，报表的准确性能够给酒店管理者提供分析的依据，并进行市场和营销等方面相应的经营决策和执行。比如，客房产品在不同市场、不同客户群或不同时段的定价等。

要求运用财务管理实训系统，以小组或个人形式进行相关数据的学习和实训任务，对客房经营收入按月度进行统计，形成收入报表。在形成收入报表之后，根据提供的预算报表和前一年同期的相关数据，将统计报表相关数据与预算数据做对比报表，针对对比数据做实际经营结果和预算之间的对比分析；再用统计报表与前一年的同期数据做同比报表，针对报表数据做同比经营情况分析，并生成解读和分析报告。

（三）学习重点

（1）酒店客房月收入相关指标的运用和客房收入报表的统计计算（收入、平均房价、RevPAR等）。

（2）酒店客房月收入与预算及前一年同期的对比报表的制作和解读。

（3）酒店客房经营月报表的分析角度和思考。

（四）方法与工具

（1）运用财务管理实训系统，按照酒店运营场景，根据提供的数据支持和步骤，计算当月酒店客房收入。

（2）在实训系统中完成收入报表与预算报表合并。

（3）按照系统的提示，对合并报表选择合适的指标和维度，制作可视化图表。

（五）实训步骤

（1）在财务管理实训系统中，找到B酒店9月份客房收入预算报表（见图8-1），了解制定客房收入预算相关的关键指标，并计算客房收入预算报表中缺失的数据。

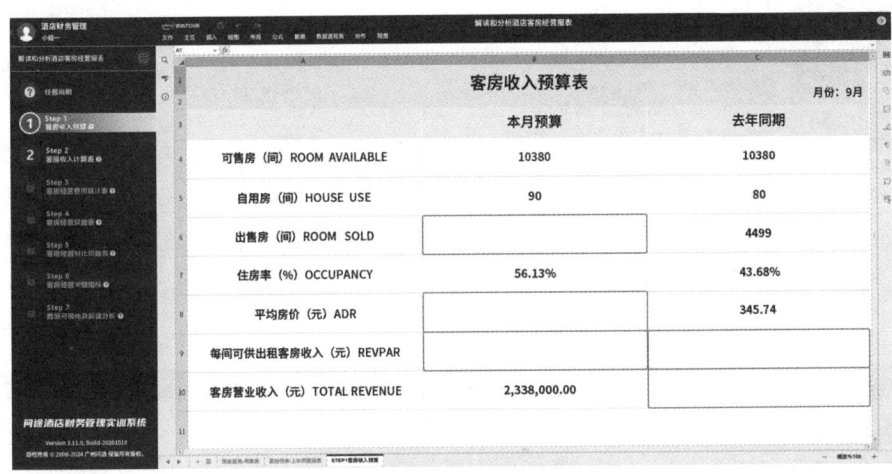

图8-1　客房收入预算报表

（2）在实训系统中，找到B酒店9月份客房收入计算表（见图8-2），并根据报表提供的数据，计算出9月份客房收入计算表里缺失的数据。

图8-2　客房收入计算表

（3）在实训系统中，找到B酒店9月份客房经营费用统计表（见图8-3），了解酒店一

般客房费用的组成项目,并计算出客房费用统计表里缺失的数据。

图8-3　客房经营费用统计表

　　(4)将步骤(2)完成的客房收入计算表和步骤(3)完成的客房经营费用统计表合并,并计算出客房部的经营利润,形成B酒店9月份的客房经营损益报表(见图8-4),并进行解读。

图8-4　客房经营损益表

　　(5)将步骤(4)完成的9月客房经营损益表与步骤(1)完成的B酒店9月份客房收入预算报表和系统中预设的酒店前一年9月份的客房经营损益表三个报表进行合并,形成B酒店9月份的客房经营对比损益表(见图8-5)。

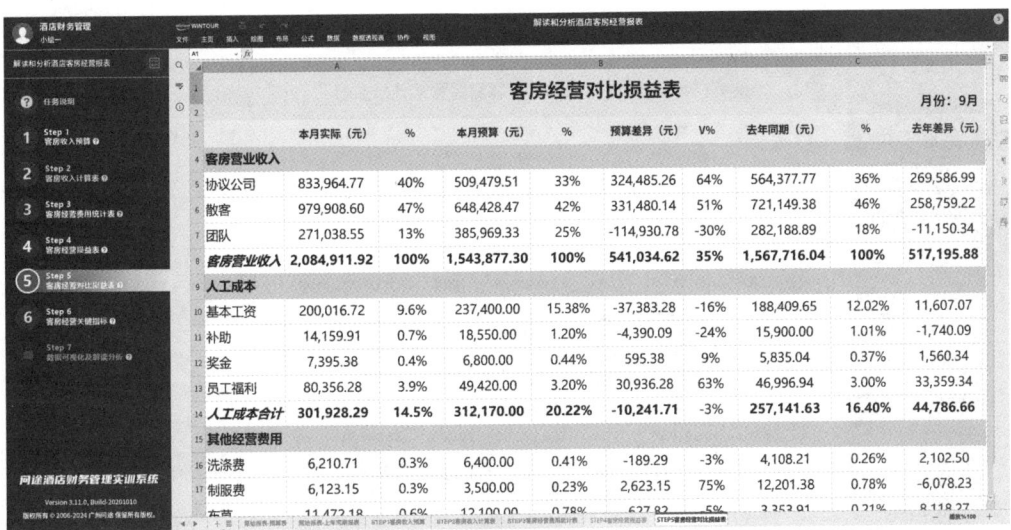

图8-5　客房经营对比损益表

(6)将步骤(5)生成的客房经营对比损益表的关键指标——客房营业收入、客房成本费用和客房经营利润等数据形成可视化图表(见图8-6),并对B酒店9月份的客房经营对比损益表进行解读和分析。

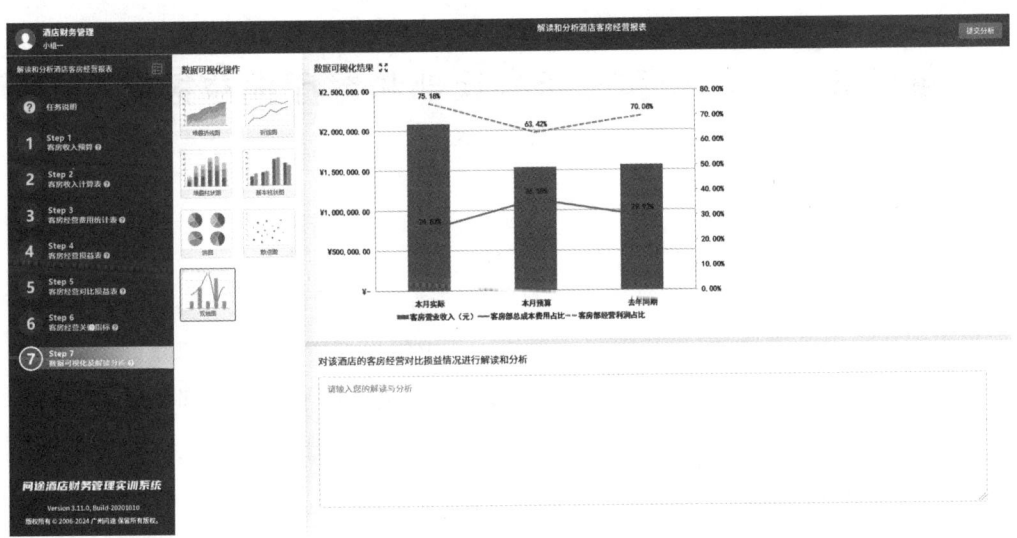

图8-6　可视化图表

（六）任务拓展

(1)从以上步骤形成的对比损益表中,以出租率、平均房价等指标分析这些数据对于客房收入的影响。

(2)从实训系统里找到B酒店1—9月客房经营累计损益表(见图8-7),与上述任务做出的9月份月度客房损益表做对比和分析,说明B酒店9月份在收入、成本和客房经营利润,与1—9的累计收入、累计成本和累计客房利润方面的情况对比,并做说明。

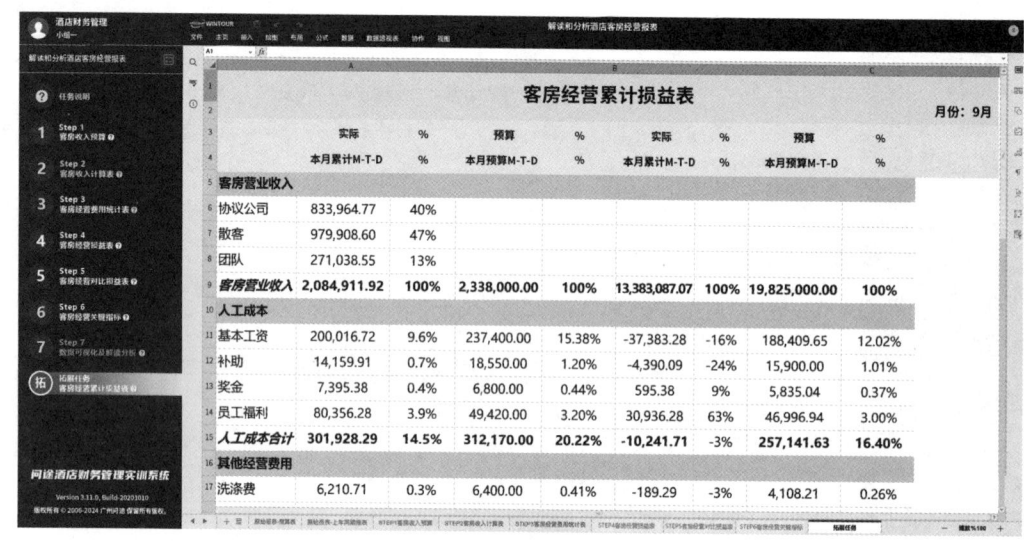

图8-7　客房经营累计损益表

（3）了解酒店预测Forecast的概念，理解预测和预算的区别，探索为什么要做预测，并从系统里查看有预测数据与预算数据的报表，进行二者区别的分析。

任务二　解读和分析餐饮部和餐厅损益报表

（一）任务目的

本任务是学习了解酒店餐饮收入与酒店餐饮成本控制的相关知识，知道餐饮成本的构成和核算内容之后，要求从餐厅管理和日常工作出发，从月总结和分析及改进角度，通过月损益报表的学习，学生能够根据实训平台提供的酒店餐饮部和中餐厅的月报表的实际收入与成本数据，进行成本额、成本率或收入的计算和对比，解读报表呈现的数据，并根据对比数据进行相关比较数据的分析。

通过本任务的学习，让学生能够：了解酒店餐饮部损益表和某个餐厅损益报表所含的内容和数据组成；知道如何计算餐饮部某一餐厅的食品及饮品等项目的成本和成本率；知道如何做一个餐厅环比或同比的数据对比，并能解读和分析对比结果；举一反三，读懂不同餐厅的损益报表，并根据报表内容做经营分析。

（二）任务背景和要求

酒店餐饮部是业务类型和收入场所多、成本和费用核算也比较复杂的部门，收入场所有中餐厅、西餐厅、酒吧、宴会、饼屋等营业点，成本费用除了人员工资及相关费用

外,还有各餐厅的食品成本、饮品成本等直接成本,经营和预测也需要随着市场的不断变化做相应的调整和监控。餐厅经营报表是餐饮部及酒店管理者了解经营状况和市场变化最重要的资料内容,也是酒店经营者做经营分析的核心内容。每月酒店报表的准确性能够给经营管理者提供分析的依据,并进行费用成本监控管理和市场营销等方面相应的经营决策和执行。

要求运用财务管理实训系统,以小组或个人为单位进行实训任务,了解酒店餐饮部和餐厅的经营损益表所含模块和内容,能够读懂餐饮部和餐厅的损益表,计算食品、饮品等成本率,将不同月份的报表进行对比,并通过不同的报表形式对报表进行解读和做相应的分析,同时将分析生成实训报告。最后,可以举一反三,对不同餐厅的损益报表进行经营分析。

（三）学习重点

(1)了解和读懂酒店餐厅部损益报表,知道不同数据之间的关联关系。

(2)知道如何计算酒店餐饮部的收入和成本。

(3)知道如何计算酒店餐饮部某个部门的直接成本(如食品成本、饮品成本等)。

(4)知道如何解读餐厅当月经营损益表,并进行同比、环比或与预算报表进行对比,对对比结果做解读和分析。

（四）方法与工具

(1)在财务管理实训系统里,按步骤查看酒店餐饮部和餐厅的损益报表,并读懂报表模块和内容。

(2)用财务管理实训系统完成同比或环比餐厅损益报表合并,形成合后报表后将其生成可视化图表。

(3)在财务关系实训系统里,利用相关的损益报表,进行餐厅成本、成本率等指标的计算。

(4)根据系统提供的同比或环比餐厅损益表,将两份报表进行合并,了解合并后报表数据表现的内在关系。

（五）实训步骤

(1)在财务管理实训系统中找到系统提供的A酒店11月的餐饮部中餐厅收入成本对比表(见图8-8),认真读懂报表里所含的内容模块和相关数据,并根据理解完善报表里所缺失的数据。

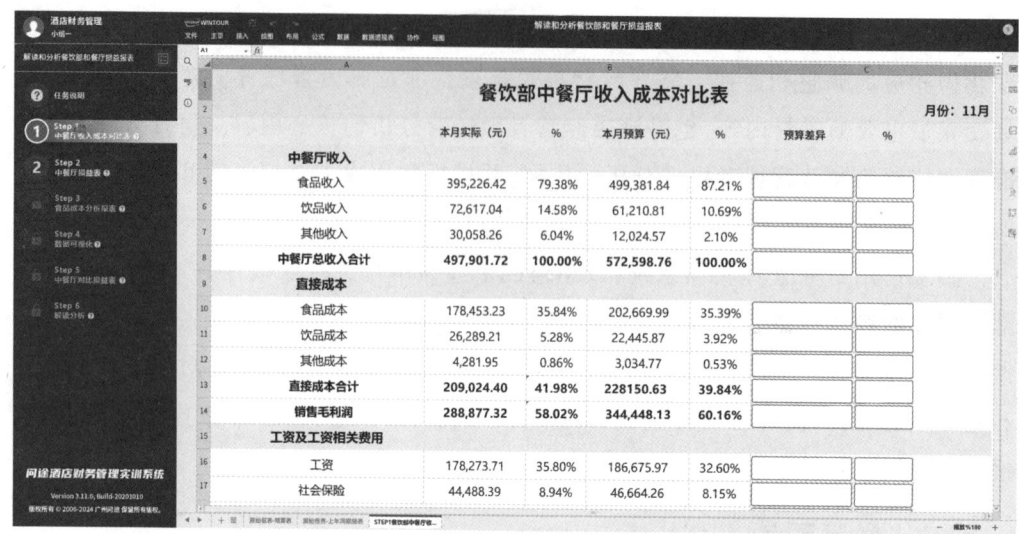

图 8-8　餐饮部中餐厅收入成本对比表

（2）请从财务管理实训系统中找到酒店中餐厅 11 月份的中餐厅损益表（见图 8-9），认真读懂报表里所含的内容模块和相关数据，并根据理解完善报表里所缺失的数据。

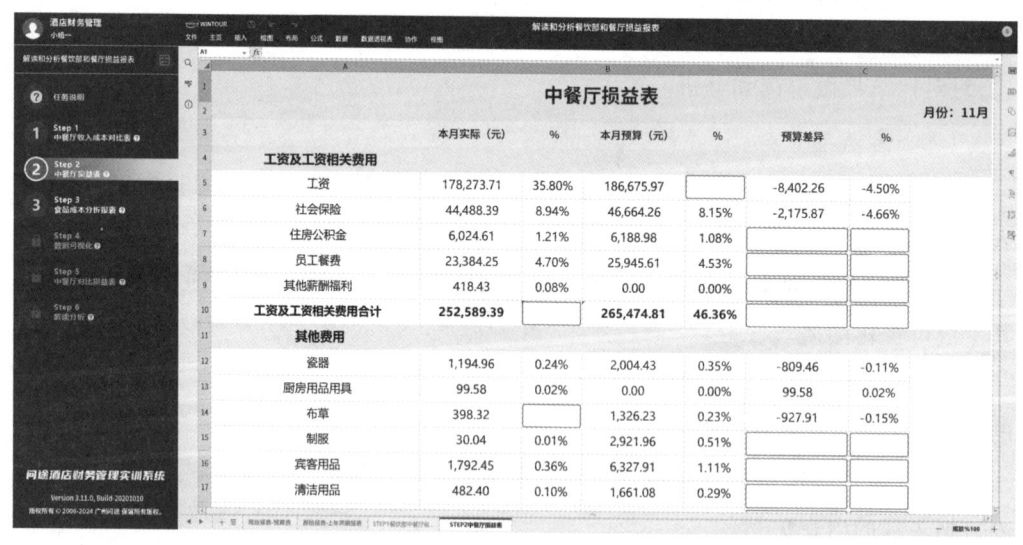

图 8-9　中餐厅损益表

（3）根据系统提供的食品成本分析报表（见图 8-10），完成报表里缺失的相关数据，并了解食品成本的组成和占比最高的三项内容，然后对比 11 月和 12 月的成本数据，对对比数据进行解读和分析，并形成可视化图表（见图 8-11）。

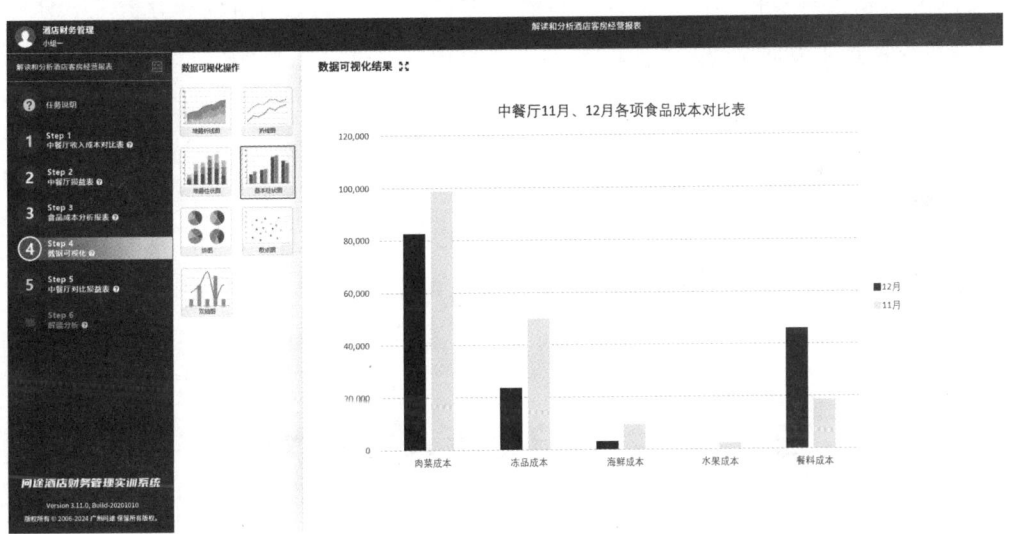

图 8-10 食品成本分析报表

图 8-11 可视化图表

（4）在系统找到酒店中餐厅 12 月的预算报表和上个月的损益表，将当月损益报表和预算报表及上个月的损益表进行合并（见图 8-12），针对合并后的报表进行数据解读和分析，并形成能分析成本和成本率等指标的可视化图表。

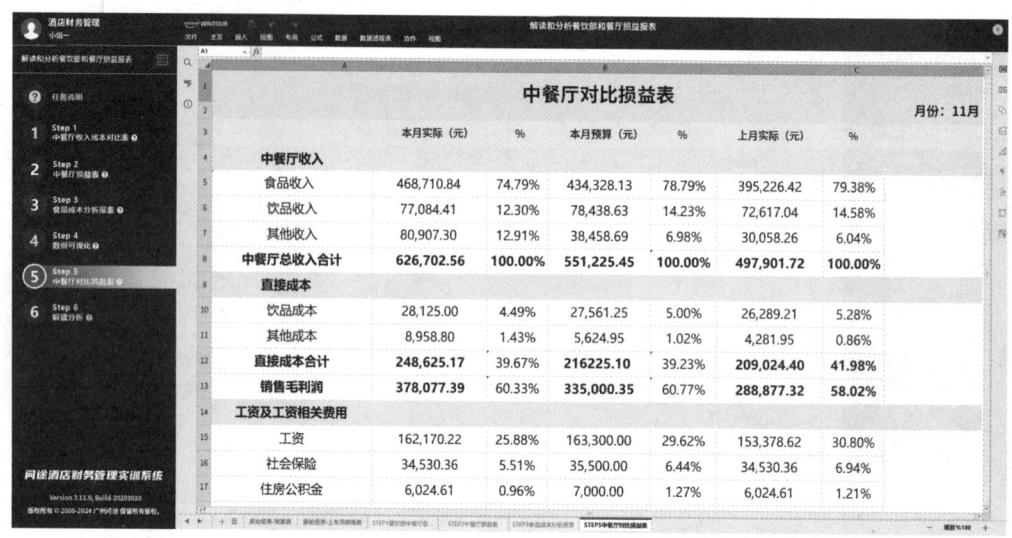

图 8-12　中餐厅对比损益表

（5）根据上一步做出的数据报表和可视化图表，对报表进行解读和分析。对分析结果至少从三个方面说明其产生的原因，并形成实训报告。

（六）任务拓展

知道酒店餐厅食品成本报表的计算和对比报表的解读和分析后，可以举一反三，完成餐厅饮品和其他餐厅的成本报表的制作，并用同比、环比和与预算、预测对比的方法多维度分析餐厅的经营情况，让数据给经营最好的说明。

任务三　解读与分析人力成本报表

（一）实训目的

本任务需要根据酒店成本与费用知识里所学的酒店人力资源成本相关知识，通过酒店运营人力成本费用等相关数据报表，让学生更具体地了解酒店人力成本费用包含的项目和内容。人力成本除了酒店员工领取的工资外，还有其他不同的关联成本费用需要计算和支出。人力成本这项固定成本在酒店经营报表中的实际运营，更加能够体现人力成本的管理需要有好的预算预测和动态管理。

通过本任务的学习，让学生能够：知道酒店人力成本包含的内容及计算分配；了解酒店人力成本的组成及人力各项成本在运营中的费用占比情况，知道运用动态的观点解读这些数据；知道酒店人力成本是酒店运营中重要的固定成本费用，在运营中准确

把握运营情况变化,做好预算预测和实施,有助于更好地进行人力成本的控制、人员管理和服务质量管理。

(二)任务背景和要求

酒店是劳动密集型企业,为酒店客人提供优质服务,不仅需要有好的环境、好的设施、好的出品,还需要有能将贴心细致的服务传递给客户的酒店从业人员。酒店人是酒店最宝贵的财富。经营过程中,人力成本费用是酒店运营成本中非常重要也是较大的成本费用,在做经营分析时,人力成本分析自然也是酒店做经营分析的核心内容。每月人力成本报表及各部门人力成本的准确性能够为酒店管理者掌握酒店人力资源情况提供相应的数据支持,并为酒店适应市场和运营的变化做出相应的人员变动决策提供参考。

要求运用利用财务管理实训系统,以小组或个人为单位进行实训任务。根据系统提供的当月人力成本费用报表,计算人力成本不同项目小计所占人力成本总额的比例,了解成本项目的构成情况。将当月报表与预算和上一年同期报表做合并,合并后计算当月、预算和上一年同期人力成本占酒店收入的比率,并对相关数据做解读和分析,找出差异情况,给出相关可能存在的原因及建议,最后形成实训报告。

(三)学习重点

(1)了解酒店人力成本报表所包含的项目内容。

(2)知道如何计算酒店人力成本各项目在总人力成本中的占比,了解人力成本在总营业收入中的占比情况。

(3)知道如何将当月人力成本报表与预算和同期报表做收入与成本的对比报表,并对差异或数据变化进行解读和分析。

(四)方法和工具

(1)使用财务管理实训系统,了解酒店人力成本报表中相关项目的组成和实际运营的人力成本情况。

(2)在实训系统里,计算人力成本各组成部分在酒店的人力成本报表中的支出情况,并与计划中的预算做对比数据、差异的解读和分析。

(3)利用系统,根据要求做人员调整,从而计算人员调整后的人力成本变化和对运营的支持。

(五)实训步骤

(1)在财务管理实训系统中,找到 A 酒店 9 月份的人力成本分析表(见图 8-13)。了解酒店人力成本所包含的内容模块,知道不同模块所含内容的关联性。按照提供的信息,找出人力成本费用最高的两个小项目并完善表格里所缺失的数据。

人力成本分析表

月份：9月

项 目 ITEM	实际 ACTUAL	%	预算 BUDGET	%	去年 LAST EAR	%
	本月累计 M-T-D		本月累计 M-T-D		本月累计 M-T-D	
酒店营业收入GROSS OPERATING REVENUE	4,925,603.60		5,486,600.00		3,925,266.83	
工资及薪金 SALARIES & WAGES						
基本工资BASIC SALARIES & WAGES	952,806.81	68.94%	1,206,200.00		913,492.92	62.93%
加班 OVERTIME（公共假期、其他）	30,405.32	2.20%	32,600.00	2.07%	29,615.26	2.04%
补助 ALLOWANCE	55,282.40	4.00%	68,300.00	4.34%	62,310.00	4.29%
奖励金 INCENTIVES/BONES	41,461.60	3.00%	38,500.00	2.45%	42,625.67	2.94%
其他 MISCELLANEOUS	-	0.00%	-	0.00%	0.00	0.00%
工资薪金小计TOTAL SALARIES & WAGES		78.14%	1,345,600.00	85.58%	1,048,043.85	72.19%
员工福利及杂项 FRINGE BENEFITS & MISC.						
养老保险RETIREMENT FUNDS	76,013.30	5.50%	81,000.00	5.15%	78,692.16	5.42%
工伤保险WORKMENCOMPENSATION INSURANCE	1,520.07	0.11%	1,600.00	0.10%	1,586.92	0.11%
失业保险UNEMPLOYMENT INSURANCE	2,201.30		2,400.00	0.15%	2,319.36	
医疗保险MEDICAL & HOSPITALISATION		2.50%	36,600.00	2.33%	35,830.32	2.47%

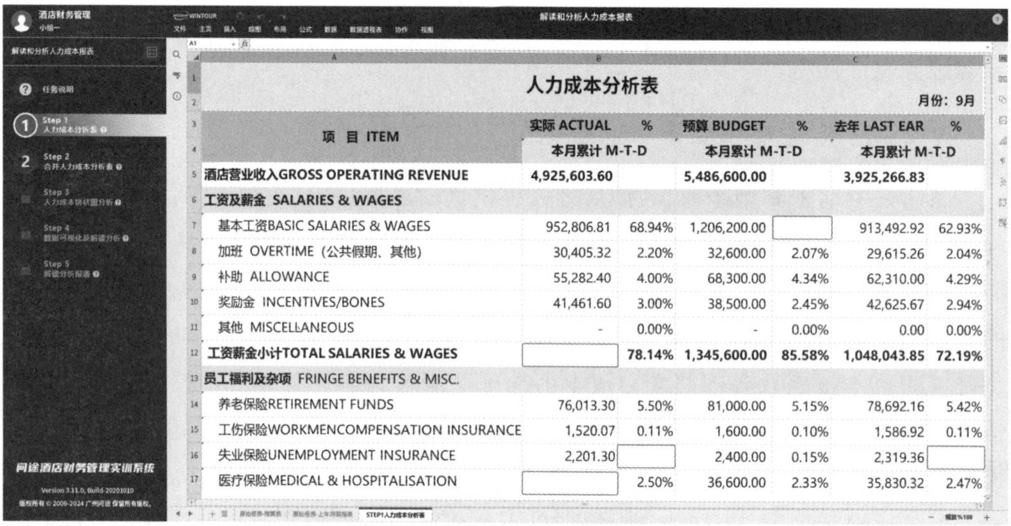

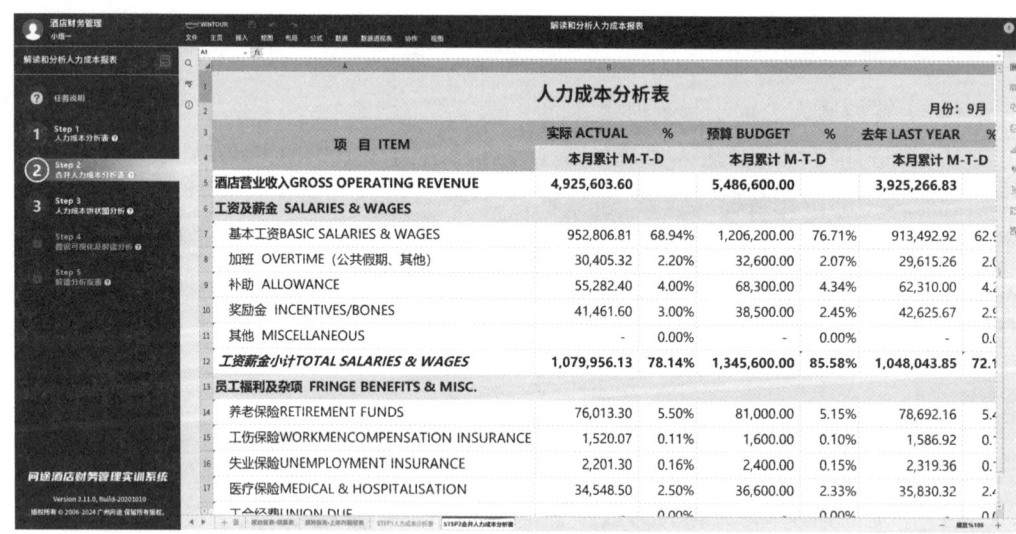

图 8-13　月度人力成本分析表

（2）在实训系统里，找到A酒店9月份的人力成本分析表和当年累计到9月的人力成本分析表，将两份报表合并（见图8-14）。请从当月和当年累计两个方面对实际、预算和同比几个维度进行对比，形成可视化图表，并对结果进行解读和分析。

人力成本分析表

月份：9月

项 目 ITEM	实际 ACTUAL	%	预算 BUDGET	%	去年 LAST YEAR	%
	本月累计 M-T-D		本月累计 M-T-D		本月累计 M-T-D	
酒店营业收入GROSS OPERATING REVENUE	4,925,603.60		5,486,600.00		3,925,266.83	
工资及薪金 SALARIES & WAGES						
基本工资BASIC SALARIES & WAGES	952,806.81	68.94%	1,206,200.00	76.71%	913,492.92	62.9
加班 OVERTIME（公共假期、其他）	30,405.32	2.20%	32,600.00	2.07%	29,615.26	2.(
补助 ALLOWANCE	55,282.40	4.00%	68,300.00	4.34%	62,310.00	4.2
奖励金 INCENTIVES/BONES	41,461.60	3.00%	38,500.00	2.45%	42,625.67	2.9
其他 MISCELLANEOUS	-	0.00%	-	0.00%	-	0.(
工资薪金小计TOTAL SALARIES & WAGES	1,079,956.13	78.14%	1,345,600.00	85.58%	1,048,043.85	72.1
员工福利及杂项 FRINGE BENEFITS & MISC.						
养老保险RETIREMENT FUNDS	76,013.30	5.50%	81,000.00	5.15%	78,692.16	5.4
工伤保险WORKMENCOMPENSATION INSURANCE	1,520.07	0.11%	1,600.00	0.10%	1,586.92	0.1
失业保险UNEMPLOYMENT INSURANCE	2,201.30	0.16%	2,400.00	0.15%	2,319.36	0.1
医疗保险MEDICAL & HOSPITALISATION	34,548.50	2.50%	36,600.00	2.33%	35,830.32	2.4
工会经费UNION DUE	-	0.00%	-	0.00%		0.(

图 8-14　合并人力成本分析表

（3）在实训系统里，找到A酒店9月份当月和9月份的本年累计两个报表的人力成本饼状结构图，对当月和本年累计饼状结构图（见图8-15）进行分析，给出至少两个分析结果并对分析结果产生的原因给予说明。

Note

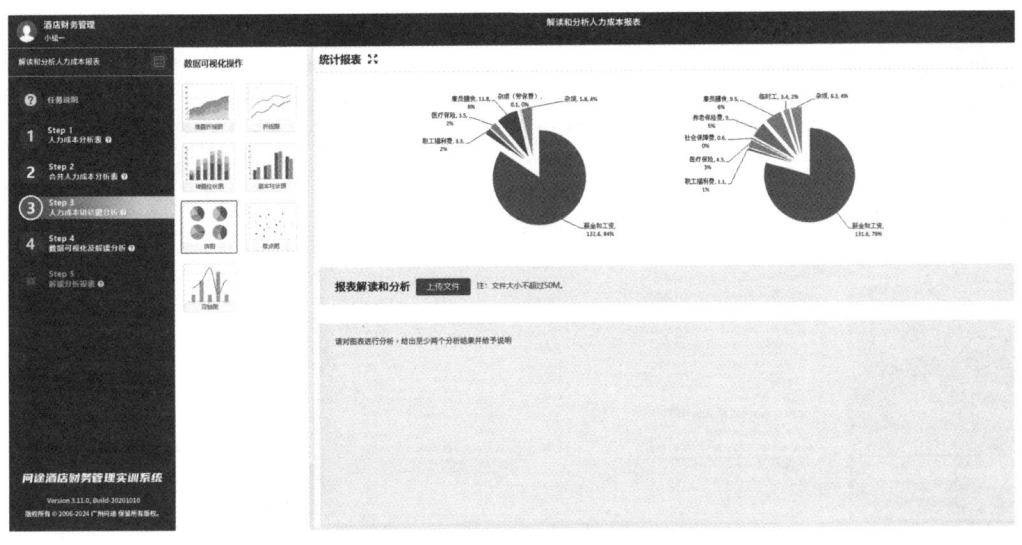

图 8-15　人力成本饼状结构图分析

（4）在实训系统里，找到 A 酒店三年的人力成本统计报表，将三年的统计报表形成可视化图表（见图 8-16）。用可视化图表对三年人力成本变化进行对比分析，并给出分析说明。

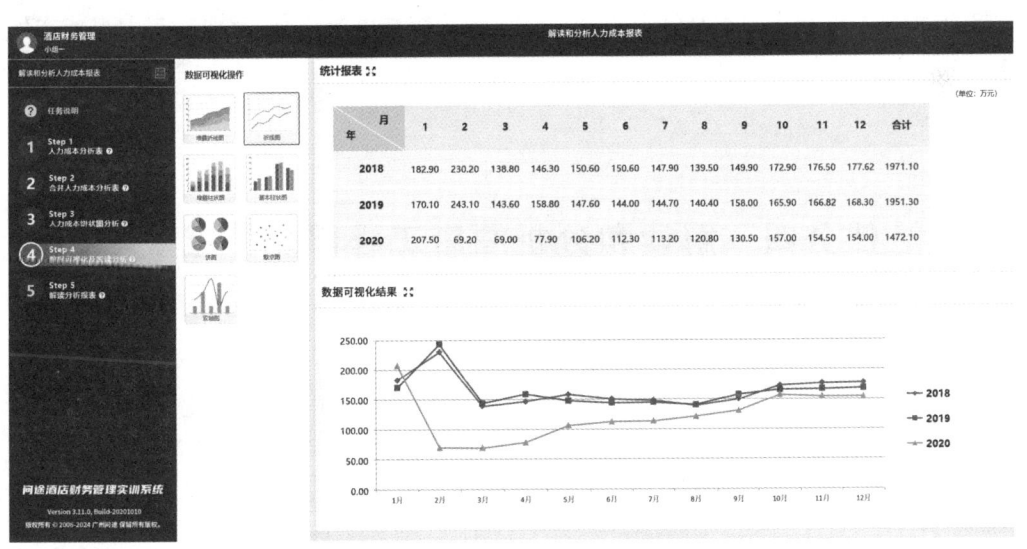

图 8-16　人力资源成本分析报表

（5）在实训系统里，找到 9 月份的人力成本分析对比表，对报表中工资及薪金、福利和成本三个指标进行当月与预算、去年同期的对比（见图 8-17），针对对比数据和差异比率做解读和分析，并形成实训报告。

图8-17　人力成本分析对比表

（六）任务拓展

酒店的市场每一年都会有不少的变化，根据市场部的市场预测，人力资源部也需要对人力成本做相应的预算计划。请根据实训系统提供的信息，对下一年人力成本做相应的预算，并完成人力成本报表。

任务四　解读和分析酒店工程部能源报表

（一）任务目的

本任务需要根据酒店成本与费用知识里所学的酒店能源消耗及费用相关知识，通过酒店实际运营的能源能耗数据和费用情况，让学生知道酒店能源数据的记录/采集过程，在能源记录表格（或管理系统后台）配置各区域各项能耗统计记录，每天持续检查各检测点的能耗情况，并进行酒店能源能耗相关数据的统计和报表的制作和对比分析，能够从数据和报表上第一时间了解酒店各部门和各场所的能源消耗情况，从而给管理层提供数据支持和数据分析结果，为管理者进行动态管理和决策提供依据。

通过本任务的学习，让学生能够：熟悉酒店能源（水、天然气和电）基本数据的记录过程和方法；了解酒店能源费用的统计口径，能按月做出月度能源消耗费用报表及不同能源耗费结构对比报表，并将这些报表形成可视化图表，然后对图表进行解读和不

同维度的分析;能够读懂酒店年度能源消耗费用报表,并与酒店出租率做基本的关联和分析。

(二)任务背景和要求

酒店能源消耗费用是酒店经营过程中重要的经营费用之一。酒店管理的收益一方面来自酒店经营的开源,另一方面来源于酒店在经营过程中的节流,节流是酒店经营获得利润的重要保障。日常的有效管理能很好地保障费用的监控和优化,相关岗位能够通过数字化的途径第一时间掌握设备运营和能耗的情况,并根据情况做出及时调控和决策。通过每月工程部汇总的能源耗费及维修费用等月度报表的制作和分析,也是酒店费用分析的必须之举,为酒店管理层和其他相关部门做酒店经营分析提供必要的能耗数据,从而支持酒店的良好运营。

要求运用系统提供的酒店真实运营的能源数据,以小组或个人为单位开展实训任务,读懂酒店能源报表的数据来源及统计方法;知道酒店不同能源的费用支出类型和相关数据的关联;了解酒店能源费用与酒店出租率和客流的关系,可以根据所学知识进行简单的分析,并形成实训报告。

(三)学习重点

(1)了解酒店能源耗费的统计内容和计算方式。

(2)知道如何进行酒店能耗的统计和相关数据的对比与分析。

(3)了解能源能耗与出租率等因素的关系及能源耗费的同比分析等。

(四)方法与工具

(1)利用财务管理实训系统,按步骤要求进行酒店能源数据的统计和计算。

(2)根据统计结果按步骤和要求制作能源月度报表及能源类型报表,并在系统形成可视化图表。

(五)实训步骤

(1)在财务管理实训系统中,找到系统提供的A酒店8月份餐厅每日天然气记录表(见图8-18),认真读懂报表的内容,寻找报表中天然气用量的规律,了解A酒店不同厨房使用天然气的情况,并根据学习到的不同厨房天然气用量的计算方法,完善报表里缺失的数据。

图 8-18　天然气记录表

（2）请从财务管理实训系统中，找到 A 酒店一年不同能源的耗能数据报表（见图 8-19），根据实训任务提供的相关条件和要求，做出该年 A 酒店一年的水、电和燃气能源消耗年度总报表（含每种能源费用额和总能源费用额）。按实训任务中要求的维度生成可视化图表，根据生成的可视化图表（见图 8-20），解读该酒店 12 个月的能耗情况。

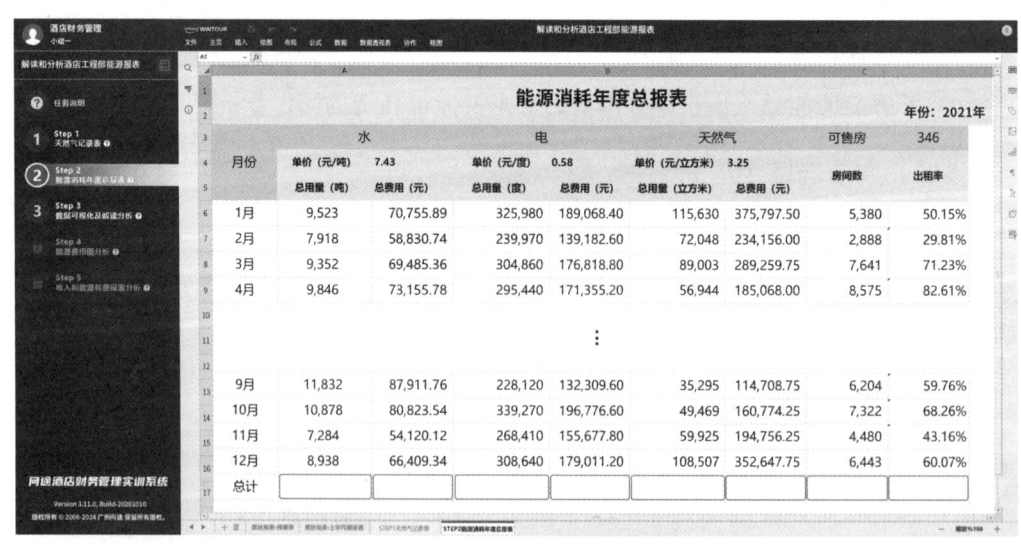

图 8-19　能源消耗年度总报表

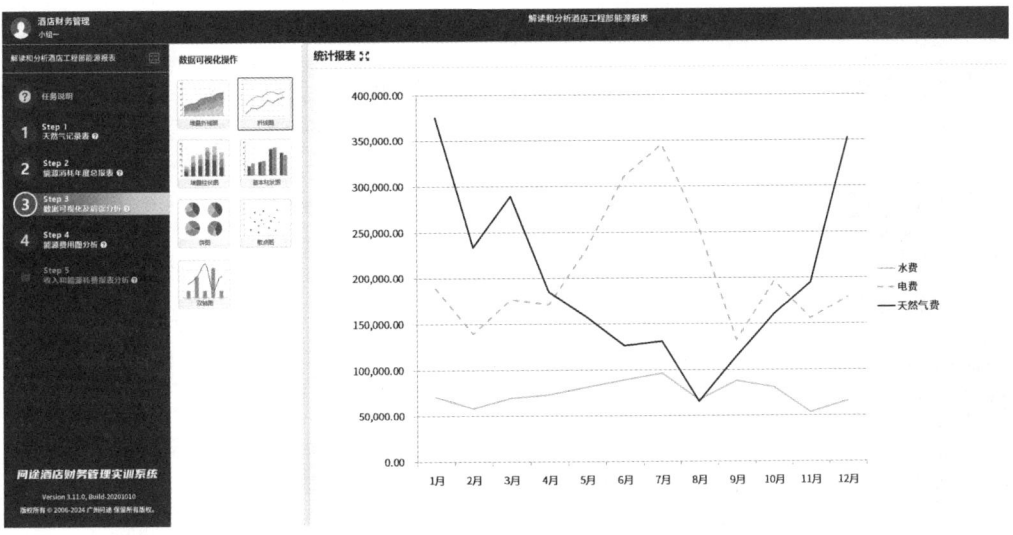

图 8-20　可视化图表

（3）根据步骤（2）做出的 A 酒店能源消耗年度总报，按实训任务要求，制作年度不同能源能耗费用在总能耗费用中的占比情况报表和 8 月份的不同能源能耗费用的占比情况报表，并形成可视化图表（见图 8-21），通过对可视化图表做对比解读和分析，给出至少两个分析结果。

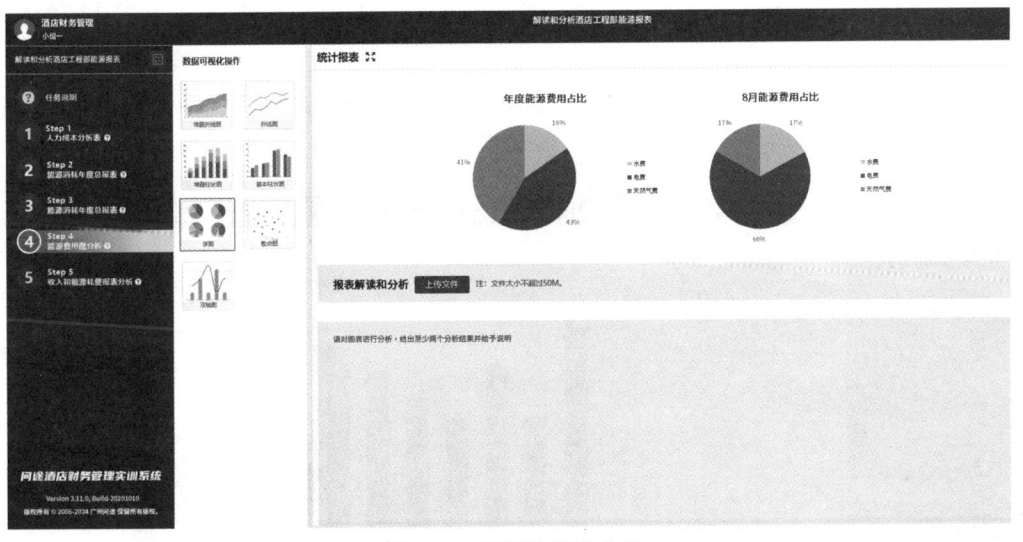

图 8-21　能源费用图分析

（4）根据实训任务提供的 A 酒店 2021 年和 2022 年 8 月份的收入和能源耗费报表（见图 8-22），计算该酒店能源耗费在经营中所占比率，对比数据，运用所学知识，对计算出来的数据进行解读与分析，给出至少两个分析结果并对分析结果产生的原因给予说明。

图8-22　收入和能源耗费报表分析

（六）任务拓展

　　请从财务管理实训系统中提供的不同能源的能耗数据报表，按月做出该酒店一年的能源消耗年度总报表（含每种能源费用支出和总能源费用支出）。将实训任务中提供的该酒店同一年的出租率报表与能源消耗年度统计表合并，形成一年12个月的能源消耗支出与出租率对比报表（见图8-23），并形成可视化图表，根据生成的可视化图表，说明该酒店12个月的能耗情况。分析能耗与出租率之间的关系，说明酒店的能耗情况：是否低出租率就意味着低能耗？

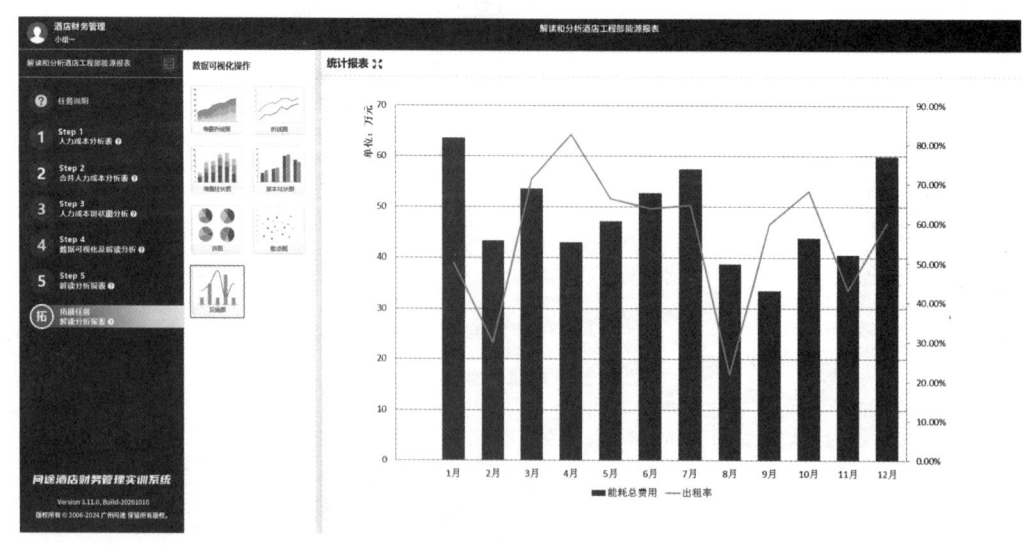

图8-23　能源消耗支出与出租率对比报表

任务五　制作和解读酒店经营损益表

（一）任务目的

本任务需要根据所学的酒店运营的收入、成本费用和预算等相关知识，在前面几个实训任务完成并对酒店损益报表所含的内容有一定了解和熟悉基础上，加上对酒店收入中心、成本中心等不同部门收入与支出的了解，运用酒店财务管理系统提供的不同营业场所的基础报表，完成酒店的月度损益表。通过制作酒店损益表，更全面地了解酒店损益表包含的内容，以及如何根据报表内容做酒店的经营情况分析。根据报表呈现出来的数据，分析数据所表现的运营情况，从数据中发现问题，同时提出问题，以便酒店管理者去核查和纠正，为管理和经营提供更全面的数据支持。

通过本任务的学习，让学生能够：全面了解酒店经营损益表所包含的内容和模块；知道不仅要从具体呈现的数据看到数据本身的情况，还可以从百分比和对比的差异中发现问题；知道在做酒店经营情况分析时，不仅需要分析当月的经营情况，还需要分析当年累计的情况以及结合市场预测与市场变化来综合进行分析；知道从报表中的数据去发现数据背后的逻辑和原由，只有探究到底，才能找到真正的原因和改变的依据。

（二）任务背景和要求

在企业和酒店经营中，日常的管理和监控是实现经营目标的保障。对于酒店来说，晨会、市场营销会议、财务分析会、月度总结会等专题会是酒店管理者在经营过程中了解外部市场变化和内部管理优化的方法和途径之一，而支持这些专题会的数据报表是各种会议做相关分析和讨论的基础。及时和准确的月度和年度损益报表，是召开月度和年度酒店经营分析会的必备资料，也是分析和讨论的依据。

7月份刚结束，今年已经过半，到目前为止的经营情况如何？如何针对下半年做好经营计划？总经理召集各部门负责人和专职人员召开7月份月度经营总结会，会议主旨是对7月份及1—7月的经营情况做分析，并针对原下半年的预算和实际运营情况做下半年的计划，各部门会后需要根据会议中提出的下半年计划指标和方向做详细的计划安排和实施方案，以确保全力以赴完成或超额完成年度的目标和预算。

要求运用系统提供的酒店客房损益表、酒店餐饮部损益表、酒店能源消耗分析表、酒店其他收入表等，以小组或个人为单位开展实训任务，按照实训要求完成该酒店7月份的损益表，并为会议准备7月份和1—7月累计的酒店经营情况分析报表及可视化图表。让经营者可以从收入、出租率、成本等多个维度分析当月是否达到经营目标，当年前两个季度的目标完成情况，以及下半年的关键任务是什么，并形成分析报告，报告需包括至少三个下半年要努力完成的方向和指标。

（三）学习重点

（1）了解一个酒店完整的经营损益表包含什么内容。

（2）知道完整的经营损益表每个模块之间的关系和数据核算的逻辑关系。

（3）知道如何计算酒店当月的经营利润，以及酒店不同场所对酒店经营利润的贡献。

（4）知道分析酒店经营情况除了看当月的经营情况，还要看当年累计的数据，才能更全面地了解酒店的经营情况，并为完成目标做全面计划和执行计划。

（5）了解酒店经营情况与预算的对比情况，如何针对对比数据结果做工作总结与下一步的计划和安排。

（四）方法与工具

（1）利用财务管理实训系统，按照步骤找到酒店损益表需要的收入数据、成本费用数据及当年累计数据和预算数据，并根据找到的数据报表完成一份完整的当月损益报表。

（2）利用财务管理实训系统，将当月、当年累计以及当月预算三个维度的数据，与上年同期的当月、当年累计、当月预算合并形成一张报表，并将两组数据分别与前一年的数据做对比，进行解读和分析数据，然后将三组数据以营业收入、营业成本费用、经营利润三个指标的数据形成月度和累计的可视化图表。

（五）实训步骤

（1）在财务管理系统中找到酒店客房损益表（见图8-24）、餐饮损益表（见图8-25）、非经营费用报表（见图8-26）等相关数据报表。

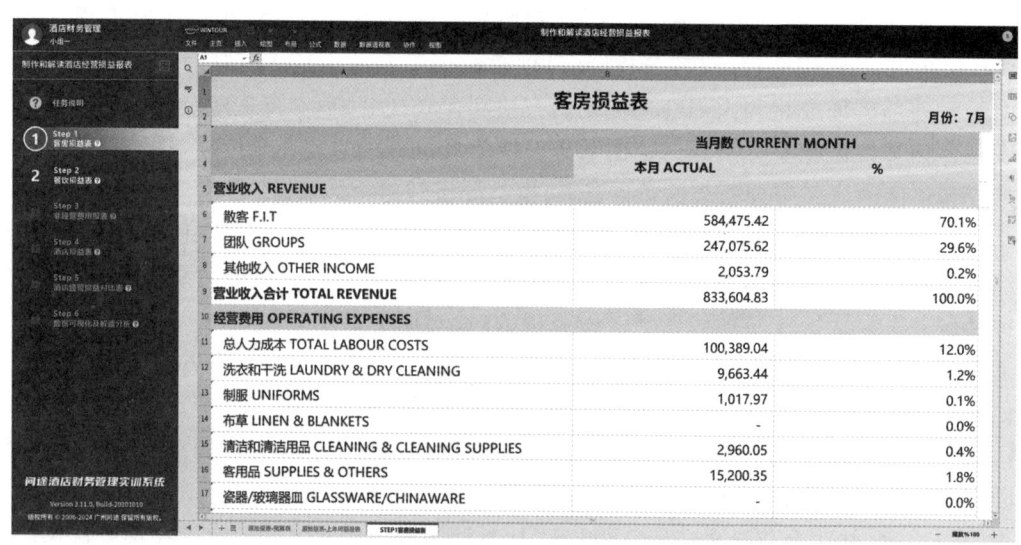

图8-24　客房损益表

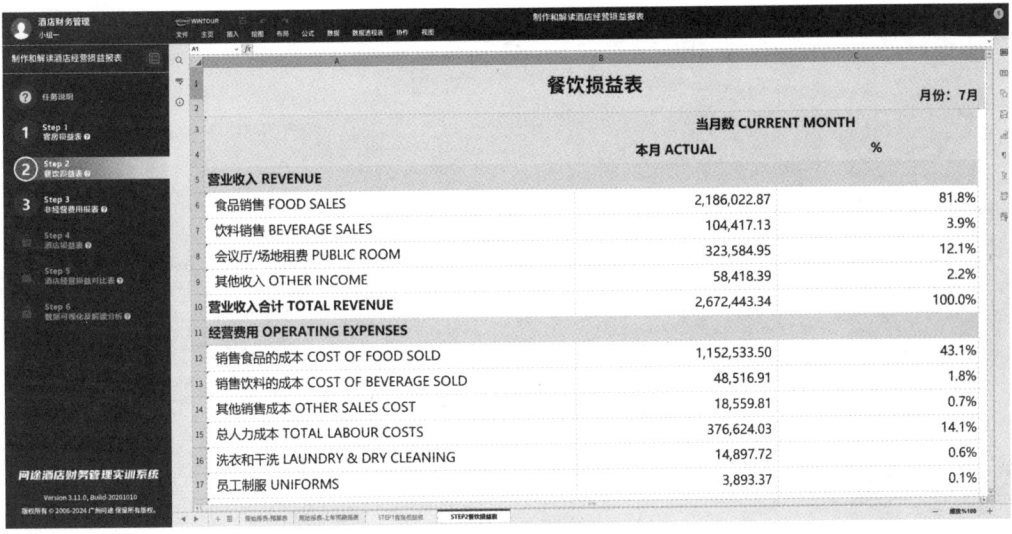

图8-25　餐饮损益表

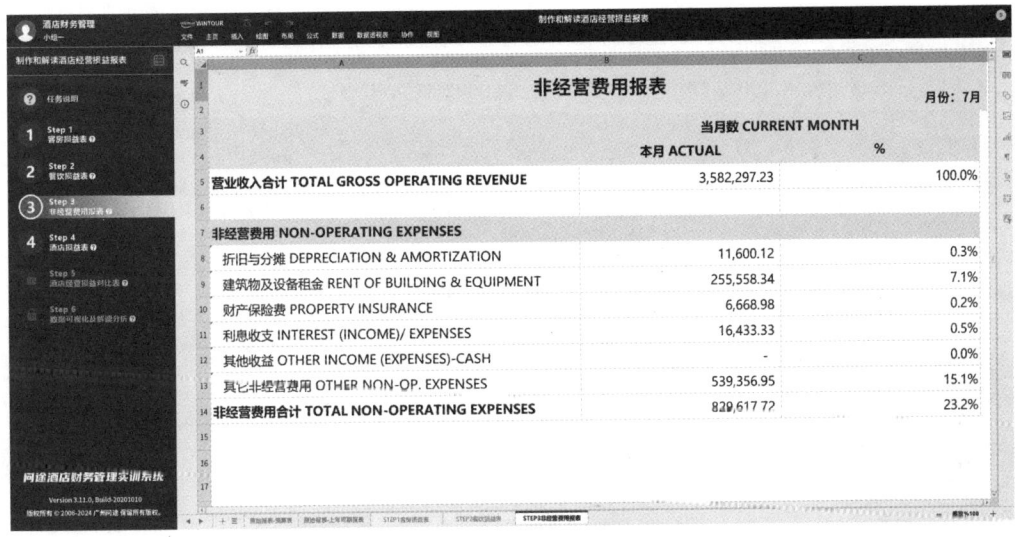

图8-26　非经营费用报表

（2）按实训任务要求，完成该酒店7月份完整的经营损益表（见图8-27）。

（3）在财务管理系统中，找到酒店当年7月份的预算报表和上一年7月份及累计的损益表，与第二步做出来的酒店7月份经营损益表进行合并（见图8-28），形成有对比数据的经营损益表。

图 8-27　酒店 7 月份经营损益表

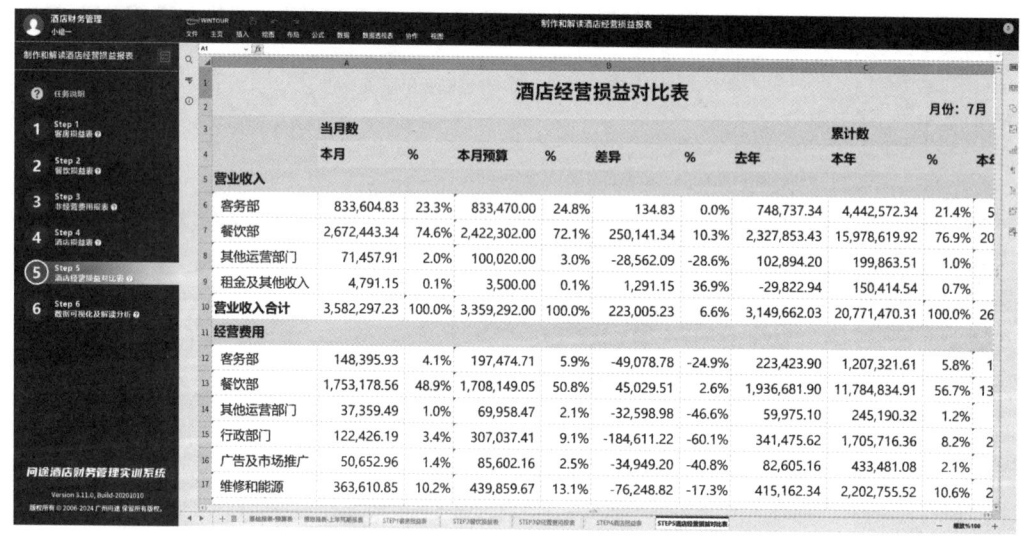

图 8-28　酒店经营损益表

(4) 针对步骤 (3) 做出的酒店完整的有对比数据的损益表, 对对比数据进行解读和分析。

(5) 从营业收入、经营费用和经营利润三个角度将对比数据内容形成可视化图表 (见图 8-29), 并根据对可视化图表的解读和分析结果完成经营分析实训报告。

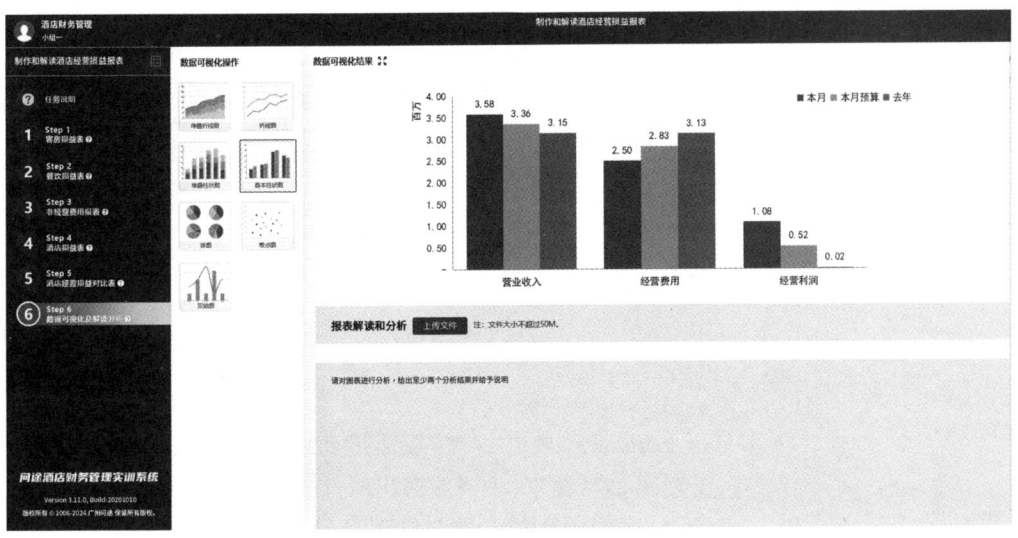

图 8-29 可视化图表

（六）任务拓展

针对累计数据的对比和分析，至少从营业收入、经营成本和费用三个方面为酒店提出下半年的经营与管理建议。

参考文献
Cankaowenxian

[1] Gabor Forgaces.收益管理:饭店运营收入最大化[M].王力,伍波,王晓宽,译.北京:中国旅游出版社,2014.

[2] Gee C Y.度假饭店的开发与管理[M].2版.向萍,译.北京:中国旅游出版社,2003.

[3] Denton G,Raleigh L E,Singh A J.酒店资产管理原理与实务[M].杨杰,译.北京:中国旅游出版社,2012.

[4] Hotel Association of New York City.Uniform System of Accounts for the Lodging Industry[M].Orlando:American Hotel & Lodging Educational Institute,2014.

[5] Ninemier J D.餐饮经营管理[M].2版.庞卫权,李双双,初英娜,译.北京:中国旅游出版社,2014.

[6] Kasavana M L.前厅部的运转与管理[M].2版.王培来,包伟英,译.北京:中国旅游出版社,2015.

[7] Cote R.饭店业管理会计[M].2版.徐虹,译.北京:中国旅游出版社,2015.

[8] 陈安萍.酒店财务管理务实[M].2版.北京:中国旅游出版社,2021.

[9] 方燕平.酒店财务管理[M].3版.北京:首都经济贸易大学出版社,2021.

[10] 胡质健.收益管理——有效实现饭店收入的最大化[M].北京:旅游教育出版社,2009.

[11] 李志宏.酒店财务管理[M].北京:北京理工大学出版社,2019.

[12] 祖长生.饭店收益管理[M].2版.北京:中国旅游出版社,2021.

[13] 中国旅游饭店业协会,浩华管理顾问公司.2023中国饭店业务统计[M].北京:中国旅游出版社,2023.

[14] 周倩,杨富云.酒店财务管理实务[M].北京:北京交通大学出版社,2011.

[15] 章勇刚,杨国强.酒店财务管理[M].3版.北京:中国人民大学出版社,2021.

教学支持说明

为了改善教学效果，提高教材的使用效率，满足高校授课教师的教学需求，本套教材备有与纸质教材配套的教学课件和拓展资源（案例库、习题库等）。

为保证本教学课件及相关教学资料仅为教材使用者所得，我们将向使用本套教材的高校授课教师赠送教学课件或者相关教学资料，烦请授课教师通过加入酒店专家俱乐部QQ群或公众号等方式与我们联系，获取"电子资源申请表"文档并认真准确填写后发给我们，我们的联系方式如下：

地址：湖北省武汉市东湖新技术开发区华工科技园华工园六路

邮编：430223

酒店专家俱乐部QQ群号：710568959

群名称:酒店专家俱乐部
群　号:710568959

扫码关注
柚书公众号

华中科技大学出版社
http://press.hust.edu.cn

电子资源申请表

填表时间：_____年____月____日

1. 以下内容请教师按实际情况写，★为必填项。
2. 根据个人情况如实填写，相关内容可以酌情调整提交。

★姓名		★性别	□男 □女	出生年月		★职务	
						★职称	□教授 □副教授 □讲师 □助教
★学校				★院/系			
★教研室				★专业			
★办公电话		家庭电话			★移动电话		
★E-mail （请填写清晰）					★QQ号/微信号		
★联系地址					★邮编		

★现在主授课程情况	学生人数	教材所属出版社	教材满意度
课程一			□满意 □一般 □不满意
课程二			□满意 □一般 □不满意
课程三			□满意 □一般 □不满意
其 他			□满意 □一般 □不满意

教 材 出 版 信 息		
方向一		□准备写 □写作中 □已成稿 □已出版待修订 □有讲义
方向二		□准备写 □写作中 □已成稿 □已出版待修订 □有讲义
方向三		□准备写 □写作中 □已成稿 □已出版待修订 □有讲义

　　请教师认真填写表格下列内容，提供索取课件配套教材的相关信息，我社根据每位教师填表信息的完整性、授课情况与索取课件的相关性，以及教材使用的情况赠送教材的配套课件及相关教学资源。

ISBN（书号）	书名	作者	索取课件简要说明	学生人数 （如选作教材）
			□教学 □参考	
			□教学 □参考	

★您对与课件配套的纸质教材的意见和建议，希望提供哪些配套教学资源：